Coleção Astrologia Contemporânea

A Astrologia, como linguagem simbólica que é, deve sempre ser recriada e adaptada aos fatos atuais que pretende refletir.

A coleção ASTROLOGIA CONTEMPORÂNEA pretende trazer, na medida do possível, os autores que mais têm se destacado na busca de uma leitura clara e atual dos mapas astrológicos.

Dados Internacionais de Catalogação na Publicação (CIP)
(Câmara Brasileira do Livro, SP, Brasil)

Paul, Haydn R., 1952-
Sonhador visionário : explorando o Netuno astrológico /
Haydn Paul R.; tradução Denise Maria Bolanho. — São Paulo : Ágora, 1994. — (Coleção Astrologia Contemporânea)

ISBN 85-7183-424-5

1. Netuno — Aspectos astrológicos I. Título. II. Série.

94-2041   CDD-133.53

Índices para catálogo sistemático:
1. Netuno : Astrologia 133.53

Sonhador Visionário

Explorando o Netuno Astrológico

Haydn Paul

ÁGORA

Do original em língua inglesa
Visionary Dreamer — Exploring the Astrological Neptune
Copyright © 1989 by Haydn Paul

Nenhuma parte desta publicação poderá ser reproduzida, guardada pelo sistema "retrieval" ou transmitida de qualquer modo ou por qualquer meio, seja eletrônico, mecânico, de fotocópia, de gravação, ou outros, sem prévia autorização por escrito da Editora.

Tradução:
Denise Maria Bolanho

Capa:
Ricardo de Krishna

EDITORA AFILIADA

Todos os direitos reservados pela

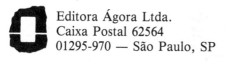

Editora Ágora Ltda.
Caixa Postal 62564
01295-970 — São Paulo, SP

Prefiro ser um sonhador dentre os mais humildes com visões a serem realizadas, do que nobre dentre os que não têm sonhos e nem desejos.

Kahlil Gibran

Sonhador Visionário é dedicado a meu pai, Dennis Paul, com amor e gratidão por sua presença constante em minha vida, sua tranqüila atenção, apoio e preocupação amorosa. Por ter fé em um filho, algumas vezes obstinado, gostaria simplesmente de dizer "Obrigado" e desejar-lhe um feliz septuagésimo aniversário e muitos outros que ainda virão.

Sumário

Sonhos... 9

1. Os mitos de Netuno...................................... 15

2. As imagens do Netuno astrológico...................... 22

3. Da ilusão para a realidade 39

4. Netuno e os aspectos planetários...................... 55

5. Netuno nas casas natais................................ 139

6. Trânsitos de Netuno pelas casas e signos 162

7. O Netuno esotérico..................................... 204

8. Netuno e o despertar do coração da humanidade 215

...e Visões.. 219

Sonhos...

Após a descoberta de Urano em 1781, a atenção dos astrônomos ocidentais dirigiu-se ao estudo desse novo planeta em nosso sistema solar e, depois de alguns anos de intensa pesquisa sobre o movimento orbital de Urano, surgiu a suposição de que havia outro planeta oculto ainda não descoberto. Os cálculos matemáticos sugeriam que as perturbações no padrão orbital de Urano não eram responsáveis pelos campos de força gravitacional dos planetas vizinhos conhecidos e, assim, iniciou-se a busca de outro planeta desconhecido.

Os sonhos pessoais de fama e reconhecimento e o desejo de aclamação por parte da comunidade científica estimularam os esforços de matemáticos e astrônomos. Era difícil determinar a órbita hipotética desse misterioso planeta, pois o padrão de Urano tendia a ser instável e, para a instrumentação científica e as ferramentas analíticas daquela época, o planeta com freqüência parecia estar à frente ou atrás de sua rota calculada e prevista através do zodíaco.

Após anos de esforços prolongados e concentrados, e através do estudo das irregularidades do movimento orbital de Urano, John Couch Adams, da Inglaterra, e Leverrier, da França, chegaram a um conjunto de cálculos matemáticos que previa a provável localização do misterioso planeta. Leverrier persuadiu o astrônomo alemão Johann Galle a explorar uma determinada região do céu e, do observatório Heinrich D'Arrest em Berlim, em 23 de setembro de 1846, foi localizado um gigantesco planeta situado extremamente próximo do ponto calculado e previsto.

Netuno reuniu-se ao moderno panteão de deuses planetários. Afastado da Terra e de Urano bilhões de quilômetros, Netuno era totalmente invisível a olho nu. Ele é um dos planetas gigantes, embora menor do que Júpiter, Saturno e Urano. Sua órbita é muito extensa; um ano netuniano corresponde a um período de 165 anos na Terra. Existem evidências de que Galileu teria observado a posição de Netuno em 1613 e concluído que era uma estrela; não o reconheceu como parte integrante de nosso sistema solar. O vôo espacial da *Voyager* passou por Netuno em agosto de 1989, antes de seguir para além de Plutão em direção às profundezas do espaço.

Netuno surgiu na consciência coletiva numa época em que a sociedade ocidental atravessava a fase inicial de transformação da Revolução Industrial. Grandes mudanças sociais se processavam, as novas tendências entravam em conflito com a ordem social estabelecida e Netuno refletia os sonhos das massas sob inspiração das revoluções americana e francesa. As estruturas sociais do Ocidente entraram num período de mudança. Por volta de 1848, as idéias de revolução voltaram a florescer e a tornar-se moda: uma onda de revoltas civis explodiu na Europa para tentar destruir a poderosa elite social existente.

A publicação do Manifesto Comunista, em 1848, foi logo após a conjunção Saturno-Netuno de 1846 e revelou diversas características netunianas, dentre elas os sonhos e as visões de uma utopia universal, o estabelecimento de um Estado coletivo unificado e o ideal de criar uma sociedade perfeita fundamentada no sentimento e na solidariedade comuns, unidos por uma única causa e com propósitos coletivos. A ênfase nas tendências coletivistas, comunistas e pluralistas associa Netuno a atitudes "esquerdistas", nas quais, sob a magia e as ilusões de qualquer filosofia política, a elevação dos princípios idealistas muitas vezes se dá à custa do ser humano e suas liberdades e oportunidades de desenvolvimento pessoal.

Netuno está associado às tendências subversivas, fraudulentas, ao comportamento manipulador e a táticas de infiltração, destinadas a corroer os grupos sociais a partir de seu interior. Esses são os aspectos da natureza da influência netuniana, agindo como um solvente alquímico universal que destruidor de todos os limites e barreiras. Tal como Urano provocara anteriormente um choque fatal no Ocidente, Netuno chegou para destruir o corpo agonizante das antigas tradições feudais e aristocráticas de poder e controle social. O que estava surgindo na metade do século XIX eram as influências de uma classe mercantil materialista e ambiciosa e de uma classe trabalhadora, um proletariado oprimido, como conseqüências das recentes mudanças industriais na sociedade. O comunismo marxista aproveitou-se do desencanto com o papel da Igreja na manutenção das tradições elitistas, tentando estimular uma revolta violenta das massas por intermédio da evocação de um sentimento anti-religioso de desespero, onde Marx descrevia a religião como o ópio das massas.

O que realmente despertavam nessa fase era o nascimento de um espírito socialista, de um grupo social coletivo que sonhava e aspirava a uma sociedade ideal, e um outro impulso que apoiava as visões políticas uranianas, só que agora voltado para o nível emocional da vida humana e dos relacionamentos. Netuno representa a necessidade coletiva de ambição, a esperança da vida perfeita. Esses ideais, antes politicamente fundamentados, são a reação inicial do homem frente às influências transpessoais planetárias que afetam a mente e o coração da coletividade. O Romantismo começou a surgir como uma outra resposta, focalizado em grupos de artistas, como a Fraternidade Pré-Rafaelita, e as sementes da cultura secular abriam seu caminho e emergiam para a luz do dia.

O próprio socialismo despontou durante a conjunção seguinte entre Saturno e Netuno, por volta de 1882, seguido pela Revolução Russa em 1917, imediatamente após outra conjunção. A conjunção em Capricórnio, em 1989, significou outro passo crucial para a humanidade, provavelmente relacionado ao fato de Netuno dissolver o tradicional pensamento saturnino e as atitudes relacionadas à exploração da Terra; foi uma percepção ecológica que começou a transformar o pensamento do homem, uma consciência de nossa realidade global e da interdependência da vida num Mundo Uno.

Ao lado dessas primeiras respostas políticas e socialmente transformadoras à influência de Netuno, existem duas outras intimamente ligadas e representantes de dois níveis de reação humana às qualidades de sonhador visionário desse planeta: surge uma resposta sensível ao sofrimento alheio, como, por exemplo, o humanitarismo altruísta, o socialismo cristão, o Movimento Internacional da Cruz Vermelha, os direitos humanos e a súbita integração de uma nova espiritualidade na sociedade, importada dos ensinamentos da sabedoria do Oriente.

A partir de 1840, o interesse netuniano começou a dominar a consciência humana com relação às influências intangíveis presentes na vida, um contrapeso para a poderosa atitude materialista predominante que se difundia rapidamente e à qual a Igreja parecia incapaz de opor resistência. Os anestésicos foram introduzidos na prática cirúrgica, tornando as operações mais suportáveis para o paciente e, através da crescente utilização do mesmerismo e da hipnose (nome introduzido em 1843), nascia um fascínio pela complexidade da mente humana, uma tendência que resultaria no nascimento do movimento psicanalítico com Sigmund Freud.

Outras dimensões de vida foram descobertas por intermédio do espiritualismo, que se tornou extremamente popular e significou uma tentativa de destruir as fronteiras entre a consciência corporal e o contato com os "mortos", através de guias invisíveis que se comunicavam através dos médiuns — outra tendência netuniana. Em 1848, o caso das irmãs Fox nos Estados Unidos tornou-se uma causa célebre; o interesse público pelas projeções ectoplásmicas e pelas mensagens de entes queridos já falecidos lançou as bases da explosão da Sabedoria Imortal na estagnada vida espiritual das nações ocidentais. É interessante observar que, mais de cem anos após o caso das irmãs Fox, os OVNIs foram avistados pela primeira vez em 1948. Seriam eles uma outra forma de "mensagem do além", mas num contexto e com aparência mais contemporâneos?

A América tornou-se um solo fértil para muitos desses impulsos com o Espiritualismo, a Ciência Cristã, de Mary Baker Eddy, e a Sociedade

Teosófica de Blavatsky, criados com a ajuda de Olcott e Judge, em 1875. Inicialmente, Blavatsky utilizou o interesse pelo espiritualismo para tornar-se uma figura pública e obteve reconhecimento pelo uso de poderes psíquicos e supostas materializações das últimas cartas do Mahatma. Em 1877 foi publicado *Ísis Revelada*, que provocou um impacto; foi seguido pela publicação de *A Doutrina Secreta*, livros seminais para diversas gerações de pesquisadores esotéricos. Para uma sociedade formada sob a influência netuniana, os teosofistas provocariam escândalos periódicos de diversas espécies — ligados às "genuínas materializações" de Blavatsky, às tendências homossexuais de Leadbeatter e suas atividades de masturbação com rapazes, e à negação de Krishnamurti como o novo Messias, Maitreya.

Além do apoio teosófico da sabedoria do Oriente e do reconhecimento da não-unicidade dos ensinamentos cristãos, entre muitos outros temas, esse período do século XX presenciou o primeiro fluxo de homens santos do Oriente para a América e Europa, e que a partir daí tornou-se um dilúvio. Em vez de considerar o Oriente como uma cultura menos evoluída e desenvolvida, percebeu-se a espiritualidade que tinha a oferecer ao Ocidente e, naturalmente, o encanto de uma cultura pitoresca e fascinante que acrescentava um pouco de sabor à vida. Mestres como Vivekananda, do Movimento Ramakrishna Vedanta, e o budista Angarika Dhammaphala foram os primeiros emissários a plantar as sementes que se transformariam nas poderosas árvores que atualmente produzem frutos.

Antes que a sociedade ocidental absorvesse o misticismo oriental houve um movimento paralelo ao comunismo original, iniciado na Idade Média, que adotava os conceitos de comportamento e propósitos humanos coletivos mas com uma base espiritual, como se a influência ofuscante de Netuno fixasse num contexto político e religioso em que ideal visionário era uma sociedade mundial caracterizada pela fraternidade universal. Trata-se da fé Baha'i, que de várias maneiras agiu como precursora de muitas idéias que circulam atualmente, ligadas a uma nova política planetária para o século XXI e o surgimento da Era de Aquário.

Em maio de 1844, o profeta persa Bab declarou que a era islâmica chegava ao fim e, como João Batista, disse que o advento Daquele que Virá, estava próximo. Em 1863, um prisioneiro de uma prisão turca, Baha'u'llah, que não tinha nenhum contato com a sociedade ocidental, declarou-se aquele que era esperado e divulgou sua visão para o mundo. Essa declaração foi a proclamação de uma nova sociedade global, dos princípios essenciais de uma nova ordem mundial. Ele foi o fundador de um sistema minucioso de organização social mundial, traçando as diretrizes práticas que seriam seguidas pelos outros — isso dentro de uma cela! Os canais transpessoais podem manifestar-se em qualquer lugar e freqüentemente nos mais inesperados.

O movimento Baha'i ainda existe e tem raízes numa estrutura religiosa socialmente orientada; é interessante notar que essa visão de Baha'u'llah ainda está sendo buscada pela moderna Nova Era e pelo pensamento progressista. Ela possui um conceito coerente de unidade e integração social e é uma tentativa religiosa de unificação da humanidade através do amor abrangente e universal, pelo poder da fé e da consciência espiritual. Entre os princípios essenciais do movimento estão a união da humanidade; a investigação independente da verdade, livre de preconceitos deturpadores; o reconhecimento de que a raiz de todas as religiões é uma só; a crença de que a religião deve ser motivo de união e não de desavenças; a percepção de que a religião, a ciência e a razão devem coexistir em unanimidade e que todas sugerem a mesma realidade subjacente; que todos os tipos de preconceitos devem ser superados; que um dos objetivos da humanidade é a paz universal; que a educação universal precisa ser desenvolvida; que a solução espiritual para os problemas econômicos do mundo deve ser alcançada através da interdependência; que é necessária uma linguagem universal para a compreensão mútua; e que deve ser fundado um tribunal universal para lidar com injustiças individuais e as disputas internacionais. Além desses objetivos, os seguidores de Baha'u'llah estavam entre os primeiros defensores da liberação das mulheres, considerando-as como iguais na decisão de todos os assuntos sociais e religiosos, sem que nenhum clero sirva de intermediário entre Deus e o homem; acreditava-se que a ausência de discriminações raciais e preconceitos de cor eram essenciais para a unidade mundial entre as raças.

Era uma agenda grandiosa que ainda não foi cumprida pela humanidade; mas também é uma indicação da visão netuniana que começava a entrar na mente coletiva daquele tempo. O movimento Baha'i ainda é perseguido e considerado herético pelos atuais fundamentalistas islâmicos; contudo, a visão Baha'i brilha mais do que nunca porque é holística e harmoniza-se com o plano evolucionário.

Os efeitos da influência netuniana foram consideráveis nos últimos 150 anos, e este livro procura aprofundar alguns temas e algumas características, para que comecemos a perceber as diversas tendências positivas e negativas de Netuno que afetam a sociedade e os indivíduos. A influência de Netuno nas imagens, na moda e nas artes tem sido profunda, especialmente com o desenvolvimento da televisão, da fotografia e do cinema, e com o importante papel da moda e da aparência para o consumidor da sociedade moderna. A sedução das imagens e da moda coletiva de imitação gera tendências sociais e projeções de aspirações, ideais e fantasias que são rapidamente transmitidas aos outros pelas roupas e pela aparência. A imagem domina a sociedade e muitas vezes serve de personificação orientadora de sonhos e obsessões coletivas. Através do cinema e da música popular são transmitidos os arquétipos inconscientes da humanidade; e, no verdadeiro sentido Netuniano, nossa cultura está cada vez mais fascinada por outros mundos e realidades alternativas. Filmes escapistas como *Guerra nas Estrelas, Contatos Imediatos de Terceiro Grau, E.T.*, e a abundância de filmes de terror e de ficção científica, de romances e histórias em quadrinhos, tudo demonstra a necessidade coletiva de mundos diferentes para explorar.

A imaginação destrói falsas barreiras e limitações restritivas, ao dizer "Por que não pensar em...?" Liberar a imaginação humana é uma das principais chaves para transformar a vida global. Começando com os sonhos pessoais de melhora, avançando em direção às visões de unidade e abundância globais, tornamo-nos sonhadores visionários, eficientes e transformadores.

CAPÍTULO 1

Os Mitos de Netuno

Netuno emerge das ondas do oceano, eleva-se sobre os mares enfurecidos, algas e água escorrem-lhe pelo corpo gigantesco, gotas minúsculas brilham em seus cabelos e na barba revolta: a figura imponente inspeciona seu reino. O olhar tomado pela loucura e inspiração divinas perscruta nos arredores os bravos marinheiros nos mares astrais, encantados pelo som dos clarins das conchas sopradas por suas belas ninfas. Diante de sua gloriosa divindade, alguns enlouquecem, outros tornam-se espiritualmente inspirados; tudo dependerá do humor do deus e da capacidade do marinheiro de resistir a sua visão. O tridente brilha à luz do sol, como tocha de esperança ou uma fonte de fascínio e desespero: ser iluminado pela luz ou cegado por ela. Seu papel é tornar a luz acessível; impassível, ele não se acha responsável pelo modo como os simples mortais reagem ao despedaçador encontro que faz despertar o coração.

Este é o Posêidon do mundo grego, Netuno no panteão romano de deuses. Os mitos mais antigos da Grécia dizem que as histórias desse deus ainda estavam por se tornar conhecidas principalmente porque os romanos tendiam a incorporar as lendas gregas a seus próprios deuses e por isso, Netuno era, inicialmente, um mero deus do mar secundário, relativamente insignificante até o romanos se tornarem um povo de navegadores. Tão logo os mares tornaram-se importantes para eles, o poder e a importância de Posêidon foram transplantados para Netuno, de modo que, através da conciliação, garantisse viagens marítimas seguras; ainda assim, entre os romanos não se desenvolveu nenhum culto devotado a Posêidon-Netuno.

Nas fontes gregas antigas, Posêidon era originalmente mais um deus terrestre, conhecido como o Consorte de Da — nome pré-helênico da poderosa deusa da Terra, Da ou Deméter — indicando o papel mais dominante de uma consciência matriarcal. À medida que os gregos começaram a explorar os mares, Posêidon passou a ser o soberano dos mares, para que, em terra, eles pudessem invocar a proteção e os favores da já conhecida Mãe-Terra, e no mar invocar seu Consorte. A relativa importância de Posêidon é indicada pelo título "o Marido da Mãe".

Os mitos de Posêidon assemelham-se de diversas maneiras aos de Urano, embora numa curva inferior da espiral involutiva. Urano era conhecido como o Primeiro Pai e "marido" de Gaia, a Mãe-Terra, a fonte da concepção divina do universo (para mais detalhes, ver *Espírito Revolucionário: Explorando o Urano Astrológico*, Editora Ágora, 1993). Com Urano e Gaia, os elementos Ar e Terra uniram Mente e Corpo; e com Posêidon e Da, fundiram-se a Água e a Terra, ou as Emoções e o Corpo, criando, assim, uma tríplice divisão do homem. Da mesma forma que Urano foi derrotado por sua progênie, Posêidon iria unir-se ao irmão Zeus para derrotar o pai Cronos, filho de Urano. Essas antigas teorias cosmológicas e evolucionárias, desenvolvidas nas primeiras fases do período helênico, pareciam baseadas nas experiências reais dos gregos. Quando longe do mar, eles enxergavam apenas a terra e os céus e, portanto, atribuíam-lhes significados sublimes, formando os conceitos de deuses e deusas da terra e do céu; ao se tornarem intrépidos marinheiros, os mares passam a fazer parte de sua experiência e assim, os deuses da água tiveram de ser criados igualmente e sua existência percebida.

Em razão da antiga associação de Posêidon com a Terra persistem as qualidades de poderes terrenos ainda ligados a ele. Era conhecido como o Senhor dos Terremotos, da Fertilidade e da Vegetação — "O que faz a Terra tremer" —, embora essas correlações tenham enfraquecido diante da imagem oceânica que hoje o cerca. Foi um dos Olímpicos nascidos de Réia e Cronos; submetia-se a Cronos, que devorava os filhos para impedir qualquer possibilidade de lhe usurparem o poder; foi por isso que Cronos castrou Urano. Réia cansou-se de ter tantos filhos só para que o pai os devorasse; então, escondeu Posêidon em um rebanho de ovelhas e deu a Cronos um potro para devorar. Uma vez que este assumia freqüentemente a aparência de um cavalo, não ficou surpreso de ver que gerara um potro e devorou-o sem qualquer desconfiança. Desse modo, Réia conseguiu salvar Posêidon e Zeus; finalmente, os irmãos revoltados, envenenaram e destronaram Cronos e os Titãs.

Há um outro paralelo no destronamento de antigos deuses pelos novos, pois Posêidon e Zeus banem Cronos e os Titãs e os mandam para Tártaro, confinando-os atrás de gigantescas portas de bronze moldadas por Posêidon. No ciclo anterior, Cronos fora encarcerado em Tártaro pelo pai, Urano, e agora o ciclo se repete.

Coube ao mais poderoso dos três irmãos olímpicos dividir os territórios do mundo. Zeus escolheu os céus e Posêidon ficou com os imensos oceanos. A Terra e o Olimpo, o reino dos deuses, pertenciam a todos, embora Zeus fosse reconhecido como o Rei dos Deuses, uma decisão que irritava Posêidon e o levava a disputas periódicas despertando-lhe sentimentos benevolentes ou vingativos contra certos humanos, dependendo de suas afinidades com seus deuses protetores.

Muitas vezes, Posêidon ficava insatisfeito como "o Senhor da Terra" e o deus das águas profundas; tendia, então, a livrar-se dessa insatisfação envolvendo-se na vida dos homens, principalmente seduzindo suas mulheres ou, com seu irmão Zeus, contestando a soberania dos deuses. Às vezes modificava esse padrão competindo com outros deuses para ser reconhecido como a divindade protetora de determinadas regiões e possuir templos e orações próprias. Os deuses sempre desejam atenção; quando as pessoas se afastam, seu poder diminui e gradativamente desaparece.

Uma lenda grega conta que Posêidon recebera uma ilha com uma imensa montanha localizada no centro da terra, onde Eveno e sua mulher Leucipe viviam com a filha Clito. Posêidon apaixona-se pela linda Clito e gera dez filhos, um dos quais é Atlas, que finalmente torna-se o soberano da terra que, em sua honra, foi denominada Atlântida. Dizem que uma das principais cidades de Atlântida era Poseidônia, em homenagem ao deus dos oceanos. Os mitos da destruição de Atlântida sugerem a fúria de Posêidon, como "O que faz a Terra tremer" e o Senhor dos Mares; as águas inundam o continente que cede sob suas ondas, talvez em conseqüência da irreverência dos atlantas e da incapacidade de controlar os resultados de sua magia astral.

Posêidon era casado com Anfitrite, originalmente uma personificação do mar; seu papel foi assumido por Posêidon, que começou a transformar os mares numa natureza mais volátil. Anfitrite era uma deusa dócil e tranqüila que, resignadamente, tolerava os muitos casos promíscuos de seu consorte. Um de seus filhos era Tritão, outro deus do mar com a forma de tritão, meio peixe, meio homem.

Contudo, Posêidon era reconhecido por sua habilidade de transformar as formas, ser um amante sedutor que surgia com diversas aparências, tal como muitos outros deuses gregos. Assumir formas de animais dá continuidade ao tema das divindades simbolizadas por essas imagens, um padrão religioso bastante antigo, mesmo durante o período grego. Os deuses egípcios são representados com cabeças de animais; a Esfinge tem corpo de leão e cabeça humana. Hoje em dia, muitas abordagens mágicas e astrológicas dos deuses e planetas são intermediadas por imagens associativas, pelo uso de formas e arquétipos divinos, cuja qualidade é agir como filtros amortecedores e transformadores, sem tentar abordar diretamente os mistérios interiores. No Antigo Testamento há uma advertência para não olharmos diretamente para Deus, que é o mesmo que temer a cegueira física ou espiritual.

As formas animais preferidas de Posêidon eram os garanhões brancos, os touros gigantescos, os carneiros, os golfinhos e, com menos freqüência, os pássaros e os humanos. Geralmente, ele era magnífico e recebia favores de muitas mulheres que cediam a seus encantos; gerou muitos filhos, estranhas misturas de animais com seres humanos. Com Teófane, de quem se aproximou como um carneiro, o resultado foi o carneiro mitológico de velo de ouro, que se tornou o alívio dos Argonautas nas famosas lendas de aventuras marítimas. Posêidon também foi responsável pela geração de diversos tripulantes do Argo, bem como do herói Teseu. Além de suas conquistas femininas, possivelmente refletindo as preferências dos gregos, ele não era imune aos encantos de belos rapazes e muitas vezes manteve alguns deles como favoritos.

Foi Posêidon quem enviou um lindo touro branco ao rei Minos de Creta, para que fosse ofertado em sacrifício aos deuses do Olimpo — Posêidon também era conhecido como "O Senhor dos Touros". Minos foi suficientemente tolo para querer conservar seu touro e substituí-lo por outro no altar de sacrifícios. Os deuses zangaram-se e decidiram punir Minos, fazendo com que sua esposa Pasífae se apaixonasse por um touro comum. O resultado dessa união foi o Minotauro, criatura com corpo de homem e cabeça de touro. Nesse mito, existem ecos da Era de Touro, possivelmente indicando um período que existiu há 6000 anos, assim como a Esfinge egípcia pode refletir a Era de Leão, um período ainda mais afastado no tempo. Envergonhado com as conseqüências de seu ato, Minos esconde o Minotauro num labirinto próximo à capital, Cnosso, alimentando-o com rapazes e virgens que eram enviados a Creta como um tributo de Atenas. Finalmente, Teseu é enviado a Creta para ser sacrificado e, ao chegar ao palácio do rei, é visto pela filha de Minos, Ariadne, que se apaixona por ele. Ariane ajuda Teseu a escapar do labirinto, dando-lhe um fio de linha que ele segue até encontrar a saída, após ter matado o Minotauro com uma espada, que ela, secretamente, também lhe dera. Teseu torna-se herói e casa-se com Ariadne, embora uma lenda posterior sugira que não viveram felizes para sempre; Teseu abandona-a na ilha de Naxo, onde finalmente ela é encontrada e casa-se com Dioniso, também associado a Netuno-Posêidon.

Por fim, desenvolveram-se os extáticos cultos dionisíacos de fertilidade, da natureza e do vinho, que muitas vezes eram associados aos mistérios e encantamentos da música e da poesia e ao espírito criativo inspirado ou possuído. Dioniso foi descrito como a imagem divina da "loucura criativa" ou a "base irracional do mundo"; para os romanos é Baco, o Senhor das Bacanais, cujos banquetes e orgias eram muito apreciados pela degenerada nobreza romana.

Dioniso também está associado ao conceito de unidade instintiva e à participação mística com a natureza e o reino animal que levam à experiência de êxtase, em geral através dos efeitos inebriantes das drogas e do vinho que, aparentemente, abrem as portas da psique e liberam sentimentos elevados e exaltados. Na realidade, era uma experiência de contato com a vida emocional coletiva, onde a necessidade de transcender a identidade separada era satisfeita pela fusão com o todo. A inspiração do culto dionisíaco espiritualizado inicial (antes de uma degeneração posterior) era purificar e redimir a psique através da imersão na mente inconsciente oceânica, uma experiência percebida como uma conversão religiosa e que mais tarde ressurgiria na forma do rito do batismo cristão e essênico, um dos rituais de mistério mais antigos.

Posêidon mantinha uma relação tensa com a deusa Atena, filha de Zeus associada à sabedoria, à guerra e ao trabalho, e cujo símbolo era a coruja. Certa vez, Posêidon juntou-se a Atena e Hera (irmã e esposa de Zeus) numa conspiração fracassada para tomar o controle do Olimpo e a soberania dos deuses. Algumas vezes, Posêidon disputava com Atena o título de divindade protetora dos Estados e cidades; perder a disputa para ela provocava em Posêidon uma violenta fúria, fazendo com que conduzisse sua carruagem puxada por dois cavalos por sobre as ondas, provocando grandes temporais e tempestades e destruindo os vulneráveis navios. Os estados do interior tendiam a escolher Atena, pois não necessitavam muito da proteção de um deus do mar, enquanto as cidades costeiras preferiam a benevolência e o apoio de Posêidon.

As lendas contam um famoso incidente em que a bravura sedutora de Posêidon nem sempre foi benéfica às pobres mulheres que se mostravam sensíveis a ele. É a história da Medusa, imortalizada como a Górgona, mulher má e ameaçadora com cabelos de serpentes enroscadas e que transformava em pedra aqueles que a olhassem. Posêidon seduziu a jovem inocente e bela no templo de Atena, e a deusa, enfurecida por seu atrevimento em tomar a sacerdotisa do templo, transforma Medusa na Górgona, uma megera maligna. Uma outra variação dessa "sedução" conta que Posêidon estuprou Medusa, e que a terrível expressão facial congelada em seu rosto era a expressão de horror e repulsa por esse ato. Isso nos faz lembrar o rapto e o estupro de Perséfone por Hades-Plutão (para mais detalhes veja *Fênix Ascendente: Explorando o Plutão Astrológico*, Editora Ágora, 1993).

Da união de Posêidon e Medusa resulta o nascimento de Pégaso, o mágico cavalo alado, embora seu nascimento tenha sido negado devido ao ódio que Medusa nutria por Posêidon. O herói Perseu consegue matar Medusa, devolvendo-lhe o olhar de basilisco refletido em seu escudo espelhado. Pégaso surge, então, de seu corpo desmembrado, e como um cavalo alado simboliza a criação de uma ponte entre os opostos que as criaturas da Terra podiam agora atravessar em direção aos mundos espirituais.

Na lenda associada ao ciclo de iniciação dos mitos de Hércules, Posêidon ajudou o herói presenteando-o com poderosos cavalos. A imagem de cavalos e de carruagem também está presente nas cartas do Tarô, onde o rei conduz a carruagem controlando os cavalos. No livro de Alice Bailey, *Os Trabalhos de Hércules*, que traça o caminho de iniciação do aspirante e discípulo espiritual pelos signos do zodíaco, os cavalos e Posêidon-Netuno, a divindade das profundezas aquáticas, fluidas, emocionais e astrais, simbolizam a tendência humana de se perder e se descontrolar pelo pensamento obsessivo ou pelas reações apaixonadas e emocionais. O aspecto positivo dessa tendência — simbolizado pelo rei controlando os cavalos — é que a natureza emocional fluida corretamente utilizada e controlada confere poder ao sentimento e à sensibilidade enriquecedora e que, sob a influência orientadora da alma, constitui uma das maiores vantagens potenciais do homem, bem como uma importante fonte de inúmeros problemas no indivíduo não integrado. É pela sensibilidade que nos harmonizamos com o mundo e nossos semelhantes. O presente que Posêidon dá a Hércules é extremamente valioso, embora, é claro, este tivesse ante que aprender a controlar com firmeza os cavalos, através da purificação de seu nível emocional volátil.

O símbolo de poder e da posição de Posêidon é o tridente, e o símbolo astrológico de Netuno é o tridente pictográfico. Esse símbolo inclui o semicírculo da alma, da mente e do espírito humano em evolução penetrado pela cruz da matéria, resultando no garfo de três pontas. Esse garfo simboliza os três níveis do ser humano, que exigem a purificação através das águas divinas de Netuno: o corpo físico e os sentidos, a natureza do desejo emocional-astral e o centro do ego mental, inferior e separado. Essa conquista envolve o ideal da meia-lua da alma libertando-se da crucificação da matéria, enquanto o amorfo eleva-se acima do mundo da forma; a matéria cristalizada é dissolvida e libertada em conseqüência do término bem-sucedido de uma tarefa evolucionária, que leva à transcendência do plano físico e ao percurso do caminho do desenvolvimento transpessoal.

O símbolo do tridente também está presente nas imagens de Shiva e Britânia, dos hindus e dos ingleses, respectivamente, e é também uma arma estilizada dos gladiadores romanos. No hinduísmo, as qualidades de Posêidon estão refletidas em três deuses: Idapati, descrito como o Senhor das Águas; Narayana, como Aquele que Se Move sobre as Águas, e Varuna, o Senhor dos Oceanos. São também considerados aspectos de Vishnu, que tem sido identificado com o princípio de Zeus-Júpiter. Na verdade, antes da descoberta de Netuno, Júpiter era considerado o governante dos cavalos através de Sagitário e também regente de Peixes, nas regências tradicionais mais antigas; hoje, Peixes é co-regido por Júpiter e Netuno. Os três planetas transpessoais, Urano, Netuno e Plutão, eram desconhecidos dos antigos, mas nos templos seus poderes e princípios ocultos eram reconhecidos e intuídos e assim se firmaram-nos mitos e nas lendas.

Embora Posêidon e Netuno sejam retratados como divindades masculinas poderosas nos cultos e mitos, atualmente Netuno é essencialmente considerado um planeta que personifica os princípios femininos. Obviamente, esses deuses e arquétipos planetários são assexuados, andróginos ou hermafroditas, e estão além de nosso dualismo sexual, conceitual e físico; mas ainda pode ser valioso concebê-los e abordá-los através de um "filtro sexual". Podemos perceber o contorno da complexa natureza desses planetas, que, ao lado dos planetas transpessoais, tendem a fluir e fundir-se como uma trindade divina cuja função é estimular a humanidade a seguir o caminho da união transpessoal. É virtualmente impossível estabelecer limites distintos entre Urano, Netuno e Plutão, mas é mais revelador indicar seus diferentes caminhos, seus níveis de atuação e o impacto que causam sobre o homem. O contato com esses níveis leva-nos às esferas do paradoxo e da contradição; com uma das mãos eles oferecem uma bênção sagrada e divina; com a outra, destroem vidas e sociedades; numa de suas faces, o indivíduo percebe o esplendor de "Deus"; na outra, vê o sorriso maldoso do "Demônio". Certamente eles estão além de nossas pobres concepções de bem e de mal, além de nossos padrões de pensamento dualista. É só aproximando-nos deles a partir de uma consciência unificada que podemos vislumbrar verdadeiramente sua natureza.

Voltando à personificação de Netuno como um princípio planetário feminino, vemos que, com freqüência, ele está relacionado às imagens arquetípicas da mulher, algumas vezes mártir, outras vezes com uma qualidade sacrifical ou de vítima, mas invariavelmente envolvendo impressões de vulnerabilidade e sofrimento. A Virgem Maria é uma imagem mediadora à qual muitos reagem. Nela existem os aspectos das qualidades femininas positivas — o amor receptivo, elevado, e o auto-sacrifício. Essa natureza altruísta e bastante desenvolvida do amor atinge seu clímax no romantismo e no ideal espiritual do mito do Santo Graal. Netuno é identificado com a inspiração do caminho da devoção mística e personifica o aspecto emocional e amoroso do Graal. Urano, por outro lado, reflete o nível da mente e da luz, e Plutão, a base física a serviço do Cavaleiro do Graal rumo à revitalização espiritual do deserto da vida material.

Dentro de cada um, as profundas águas oceânicas do reino de Posêidon agitam-se em movimento perpétuo. Mergulhar nessas profundezas à procura do palácio submerso do deus, é uma busca que pode atrair muitos, artistas e místico mas, infelizmente, é nessa profundeza que muitos se afogam, especialmente se insistirem em conservar os antigos padrões de personalidade. Diante de Posêidon sentado em seu trono e rogando-lhe a pérola de grande valor, tudo o que se pode fazer é render-se ao seu reino aquático; e a água tem o poder de corroer gradativamente a terra e as rochas. Nesse templo, não há outra alternativa a não ser aceitar o impacto transformador da dissolução. A sedução de Posêidon é total, assim como a dádiva que ele nos oferece.

CAPÍTULO 2

As Imagens do Netuno Astrológico

Dos planetas transpessoais Netuno é o que tem impacto mais sutil e indefinido. Apesar do que possa parecer um toque gentil — a suave brisa marítima que revigora os sentidos —, seus efeitos são extremamente poderosos e transformadores. Sempre que Netuno é ativado, não existem barreiras que resistam a sua força corrosiva. Se com o tempo as águas do plano físico podem recriar continentes ou destruir uma área fértil, como é possível evitar a influência das Águas Cósmicas da Vida?

Segundo o Alcorão, "Da água vem toda a vida"; e na Bíblia, uma das primeiras ordens divinas é que a água cubra a superfície da Terra. Vemos aí as indicações de que a vida original está associada às profundezas oceânicas e que o mistério da vida, do começo aos possíveis finais, emerge emerge do reino submarino. A ciência contemporânea tende a apoiar essa concepção — que de algum modo a vida se formou nos oceanos — especulando a ocorrência de possíveis reações químicas que resultaram nos componentes bioquímicos da vida física subseqüente.

A imagem mental oceânica do Netuno astrológico é bastante apropriada, e na astrologia moderna está associada às teorias de Jung do inconsciente coletivo. São imagens de oceanos interiores e reinos de paradoxos e ambigüidades, um mundo psicológico desconhecido e inexplorado, em que os dragões repousam, como nos antigos mapas, em áreas assinaladas, simbolizando tempestades violentas; os perigos ocultos de Cila, o voraz monstro marinho, e de Caribdis, o redemoinho, cujos perigos enfrentados por marinheiros intrépidos que tentam navegar por seus estreitos.

O mundo marinho também simboliza o útero feminino, a fonte da vida e a imagem da mulher maternal, do divino feminino, o portal por onde a vida sai de um outro mundo/nível e entra neste. Embora na cultura grega patriarcal Netuno seja retratado como um macho dominante — uma divindade de água —, o simbolismo é essencialmente feminino; a água também tem sido associada às esferas das emoções, sentimentos, amor, imaginação e criação artística.

A dificuldade para se entrar no mundo de Netuno é o aprendizado da sobrevivência; só é possível nadar nas águas revoltas quando se permanece na superfície; olhar para baixo revela apenas uma fração desse reino, o suficiente para fascinar mas insuficiente para iluminar e inspirar. É como mergulhar uma vara na água: sabe-se que ela é reta, mas tem-se a impressão de que a parte submersa não é — a questão da ilusão e da realidade. A única maneira de começar a compreender a complexidade de Netuno é mergulhar e submeter-se aos antigos rituais de batismo (ver o Capítulo 7), onde a água irá desintegrar a personalidade restritiva, limpando e purificando. O intelecto e o eu separado afundarão nas profundezas oceânicas interiores, antes da ressurreição do eu holístico.

A Função de Netuno

Netuno tem o poder de dissolver e sua função é destruir formas e estruturas de vida antiquadas, nos planos físico, emocional e mental. Isso ocorre pela transcendência dos limites inibidores que dissolvem as falsas limitações e pelo ingresso numa esfera mais ampla de universalidade e expansão, buscando a liberação do eu e do espírito aprisionados e criando uma forma mais adequada de personificar o próximo passo do desenvolvimento. Netuno corrói as definições e restrições impostas pelos princípios saturninos — padrões de pensamento, crenças ou identificações que Saturno estabelece como realidade consensual e estilo de vida coletivo. Netuno procura transformá-los na hora certa, quando um passo anterior progressivo já se tornou reacionário e cristalizado, em sistemas mais abrangentes, holísticos e universais.

Netuno simboliza e representa o desejo de transcendência, o passo adiante tão arraigado no espírito humano, que é um reflexo do impulso evolucionário programado. É a busca da libertação dos limites do eu pessoal, separado, e do meio ambiente material; é uma resposta ao chamado evocativo das ondinas (espíritos da água) para retornar à consciência da unicidade e juntar-se novamente ao todo. É um princípio de repolarização, cujo objetivo é a auto-redenção através de um relacionamento transformado entre o eu e a sociedade.

Netuno integra, através de um processo de desintegração desfazendo lentamente as barreiras e os padrões psicológicos de comportamento. Urano tende a desencadear o processo integrativo, abalando e rompendo estruturas, talvez através de uma experiência inesperada que modifica um estilo de vida estável. E Plutão subverte, pela profunda orientação destrutiva que leva à sedimentação transformadora final e ao renascimento. Essencialmente, Netuno procura dissolver a forma em si, reduzindo-a novamente a suas origens disformes, o que reflete o *solve et coagula* alquímico. A eterna mensagem de Netuno é que enxerguemos além das experiências físicas, dos mundos da matéria e das estruturas psicológicas, buscando distinguir o mundo sutil e invisível do espírito mais elevado e do *self* universal e elevando as emoções pessoais e o sistema nervoso a um nível onde a intensidade, harmonia e intuição possam ocorrer. A partir daí, a inspiração pode ser transmitida para o mundo.

Como parte desse processo, a imaginação pessoal alinha-se à dimensão arquetípica, especialmente no contexto do sentimento coletivo e dos níveis emocionais — O Coração Universal; o contato é então liberado na expressão artística criativa. Quando inspirado, manifesta-se no nível da afinidade emocional compartilhada, como na música, na literatura, na arte, no teatro e na dança, que ressoam profundamente nas áreas da experiência coletiva comum, onde as emoções expressadas são familiares e evocativas, e as imagens mentais coletivas são utilizadas para gerar uma resposta previsível. Entretanto, há um preço a ser pago para que esse contato interno ocorra, pois envolve a transformação ou o sacrifício do ego separado à medida que o indivíduo vai se tornando mais universalizado em sua força e percepção; em vez de reconhecer ilusões relacionadas a suas realizações e ascensão individuais, ele passa a reconhecer aquilo que compartilha com a vida; percebe que é um canal criativo e não o criador, e reconhece a preeminência do Artista Eterno.

Parece que esses canais interiores são abertos no hemisfério direito do cérebro, por onde entramos em contato com cada um dos planetas transpessoais — Urano, Netuno e Plutão — ao ativar essa parte do cérebro. O resultado é a dissolução dos padrões individuais de Saturno associados principalmente às características e à atividade do lado esquerdo do cérebro. Quando as influências transpessoais são despertadas no indivíduo (através de aspirações espirituais ou artísticas) pode ocorrer uma ligação gradativa entre os hemisférios, levando-os à sincronização; nos mitos escandinavos, essa ligação é denominada *Bifrost*, a Ponte do Arco-Íris. Finalmente, o canal de inspiração e comunicação é estabelecido e a parte central do cérebro coordena a percepção holística. Uma discussão mais extensa a esse respeito pode ser encontrada em meu livro, *Espírito Revolucionário: Explorando o Urano Astrológico*.

Netuno: O Solvente Universal

Essa qualidade intrínseca de Netuno torna-se cada vez mais ativa nas situações em que existe inibição ou uma repressão antiga da psique coletiva ou pessoal. É como se ante a ocorrência de determinado grau de cristalização, o processo de dissolução fosse automaticamente ativado. Na astrologia, muitas vezes esse processo é indicado pelos trânsitos em novas casas, pelos aspectos ou progressões em trânsito e pelos diversos ciclos de vida de algumas influências planetárias.

Cada personalidade contém um calcanhar-de-aquiles em alguma área, onde as sementes da dissolução pessoal permanecem latentes, onde uma névoa de sedução ou de ilusão pode impedir a clareza da autopercepção e das características pessoais, que, se forem seguidas inconscientemente, no final podem conduzir a um confronto traumatizante. Com freqüência, é através desse ponto cego que pode ser feita a exigência netuniana de sacrifício em prol do coletivo.

Psicologicamente, acredita-se que a maioria das pessoas possua um impulso latente de morte (Freud denominou-o "tanato") que é essencialmente um impulso de desintegração da consciência individual. As barreiras de Saturno sustentam o desejo de autopreservação do ego e os pensamentos e presságios da possível dissolução provocam uma reação de medo e calafrio interior associanda à morte física reprimida na mente inconsciente. Netuno e Saturno atuam como duas polaridades em eterno em conflito, pois Netuno procura encontrar a liberdade na unidade e na universalização e Cronos-Saturno, sempre tentando impedir que isso aconteça, destrói os primeiros sinais de vida independente em Posêidon-Netuno.

As paredes saturninas do ego podem rachar com o impacto uraniano, uma espécie de momento decisivo na vida; a partir desse ponto, a influência netuniana dá continuação ao o processo. Como Netuno é considerado um planeta de pensamento metafísico, envolvendo ambigüidade, paradoxo, contradição, seqüências de pensamento não lineares, imagens mentais e símbolos, um dos efeitos de sua ativação na mente humana é a dissolução dos padrões organizados da consciência e da mente racional.

O solvente universal é um conceito alquímico que concebe um poderoso "ácido" capaz de desintegrar a coesão de barreiras e limites repressivos e, se utilizado, terá efeito irreversível. Lentamente, uma mudança interior começa a penetrar na base aruinada da mente consciente, onde os mundos interiores começam a se cruzar e se sobrepor, onde as garantias de vida enfraquecem, enquanto um mundo desconhecido vai surgindo na consciência. A preocupação e a introspecção tornam-se dominantes e, com freqüência, a consciência volta-se para uma sensibilidade astral e indistinta, um pouco espiritual, possivelmente mística, mas que, muitas vezes, exibe sinais de eternidade e de entorpecimento e de irrealidade, enquanto o *self* separado lentamente submerge nas ondas e tem menos consciência das exigências do mundo exterior. Então, de certa forma, ocorre uma interiorização, um recolhimento.

O que acontece no indivíduo quando esse processo se inicia? A influência de Netuno pode surgir através do trânsito ou da posição da casa natal, utilizando os canais estabelecidos pelos aspectos planetários natais. A confusão, a desorientação, a ausência de foco, a indecisão, a diminuição da autoconfiança e das convicções psicológicas são efeitos comuns, e a sensação é entrar num estado interior de fluidez em que os padrões familiares da vida foram varridos por alguma maré invisível. Há um tremor psicológico, um medo, enquanto os apoios são corroídos na fase de transição: os antigos padrões de comportamento motivadores perdem sua centelha de vida. Com tamanha atividade interior, pode ocorrer a perda de interesse desenvolvimento e de envolvimento com o mundo exterior, resultando na ausência de significado e objetivo. É comum ocorrer um isolamento psicológico em que a percepção pessoal continua aguçada, embora a percepção do *eu* permaneça extremamente difusa e aparentemente sem um centro definido.

O que você pode fazer ao sentir que está se afogando, quando as águas do solvente universal vão lentamente desmanchando todos os apoios nos quais você tenta se segurar? Muitos entram em pânico e pioram a situação, agindo sem saber o que está acontecendo. Muitas doenças nervosas e psicológicas são estimuladas pela atividade dos planetas transpessoais que atuam em personalidades sem uma estrutura conceitual de apoio capaz de criar um contexto para a experiência. Com freqüência, Netuno está associado à histeria, às experiências alucinatórias e a determinados tipos de doenças mentais. Muitas almas sensíveis submergiram ao se tornarem receptivas aos oceanos do sentimento coletivo, pelo choque irracional e transcendental de uma esfera sem limites e de profundezas imensuráveis, desde que se encontra além daquilo que a estrutura da personalidade é capaz de suportar. O indivíduo é sacrificado ao identificar-se com a unidade num paroxismo de empatia emocional universalizada e, como uma personalidade separada, não sai intacto da experiência. Essa tentativa de auto-redenção pode ser deliberada, como no caminho místico, ou ocorrer de modo aparentemente indesejado e não solicitado; para o místico, pode ser uma experiência de libertação; para o despreparado, a destruição da vida.

A passagem por essa fase da experiência é crucial; devemos salientar que os graus da experiência de Netuno variam muito e certamente é possível evitar que a experiência seja tão profunda. Mas é provável que determinadas experiências comuns sejam padrões repetitivos da reação humana a essa energia.

O pior período de confusão e desorientação interiores ocorre no início da fase, especialmente quando você percebe que aconteceu algo perturbador sem se dar conta. Netuno é um mestre nos disfarces e, com freqüência, aproxima-se silenciosamente por trás, toca com seu efeito desintegrador e desaparece novamente. Você só percebe que alguma coisa aconteceu quando inclina a cabeça e ela cai. É um período em que ocorre uma transição e você se encontra num estado de fluxo interior, sem âncoras para mantê-lo a salvo na familiar linha costeira. É comum não haver uma base terrestre sólida, e você ainda insiste em tentar classificar essa nova experiência segundo a antiga ordem padronizada, repetindo antigas atitudes, valores e comportamentos estabelecidos. Isso não funciona e talvez seja preciso vivenciar o fracasso antes de perceber o que está acontecendo.

A resistência é inevitável na maioria das pessoas, mas a luta interior para trazer de volta as antigas atitudes torna-se uma tarefa inútil, pois a vida está escoando delas. É quase como tentar conter a água de um dique com o dedo; a pressão contínua provoca novas rachaduras que deixam escapar as águas represadas; seja como for não se pode contê-las para sempre! Essa é a luta entre duas tendências opostas; a questão é saber como conter a energia ilimitada dentro das estruturas limitadoras de Saturno, como impedir que as paredes de Saturno desmoronem. Por fim você compreenderá que elas não são fortes o bastante e que a mudança de Netuno é inevitável.

A POLARIDADE SATURNO-NETUNO

Essa polaridade envolve o desafio direto de duas importantes rotas alternativas na vida; uma delas é reprimir as sugestões interiores, esforçando-se para ignorar as pressões e tensões interiores intensificadas, negando a necessidade de mudança e lutando para manter os padrões estabelecidos na psique, possivelmente recorrendo a determinados vícios como uma forma de evitar a percepção de uma condição sem sentido. A outra é encontrar um caminho progressivo rumo a um modo de ser e uma autopercepção mais holísticos e unificadores. É preciso descobrir um caminho de transformação positiva e construtiva.

O atrito e a tensão entre um Netuno ativado e um Saturno resistente têm várias conseqüências. É provável que ocorra uma diminuição da vitalidade física e da motivação, quando as exigências da vida diária intensificam-se e tornam-se mais insistentes numa época em que você não consegue lidar bem com elas. A autoconfiança diminui, e você pode começar a ter fantasias mais ativas e devaneios, tentando satisfazer os desejos e as aspirações interiores através de sonhos, ou planejando esquemas pouco práticos que não poderão ser executados por estarem além de sua capacidade. O mau humor torna-se comum, especialmente as oscilações emocionais, como se você fosse atingido pelo pêndulo que balança entre Netuno e Saturno; a ansiedade, a insatisfação e a desilusão são companheiros regulares. O entusiasmo aumenta e diminui, dificultando a persistência e a realização dos objetivos.

É comum haver insatisfação na casa natal de Netuno, na casa em que ele estiver transitando, ou na casa em que possam ser formados aspectos com um planeta pessoal através de um Netuno em trânsito. Essa área de vida será abalada e, portanto, será difícil identificar a verdadeira natureza do problema; Netuno é ardiloso e quando você se aproximar de uma resolução parcial, ele vai procurar desviar sua atenção de modo que lhe fuja a compreensão até que você se aproxime de uma transformação completa. Com freqüência, você terá a criatividade bloqueada e lutará para esclarecer objetivos e propósitos, sem conseguir tomar decisões por causa das excessivas oscilações no *self* difuso.

Muitos preferem se fechar, não se envolvem com a vida para diminuir o desconforto e não respondem ao chamado das profundezas que magneticamente atraem para dentro. Nesse estado de internalização surgem muitos padrões psicológicos negativos, baseados na morte parcial do ego de Saturno e que emerge como dúvidas, inércia, passividade, sentimentos de paranóia e ameaças, rejeição aos relacionamentos, possíveis atitudes e sentimentos associados ao martírio, ao sacrifício e à dependência. A realidade complexa torna-se excessiva e pode ocorrer uma parcial "paralisação" temporária, assim como um processo de cura interior e de negação e rejeição pela confirmação da supremacia das estruturas de Saturno, o que pode resultar em colapsos nervosos. O estilo de vida começa a se desintegrar em conseqüência da insatisfação e do descontentamento. Há uma perda de direção, mesmo que a antiga direção tenha se dissolvido, e a falta de ligação com ela provoque uma grande angústia e a ânsia por contatos familiares outrora significativos. É comum o fingimento como uma provável resposta a essa fase, pois até que uma nova luz comece a brilhar, o que mais pode ser feito? O estilo de vida no plano físico pode exibir sinais de tensão. Com freqüência, perde-se o controle financeiro enquanto as energias são aparentemente dirigidas para o *self* inconsciente. A solidão é a principal experiência, tanto quanto um vazio interior que nada é capaz de preencher, enquanto a vida perde sua cor e todos os canais de acesso à antiga satisfação parecem bloqueados ou despidos de energia.

NETUNO-SATURNO: UMA ABORDAGEM INTEGRATIVA POSITIVA

Pode ser um difícil desafio lidar com a polaridade Netuno-Saturno interiormente, pois as duas energias parecem atrair a pessoa em direções contrárias, fazendo-a reagir com muita tensão. Enquanto se toma temporariamente o partido de um dos planetas, é preciso determinar as tendências naturais de cada um deles e depois tentar criar um equilíbrio natural vida, possibilitando o surgimento de uma polaridade criativa e não separatista; do contrário, com o tempo, Netuno provavelmente será relegado de volta à mente inconsciente. Na realidade, a pessoa deveria procurar utilizar as qualidades de Saturno para liberar as características positivas de Netuno, e vice-versa.

Nesse ponto, é crucial iniciar um processo de reorganização e auto-avaliação através de um exame de tudo o que foi estabelecido no passado, inclusive o senso de identidade global, e tentar descobrir porque agora as coisas não funcionam nem satisfazem. Você se transformou num deserto e precisa que as águas netunianas frutificantes, fortalecedoras e revigorantes fluam em você e permitam a ressurreição. Tendo perdido o senso de significado e valor, é necessário descobrir um substituto mais integrado, onde se possa erguer estruturas mais abrangentes, apropriadas ao estágio seguinte.

Nesse processo, talvez seja preciso examinar de que modo está se avaliando a atual situação. Geralmente, as respostas dependem da natureza das perguntas e talvez seja preciso uma clareza maior para determinar quais são as questões que exigem uma resolução. Esse questionamento interior pode assumir diversas formas; existem muitas técnicas para estimular a orientação e o apoio interiores que deveriam ser usadas como instrumentos para se passar por essa fase. Sugerimos as seguintes perguntas como uma linha de orientação para esse exame. Elas são aplicáveis à experiência do solvente universal, à polaridade Saturno-Netuno e aos trânsitos de Netuno.

Você sabe o que deseja da vida? Examine suas necessidades e desejos físicos, emocionais e mentais, e identifique aquilo que acredita desejar.

Essas coisas estão realmente ausentes de sua vida ou suas necessidades mais profundas não são reconhecidas nem realizadas? Veja se está identificando qualquer insatisfação com as causas erradas; talvez, ao olhar novamente sua vida de uma nova perspectiva que valorize mais aquilo que possui, seu ânimo possa ser reavivado.

Considere essas necessidades em cada nível de seu ser; as necessidades físicas, emocionais e sentimentais, as necessidades mentais e intelectuais, e também as necessidades espirituais mais profundas. Veja como podem ser diferentes e contraditórias e que providências pode-se tomar para satisfazer cada uma delas.

Determine aquilo que significa muito para você, de modo único e pessoal: o que o faz sentir-se bem consigo mesmo e com a vida, o que o torna mais amoroso e feliz. Só então decida mudar sua vida para vivenciar melhor todas essas coisas. Siga os caminhos de seu próprio prazer.

Veja como você se sente confuso. Quais são as principais áreas afetadas? Por que prefere manter essa confusão? O que se pode fazer, conscientemente, para eliminá-la? Você está evitando tomar decisões, alegando uma confusão interior? Essa é uma tática de protelação? Você está disposto a transformar a confusão e tornar-se uma pessoa dinâmica e determinada? O dilema seria apenas um truque para evitar as mudanças?

O que o impede de mudar? É o medo, a insegurança, a falta de confiança em suas habilidades?

Se alguém lhe desse a chave para realizar seu sonho secreto, você a usaria para abrir a porta? Ou inventaria mil e uma desculpas para evitar o desafio? Observe os caminhos que escolheu para tentar impedir que seus sonhos se realizem. Examine as crenças inconscientes, as atitudes e características de personalidade que impedem seu sucesso. E então pergunte-se por que isso acontece. Decida, então, seguir em frente, desconsiderando a influência de tudo isso e declare solenemente que o sucesso e a satisfação são direitos seus.

O que você ganha ficando na atual situação, principalmente quando ela não oferece significado, propósito e prazer para sua vida?

Você está procurando a essência da vida, uma qualidade que preencha a experiência da vida e de si mesmo? Qual é a parte de você que o impede de experimentar uma vida mais rica? Está preparado para que ela continue lá, até a morte?

Torne mais claros os seus propósitos de vida. Faça planos para alcançá-los e, pelo menos, caminhe do lado certo da estrada para atingir esse objetivo. Quais as coisas que precisariam ser abandonadas para aliviar sua carga, possibilitando a realização daqueles sonhos? Você está disposto a se sacrificar por eles? Quanto valem os seus sonhos?

Você está disposto a ultrapassar o terreno conhecido e explorar novas terras? Pergunte a si mesmo: por que não mudar?

Acredite que uma mudança positiva irá ocorrer. Confirme isso e visualize a maneira de realizar o sonho ideal que irá torná-lo mais feliz em todos os níveis da vida. Evoque a fé netuniana e isso acontecerá.

Contudo, é preciso reconhecer o necessário papel de Saturno no processo que dará às energias netunianas liberdade maior em nossa vida. Saturno mostra-nos as limitações temporárias; nem sempre é sábio ultrapassarmos nossas capacidades naturais, pois problemas adicionais poderão ser criados. É mais seguro um desenvolvimento gradativo, e Saturno fornecerá os freios que forem necessários. Além disso, a tendência de Saturno para construir a forma e a estrutura nos forçará a reavaliar os sonhos e as fantasias netunianas em busca de seu potencial oculto, e nos estimulará a transformá-los numa realidade ativa por intermédio da realização desses ideais e visões espirituais. É Saturno que nos oferece a disciplina para atender às necessidades da consciência planetária de Gaia, nos impulsiona a manifestar a espiritualidade na Terra; Netuno, por sua vez, tende a transcender as exigências e restrições da forma. Ele nos proporciona uma nova inspiração, uma energia transformadora da vida e dos padrões de inércia, através da imaginação de atraentes sonhos alternativos que atuam como indicadores de novas direções potenciais. Ao unir Saturno e Netuno numa parceria de trabalho, podemos criar uma poderosa plataforma de trabalho, um ponto central em que as necessidades do idealismo e da utilização prática são reconhecidas, e a partir daí atingir um propósito mais claro.

Ao experimentar esse processo, a situação irá se transformar, deixando de ser apenas passiva para tornar-se colaboradora do impulso netuniano mais elevado, permitindo que você tome a vida em suas mãos em vez de ser uma vítima dos caprichos do deus. Netuno não se sente bem aprisionado em sua mente inconsciente; ele deseja brilhar em seu mundo e ser reconhecido como o poder criativo e inspirador que é.

Essencialmente, você precisa decidir que vai dirigir essa transformação, permitindo que a intenção positiva revele-se nas mudanças construtivas que passarão a ocorrer dentro de você e em seu estilo de vida. A auto-aceitação é vital, assim como o reconhecimento da transição pela qual está passando; talvez seja necessário estabelecer uma nova direção e um novo propósito para que as energias possam fluir facilmente para um novo padrão de expressão, um padrão que consiga unir as necessidades pessoais e sociais que resultarão em benefícios para o todo. É inútil olhar para trás, para os velhos padrões interiores redundantes; o caminho à frente é o da construção do novo futuro. Muitas pessoas que passam por essa fase de transformação sentem-se atraídas por ensinamentos espirituais e holísticos (que surgem sob diversas formas), especialmente por ensinamentos menos convencionais relacionados a experiências de dissolução interior e renascimento. Lentamente, um novo mundo e uma nova percepção vão adquirindo forma e, como o sol surgindo no horizonte de um novo dia, iluminam e começam a curar e integrar aquele estado interior abalado. A vida retorna o significado, a confusão é dissipada e tudo se reorganiza deixando o caos para trás. Embora o caos possa ser um estado doloroso, ele deixa marcas no caminho entre um padrão inibidor e o outro que oferece progresso e oportunidade. Nesse sentido, o caos deve ser bem recebido e reconhecido como um libertador.

NETUNO E A RESPONSABILIDADE SOCIAL

Os efeitos superficiais de Netuno na sociedade são exibidos na transitoriedade da moda e das tendências visuais, nas quais a criatividade é utilizada para despertar o interesse do consumidor e o lucro nos negócios, ou na esfera da atividade de lazer ou diversão coletiva, como nos variados estilos da música popular. Esses padrões de expressão externalizados e transitórios simbolizam os desejos coletivos emocionais subjacentes. Um dos movimentos modernos mais reveladores tem sido o rápido desenvolvimento da cultura jovem de todo o mundo, nos últimos trinta anos.

À medida que Netuno transita pelos signos, exibe indicações das principais imagens de fantasias sociais, ideais e aspirações do inconsciente coletivo, cujos sinais óbvios manifestam-se nos filmes, na música, no teatro, na arte e na literatura. A transitoriedade dos padrões sociais imita a natureza tumultuada e em constante mutação das águas correntes, embora — ao contrário da afirmação de Heráclito de que não se entra duas vezes na mesma água — a moda atual tenda a passar por uma reciclagem periódica de estilos anteriores. Para muitos, ser um seguidor dedicado da moda revela o desejo inato de seguir o caminho de uma imagem coletiva, como uma forma de envolvimento com o grupo.

Embora Netuno controle a auto-imagem e as imagens projetadas, para muitas pessoas parece essencial um certo dever e uma responsabilidade social muitos semelhantes ao impulso místico, mesmo que manifestado num contexto menos religioso, que surge como uma resposta espontânea ao senso de solidariedade humana e comunidade, em vez de um impulso de dissolução na espiritualidade. Isso também pode se manifestar como uma rendição à energia criativa, que usa o indivíduo como meio para expressar criativamente uma imagem coletiva emocionalmente repercussiva.

Os sentimentos de dever social, culpa e consciência de dever cívico ou espiritual constituem uma reação comum a Netuno. Se o indivíduo foi influenciado por ensinamentos religiosos, provavelmente eles serão o caminho utilizado por aqueles sentimentos, assim como o condicionamento político e as ideologias políticas. O simbolismo religioso cristão possui enorme quantidade de imagens sacrificais, que ao mesmo tempo atraem e afastam, com as quais muitas pessoas apenas concordam da boca para fora no desempenho real da vida.

Parte dessa ansiedade interior surge da necessidade de uma integração social e coletiva mais profunda. Isso não deveria ocorrer através de uma reversão à identificação inconsciente com o grupo e à diminuição da identidade pessoal, mas como um passo positivo rumo à identificação mais elevada com a unidade da vida. É um sentimento de unidade, resgatado no inconsciente social aprisionado que se manifesta na tendência social de reprimir e inibir as emoções. As inevitáveis pressões da vida explodem essa inibição em expressões distorcidas e muitas vezes violentas, contra a paz e a harmonia social.

O senso de responsabilidade social estimulado pela atividade de Netuno pode causar diversos problemas para o indivíduo. Muitas vezes, a fonte da inquietação interior não é reconhecida ou identificada; ela perturba, encorajando a pessoa a olhar em determinadas direções. Algumas vezes, revela sua presença através de uma sensação de tédio e de angústia existencial, quando parece faltar à vida algo essencial. É preciso haver uma transformação do foco interior e da autoperspectiva, onde o dualismo entre o *self* e o outro é seqüencialmente destruído pelo espírito compassivo que surge.

A sensibilidade às necessidades e sofrimentos alheios intensifica-se, especialmente em relação àqueles cujas opções de vida são reprimidas por circunstâncias sociais e falta de atenção. Embora possa haver um componente pessoal atenuante da culpa e da consciência ligadas ao interesse pelo sofrimento da sociedade como um todo, podemos obter resultados positivos. Muitos tornam-se bastante motivados quando percebem que, se houver vontade e compromisso, poderão fazer coisas importantes que compensem o caos social. A elucidação dessa tendência no desenvolvimento humano será ampliada no Capítulo 8.

Muitas pessoas adotam uma *persona* de auto-sacrifício dedicam a vida à realização de um impulso interior de dever social. Com freqüência, isso acontece através de um ideal religioso bastante desenvolvido, como o da Madre Teresa de Calcutá, que personifica uma imagem cristã de serviço altruísta entre os miseráveis. Para que alguém se sacrifique por uma necessidade coletiva, é preciso que abandone algum aspecto da vida pessoal, e isso é essencialmente um reflexo da psique disposta a transcender desejos individuais em benefício do grupo. Ao favorecer as necessidades do todo, a parte é relativamente dispensável. Netuno simboliza o aspecto da resposta emocional coletiva, e a unidade e integração que ele representa são a identificação emocional e a empatia, especialmente entre aqueles que parecem ser vítimas das circunstâncias da vida.

Apesar dos avanços das culturas ocidentais quanto ao papel e à condição das mulheres, ainda se espera que elas vivam um sacrifício perpétuo em favor da dominação masculina no que se refere às tarefas mais servis. Esses papéis muitas vezes são validados pelas escrituras religiosas e pelo condicionamento social, limitando severamente as oportunidades de autodesenvolvimento e a opção de seguir um caminho pessoal. Para muitas delas, as necessidades e desejos pessoais são sacrificados em prol da unidade familiar. Netuno é considerado essencialmente um "planeta feminino", relacionado à imagem arquetípica da *mediatrix*, que quase sempre é associada ao conceito da mulher sofredora, receptiva ao sofrimento do mundo.

NETUNO E A RESPOSTA INDIVIDUAL

Para a maioria das pessoas, Netuno atua de forma inconsciente e, na verdade, parece ativar os padrões profundamente assentados na mente inconsciente contaminados por ilusões e seduções pessoais que dificultam uma percepção mais clara. Em parte, isso acontece porque o ego irá ignorar a presença que procura destruir a realidade temporária das bases estruturais da psique, tentará negá-la, menosprezando sua energia ou cercando-a de perigos e imposições proibitivas.

A falta de integração de Netuno é bastante comum; um dos sinais é a tendência à *projeção*, na qual o indivíduo atrai inconscientemente experiências e acontecimentos que sejam um caminho para que Netuno entre em sua vida. Inconscientemente, o indivíduo faz determinadas escolhas e toma decisões que o conduzem inexoravelmente aonde Netuno o está aguardando. Antes que perceba o que está acontecendo, sua cegueira já o impeliu a uma situação extremamente vulnerável, onde ele perde o poder e está indefeso; a única saída para a situação é sacrificar alguma coisa que antes era muito importante, desintegrando e destruindo suas fundações, enquanto o propósito de Netuno é alcançado. Geralmente, parte da realização que surge em conseqüência dessa experiência é um senso de direção, da mão manipuladora do desconhecido contra a qual ele é impotente. Quando a pessoa é tocada por essa presença, o medo e o espanto intensificam-se. Netuno foi chamado de "O que faz a terra tremer", e o solo do ego realmente treme à sua aproximação.

À medida que os sentimentos e as emoções transbordam para a superfície da mente consciente, a onda gigantesca é percebida como um dique que se rompeu. Os relacionamentos são uma fonte de contato com a energia de Netuno, pois ele é um dos transmissores das projeções de poder da *anima-animus* (sua natureza é ainda mais poderosa do que quando a Lua ou Vênus estão ativados). O aspecto *anima-animus* de Netuno procura diluir-se na fusão com o todo, na anulação da separação, enquanto os planetas pessoais, Lua e e Vênus, fortalecem a identidade através da reflexão, da doação e da recepção. Netuno é considerado muitas vezes a oitava universal mais elevada de Vênus, em oposição ao amor pessoal, mas isso pode deixar o indivíduo extremamente vulnerável, permitindo que seja manipulado por pessoas menos escrupulosas e interesseiras.

A decepção amorosa é um clichê, pois é a experiência de muitos que foram seduzidos, e as tendências para que isso ocorra podem ser notadas nos aspectos formados com Netuno nos mapas. Por exemplo, os aspectos tensos formados com Marte podem indicar dificuldades nos relacionamentos das mulheres com os homens, através de um temperamento amoroso e do comprometimento com os artifícios do amante sedutor. Sob a influência de emoções intensificadas, a mulher talvez não tenha certeza do que realmente necessita e por isso é enganada e manipulada. Os aspectos de Netuno com Vênus podem sugerir uma natureza excessivamente romântica que procura imagens de amantes ideais e de perfeição. Para os homens, os aspectos de Vênus e da Lua com Netuno podem indicar a tendência a buscar a mulher ideal, busca que só pode levá-los à desilusão e à insatisfação, a menos que o indivíduo seja extremamente afortunado e consiga levar a realidade para seus sonhos.

Há uma subpersonalidade que pode ser associada ao impulso netuniano de amor universal: a personalidade *amorosa*. Ela é identificada pela premente necessidade de ser amado e pertencer a alguém através de relacionamentos, e pode se tornar um padrão dominante na direção da vida. A empatia e a sensibilidade em relação ao ambiente são comuns e, com freqüência, o foco de identidade está projetado para fora em busca de aprovação e reconhecimento e, portanto, do bem-estar do ego ligado ao que os outros pensam e dizem, além da necessidade de estabelecer limites pessoais que são ampliados para incluir os relacionamentos; se houver rejeição, o ego pode tornar-se bastante vulnerável. No mapa, estão enfatizadas a 4ª, a 7ª e a 12ª casas, ou as casas dos signos de Água.

Chegar a um acordo com essas poderosas emoções particulares é uma tarefa que desafia todos. O ego detesta estar vulnerável e, com freqüência, sente-se desconfortável quando os sentimentos emanam desse redemoinho de emoções. As rejeições nos relacionamentos e os casos amorosos fracassados muitas vezes conduzem a traumas emocionais e delírios paranóicos, como se o mundo inteiro nos rejeitasse. O sofrimento amoroso é inevitável para a maioria das pessoas, e a integração emocional é um passo vital para todos os que estão tentando seriamente integrar a vibração de Netuno a sua vida consciente. O fracasso e a recusa dessa integração inevitavelmente provocam insatisfação e perturbações psicológicas, especialmente entre os que possuem uma ênfase nitidamente netuniana em seu mapa natal. Isso pode criar a sensação de falta de energia, estados de confusão e perda de direção, onde os antigos contatos entre o *self* e os outros parecem perder a vitalidade, a vida é tingida pela incerteza, uma vez que as antigas formas não satisfazem mais.

Rejeitar a necessidade de integração pode levar a um esvaziamento de significado, de propósito e direção, mas se isso acontece podemos, simultaneamente, apoiar-nos em fantasias compensatórias, em sonhos de um novo emprego, de um casamento, de um estilo de vida ideal, aos quais nos apegamos como substitutos. O círculo de escapismo intensifica-se, e quando os sonhos irrealistas ficam mais fortes, suas necessidades afastam-se ainda mais de uma possível satisfação, ao mesmo tempo em que a percepção do mundo e das pessoas fica mais distorcida. A fuga do sofrimento interior encontra assumir muitas formas de evasão, embora, contraditoriamente, o caminho para atravessar essa fase seja voltar-se para dentro e descobrir uma nova maneira de lidar com questões dolorosas. Algumas vezes, um Netuno ativado pode significar um período de introversão, um afastamento parcial das atividades normais e do envolvimento social. Os padrões interiores inconscientes alcançam a consciência e as ilusões, os sonhos, as fobias e as neuroses pessoais podem ser iluminados por uma luz esclarecedora. Se o desafio for aceito, essa fase pode tornar-se bastante produtiva e proveitosa, pois as névoas interiores são dissipadas e os aspectos visionários e criativos de Netuno começam a brilhar. Embora as emoções não integradas possam ser muito dolorosas, também podem curar velhas feridas, dissolver padrões restritivos, e assim liberar as energias bloqueadas para uma nova vida.

As *mélusines* das profundezas do oceano podem atrair as pessoas por dois canais diferentes: num deles, elas afogam-se nas profundezas criadas pela recusa à mudança, imergindo na escuridão da angústia pessoal; o outro conduz à morte mística e à transformação, o caminho pelo qual Netuno tenta encorajar as pessoas a seguir em frente. Embora Netuno possa predispor o indivíduo a ter sonhos irrealistas nas áreas da vida em que é particularmente influente, muitas vezes nessas mesmas áreas podemos encontrar soluções radicais. Pela procura, o indivíduo que escolhe o caminho do abandono da desilusão pode descobrir que os ideais precisam ser vivenciados para que se tornem reais. A ruptura provocada pelos planetas exteriores é um estímulo para tornar reais o idealismo e a inspiração, para encorajar a firmar a consciência no nível físico, manifestada na vida cotidiana.

As atitudes individuais determinarão a natureza da influência de Netuno através das estruturas de valor pessoal e da facilidade com que permitimos que os novos ventos soprem em nossa vida. Acolhemos com prazer o toque do misterioso ou negamos seu acesso, fingindo que mantemos o controle de nossa a vida e, portanto, rejeitando a mão estendida de Netuno? Mas acolher o deus pode nos levar ao mundo do espírito, aos níveis de realidades arquetípicas e à inspiração de uma imaginação sintonizada com a mente abrangente. Alguns agarram essa oportunidade, reconhecendo entusiasmados a interferência em sua vida e permitindo a unção pelo tridente, vivenciando-a como uma graça e um profundo mistério espiritual, pois ao submergir alcançam o renascimento. Como afirma Dane Rudhyar, Netuno é "em todos os níveis, o poder que cura e sustenta a inteireza do todo".

TRABALHANDO COM NETUNO

A localização de Netuno num mapa tende a indicar uma fonte de idealismo e possível visão criativa. O valor de Netuno é exprimir a consciência de uma utopia pessoal, o que pode variar segundo sua posição e as necessidades e os sonhos individuais.

Geralmente, uma abordagem contemplativa da vida é adequada à colaboração com a energia de Netuno, quando ela é vivenciada em conformidade com o elemento água, passivo, fluente, imparcial e inerentemente submisso à vida mais elevada. As filosofias como o taoísmo refletem essa atitude e uma visão global do *eu* e do mundo na qual ocorre um profundo relaxamento do ego e uma percepção mais inclusiva das realidades universais que envolve um senso de proporção. Para tanto é preciso agir a partir de um novo centro, um ponto de tranqüilidade no qual se entra pelo silêncio interior, livrando-se das tagarelices da personalidade. Ali só existe o presente, o passado desapareceu e o futuro ainda está por vir e não temos que nos preocupar com ele; a atenção é focalizada apenas no momento presente e todo o ser está aberto a essa experiência. Houve uma rendição ao *eu* oculto e não aos caprichos da vida exterior.

Com essa postura podemos desenvolver um estilo de vida meditativo, de onde emergem a tranqüilidade, a integração e a expiação mística, e as ondas cerebrais alfa entram em harmonia com as dimensões espirituais e psíquicas. A vida dos sonhos pode tornar-se mais ativa e muitas vezes Netuno escolhe atuar através de sonhos evocativos e repetitivos para transmitir mensagens ou premonições. Na minha infância, por exemplo, eu tinha um sonho recorrente que sempre me perturbava por ser sempre igual, mas eu não compreendia seu significado. Isso continuou durante anos, até que no início da vida adulta houve uma situação real que correspondia exatamente ao sonho, embora sua essência e seu significado sempre estivessem ocultos quando eu acordava; o tempo finalmente alcançara o conhecimento atemporal daquilo que aparentemente estava fadado a acontecer.

Através da fantasia, da visualização criativa, do devaneio, das imagens mentais e da simbologia, Netuno pode ser evocado e despertado. As viagens também são ferramentas poderosas para estimular a atividade dos planetas transpessoais; essa abordagem pode ser utilizada para canalizar a energia e obter resultados práticos e inspiração artística criativa. Meditar nos símbolos sabeus associados ao mapa natal pessoal pode ser bastante valioso, e observar a imagem da Cruz da Vida (Ascendente, Descendente, Meio do Céu/Zênite, Nadir) pode proporcionar imagens simbólicas viáveis a um padrão de vida. O livro de Rudhyar, *An Astrological Mandala*, é a melhor fonte para as 360 imagens.

Compreender e definir Netuno é uma tarefa impossível. Finalmente, percebemos que não existe um Netuno limitado, que ele não tem forma e está presente na essência de cada pessoa e de cada coisa, mostrando que nenhuma forma ou estrutura é eterna mas que transcende para a infinita criatividade do Sonhador Visionário Divino. Podemos simbolizar Netuno como o Senhor da Dança, onde o dançarino funde-se aos ritmos da melodia, como o grande Nijinsky perdido no som universal da música celestial. Netuno é o senhor dos nossos sonhos, o Mestre do Disfarce, ocultando-se na matéria e inspirando-nos a transcender nossas limitações.

NETUNO E O CORPO FÍSICO

A vibração de Netuno tem diversas correspondências na estrutura física humana com a qual ele se associa, embora tradicionalmente o consideremos o transmissor das energias mais sutis e refinadas que o instrumento humano é capaz de receber.

Netuno é o regente da glândula pineal (Urano também está associado a essa glândula) e das partes do sistema nervoso especialmente receptivas às influências psíquicas intangíveis e sutis. A glândula pineal é o ponto aproximado do tradicional "terceiro olho", que se abre com o desenvolvimento espiritual, para observar o mundo interior que está além das aparências materiais. Na ioga, também está relacionado ao centro *ajna*, de onde as energias espirituais dirigem-se ao mundo exterior. Em razão da afinidade de Netuno com os reinos etérico e astral, muitas vezes ele é considerado bastante influente na aura humana mutável e no sistema de chacras (centros de energia), cujo funcionamento eficaz é ativado ou reprimido, dependendo do grau de integração da vibração de Netuno na vida pessoal.

Além disso, existem também correspondências fisiológicas com o canal vertebral do sistema nervoso que recebe e transmite os processos da atividade nervosa, emocional e mental, e com a parte do cérebro conhecida como tálamo. É no tálamo que se originam importantes nervos sensoriais, especialmente os nervos ótico e auditivo, e também é onde são formadas as conexões nervosas com a glândula pituitária. A glândula pituitária é vitalmente importante para a condução e coordenação das secreções químicas do sistema endócrino responsável pelo ritmo do crescimento e desenvolvimento físicos do ser humano. Em botânica, o tálamo é o receptáculo da flor e se assemelha ao símbolo astrológico de Netuno. Deriva da palavra grega *"thalamos"* que indica uma câmara interior, secreta ou *thalasic*, que significa mar.

Em alguns ensinamentos esotéricos acredita-se que o grau de desenvolvimento espiritual do indivíduo pode ser avaliado através da análise da atividade glandular e pela secreção de determinados elementos químicos na corrente sanguínea e na atividade cerebral. Os estudos sobre a importância das principais glândulas do corpo humano ainda são relativamente novos, mas é no equilíbrio do sistema glandular que estão muitas chaves da evolução humana e da boa saúde.

Sob uma perspectiva astrológica, as pessoas que têm uma poderosa influência de Netuno em seus mapas, geralmente são aconselhadas a tomar cuidado com as drogas, o álcool, os sedativos, qualquer coisa que possa viciar, uma vez que são especialmente sensíveis aos efeitos químicos. Netuno é considerado o regente das plantas tóxicas, como os cogumelos, o peiote, a maconha, a papoula, o tabaco, o café e o chá. Juntamente com a Lua, ele rege as plantas medicinais benéficas ao corpo humano. Recentemente, o Ocidente presenciou um renovado interesse pelos efeitos das plantas na consciência e no corpo humanos.

Algumas vezes, pode-se observar um Netuno tenso em mapas de indivíduos que sofrem de doenças de difícil diagnóstico, falta de vitalidade, falta de prazer pela vida, distúrbios emocionais e mentais associados à passividade e à falta de autoconfiança. Em casos extremos, pode haver uma tendência a doenças mentais permanentes e padrões de comportamento paranóides ou neuróticos.

CAPÍTULO 3

Da Ilusão para a Realidade

Dois dos principais temas sobre a influência de Netuno no indivíduo são o impulso para a expressão criativa — o caminho do artista — e o impulso para a autotranscendência — o caminho do místico. Tanto o artista quanto o místico preocupam-se com a questão da percepção, interpretando a experiência de vida de modo a revelar uma "outra dimensão" subjacente e penetrante, além da consciência puramente materialista; ambos procuram revelar e expor a divindade oculta na forma.

O artista responde a um impulso interior para criar e, ao fazê-lo, ilumina uma janela de percepção única, compartilhando com os demais o vislumbre de algo que o inspirou e estimulou o processo artístico. Naturalmente, a criatividade artística pode assumir muitas formas e estar imbuída de uma ampla variedade de necessidades e compulsões pessoais dentro da natureza da criação, mas também é uma das características da humanidade que a diferencia do resto do reino animal e o resultado de uma espécie mais evoluída que se tornou auto-reflexiva e utiliza esse dom natural para alcançar o desenvolvimento e a compreensão. A música, a pintura, a escultura, a literatura, o teatro, a dança, o cinema e a fotografia são formas de expressão artística associadas a Netuno e freqüentemente a base para um desenvolvimento social, criativo e cultural.

No mundo contemporâneo ocidental existem inúmeras oportunidades para a expressão criativa individual, muitas vezes em razão do poder econômico e do tempo para o lazer, permitindo que as atividades artísticas tornem-se parte integrada à vida de muitas pessoas. A mídia proporciona ampla variedade de filmes, literatura, música e teatro, as galerias de arte e os museus atuam como receptáculos culturais para os interessados e representam um progresso ao que antes era acessível somente às classes mais altas da sociedade.

Esse é, na verdade, um importante desenvolvimento da civilização tido como certo e por isso, com freqüência, esquecido em sua importância. Atualmente, temos acesso quase ilimitado ao conhecimento total de todas as culturas do mundo, além de um considerável conhecimento das sociedades já desaparecidas. O número de "janelas" potenciais para a percepção da vida é amplo e, por si só, constitui uma expansão da consciência. À medida que aumenta o número de computadores pessoais, aumenta a probabilidade de que cada casa esteja ligada a um conjunto de dados globais enciclopédicos, cujas informações sobre quaisquer assuntos podem ser obtidas com o simples toque de uma tecla. A estimulação mental para um indivíduo criativo pelo acesso constante a informações atuais é extremamente alta, pois as percepções culturais se cruzam gerando novos híbridos, novos pensamentos e novos estilos de expressão artística.

Para o indivíduo que tenta percorrer o caminho da criatividade artística pessoal, uma das conseqüências é a abertura de canais correspondentes em sua psique. Algumas pessoas sentem que precisam ser artísticas de algum modo, respondendo a uma necessidade própria de canalizar suas energias para o mundo. Sempre que Netuno é encontrado no mapa, há a probabilidade do florescimento da criatividade individual e, com freqüência, os aspectos planetários formados com Netuno indicam o potencial artístico. A criatividade é transformadora, pois abre a mente para dimensões mais amplas da sutileza, do significado e da direção e se torna um estilo de vida.

A sociedade é ambivalente com relação ao artista, ao músico e ao escritor; há o respeito e uma certa deferência, mas também existe um certo distanciamento, devido à percepção da existência de "algo diferente" no espírito criativo. Nas sociedades mais autoritárias e totalitárias, o espírito artístico é uma das primeiras vítimas do Estado, onde a censura imposta e a penalização logo surgem para reprimir essa voz social. Isso acontece porque o indivíduo criativo comunica-se melhor e, com freqüência, é perspicaz em seus comentários sociais e em sua percepção, reivindicando os direitos humanos e a aceitação do livre pensamento. Um Estado autoritário não pode permitir que essa pessoa torne-se um agitador social e, para tanto, qualquer discordância deve ser rapidamente eliminada.

Esse "algo diferente" na *persona* do indivíduo criativo é a presença da Musa. Na mitologia grega existiam nove musas que atuavam como deusas das artes e da ciência, e eram *demônios* interiores inspiradores, seres sobrenaturais que agiam como intermediários entre os deuses e o homem. Embora estimulassem em muitos as centelhas do gênio criativo, a vibração superior também estimulava a personalidade não integrada a tentar percorrer o caminho criativo. Com freqüência, as compulsões latentes e as obsessões ditavam a forma da expressão artística, uma vez que a excentricidade pessoal tornava-se mais poderosa, como aconteceu com Salvador Dali. Outros como Van Gogh e Friedrich Nietzsche deslizaram profundamente para a loucura, mesmo que sua luz artística brilhasse mais.

Esse aspecto da musa criativa não pode ser negado. Ser possuído pela visão artística, pelas idéias, os símbolos, as figuras, a luz e a cor é comum porque o criador, se quiser ser bem-sucedido e fiel à concepção original, deverá ser absorvido na natureza da criação. A dificuldade é manter a estrutura da personalidade sob as pressões do processo de trabalho artístico e "dar à luz" com sucesso. Na busca da sanidade intensificada e da clareza de percepção, alguns entram numa fase em que as coisas tornam-se bastante claras e, à medida que o *insight* flui, as barreiras protetoras dissolvem-se, e eles, como Nietzsche, caem vítimas do próprio sucesso e da não integração da personalidade. Nos casos como o de Nietzsche, o precário equilíbrio entre a identidade pessoal e o poder das intensas imagens mentais captadas da mente coletiva e inconsciente conduz à queda para o colapso mental.

Muitas vezes, a sexualidade é uma importante obsessão nas vidas criativas, em parte devido às energias vitalizadas que as atravessam e exigem liberação, e em parte porque as energias excessivas podem ser canalizadas nessa atividade. Para muitos também pode-se tornar uma parte relativamente não integrada de sua natureza, e por isso a energia é atraída para um "ponto fraco" do corpo e da psique. Criadores como Picasso, Rodin e Gil possuem uma natureza satírica; Dali estava mais interessado no voyeurismo e nos desvios sexuais, no sexo conceitual em vez da atividade física.

Os indivíduos criativos agem como um canal focalizador para o coletivo; seu papel social é dar voz às tendências ocultas, às necessidades, aos desejos e às aspirações da coletividade, bem como revelar sua própria visão particular de vida, compartilhando a janela de percepção que possuem para iluminar formas alternativas de se ver e experimentar o mundo extraordinário. O estranho poder dos trabalhos de arte flui da capacidade de focalizar aspectos da psique coletiva de forma objetiva. Músicos populares conseguem evocar experiências coletivas comuns através de suas canções, cujas letras são inspiradoras, apoiando e iluminando a complexidade de emoções e sentimentos. Ao ouvir letras que aprecia, aquele que sofre por amor percebe que não está sozinho em sua angústia, e isso pode ser extremamente benéfico para uma cura das emoções vulneráveis.

O mundo da criatividade humana é imenso e só pode ser indicado resumidamente. É o reino da expressão humana que se tornará mais importante com o tempo, desempenhando um papel vital no esclarecimento e no desenvolvimento do indivíduo. Existem muitos exemplos que podem ser citados para mostrar a influência netuniana nos esforços artísticos, mas os dois exemplos escolhidos são pontes entre o artista e o místico, incluindo-se aí uma consciência social distinta. São os trabalhos da Fraternidade Pré-Rafaelita e de Kahlil Gibran.

A FRATERNIDADE PRÉ-RAFAELITA

Dois anos após a descoberta de Netuno, em 1848, a Fraternidade Pré-Rafaelita foi formada por Dante Gabriel Rossetti, William Holman Hunt e John Everett Millais.

Provavelmente, foi o primeiro movimento artístico influenciado pelo espírito de Netuno (surgido no ano das revoluções sociais na Europa), a resposta de um grupo de jovens artistas ingleses rebeldes que mal tinham 20 anos de idade. Eles criaram uma escola de pintura totalmente nova que propositalmente escolheu os temas dos romances de cavalaria medievais e documentou os temas e conflitos sociais da era vitoriana com uma técnica de pintura que exigia atenção intensificada aos detalhes naturalistas.

Um dos primeiros grupos que os inspirou era conhecido como os "Nazarenos". Eram artistas alemães que viviam em Roma desde 1810, unidos como que numa ordem semi-religiosa dedicada à revitalização e renovação da arte religiosa.

A Fraternidade Pré-Rafaelita foi concebida como um grupo com afinidades, uma sociedade secreta de artistas devotados à busca dos ideais mais elevados da arte e de seu papel na cultura e desenvolvimento social. Inspirada pela energia e fervor de espíritos jovens, os membros da Fraternidade consideravam-se rebeldes que desejavam modificar as mentes dos homens para que enxergassem o que é mais elevado e ideal na vida por intermédio de pinturas nobres e sérias. Eles se imaginavam nos trajes típicos dos cruzados, buscando um nível esquecido de qualidade artística; a produção de obras-primas inspiradoras, elevadas e enobrecedoras, em benefício da sociedade.

Além das visões artísticas, o pequeno grupo também possuía consciência e preocupação sociais correspondentes. Eles observavam as desigualdades e injustiças sociais da época e eram muito sensíveis à tensão e ao estresse políticos que dominavam os países da Europa, uma geração após a agitação das guerras napoleônicas. Mesmo nascidos em lares favorecidos, não eram insensíveis às necessidades do povo da Inglaterra vitoriana; tinham passado os anos formativos da adolescência sob fortes ameaças sociais; esse turbulento e destruidor período social atingiu seu auge na imensa demonstração cartista de 1848, o ponto alto dos esforços de um grupo político dedicado ao favorecimento dos direitos dos trabalhadores e de mudanças políticas, representados na *Carta do Povo*. Millais e Homan Hunt testemunharam o acontecimento e foram inspirados pelo poder potencial de um movimento coletivo; foi irresistível a transferência desse estímulo para o que consideravam um mundo de arte estagnado e moribundo.

Para a Fraternidade, a concepção de uma boa pintura era que ela transmitisse idéias importantes ao observador; a pintura não era apenas uma bela composição para atrair momentaneamente a atenção, mas aquela continha uma "mensagem" que o espectador levaria consigo em uma futura contemplação. É assim que a influência da Fraternidade seria difundida na sociedade. As pinturas eram essencialmente didáticas, um instrumento de ensino, um meio de comunicação, uma perspectiva e uma visão da vida e da sociedade. Como arte, incluíam uma dimensão moral elevada, extremamente romântica e socialmente revolucionária. A visão subjacente eram o avanço e as mudanças sociais, onde as idéias e ideais embutidos na arte iriam entranhar-se na sociedade, para enaltecer as massas oprimidas. Com freqüência, Netuno está associado às teorias políticas e coletivas. Nisso, a Fraternidade harmonizava-se grandemente com a tendência social revolucionária predominante na Europa.

À medida que a Fraternidade Pré-Rafaelita foi ganhando importância no mundo artístico e cultural, seus membros tornaram-se cada vez mais polêmicos. Tinham uma ambivalência que refletia atitudes estabelecidas e crenças cristãs mas, no entanto, através de diferenças sutis, transformavam-nas numa tendência social inteiramente renovada, uma tendência modernista que pressagiava futuros desenvolvimentos para o século seguinte. Os membros da Fraternidade eram sonhadores e visionários, refletiam o idealismo romântico, as preocupações socialmente moralistas e uma racionalidade científica, todas reunidas na esfera da criatividade artística, como uma das expressões mais elevadas do ser humano.

Vários temas tornaram-se predominantes em sua arte: a posição social da mulher na sociedade vitoriana, como em *O Despertar da Consciência*, *The Awakening Conscience*, que tratava da prostituição (Hunt), os temas bíblicos e as lendas arthurianas. A *Morte d'Arthur*, de Malory, foi uma grande fonte de inspiração e conteúdo temático e as pinturas pré-rafelitas ajudaram a trazer de volta essa lenda arquetípica para a psique européia, reintegrando o símbolo do Graal quase ao mesmo tempo em que Netuno era descoberto, e estimulando a conseqüente emergência da compaixão humana iriciada na era vitoriana. Os conceitos de amor trágico e romântico os fascinavam: ecoavam nos relacionamentos pessoais, algumas vezes complexos, nos quais os membros da Fraternidade se envolviam; uma das imagens populares dos pré-rafelitas é a "Escola do Amor", centrada especialmente no estilo de vida boêmio de Rossetti e dedicada às musas da poesia e das artes.

Com freqüência, as amantes dos membros da Fraternidade eram retratadas nas pinturas como modelos de sua concepção da feminilidade sobrenatural, muitas vezes representadas como feiticeiras ou personagens lendárias. Essas mulheres refletiam a *anima* dos artistas do sexo masculino. Eram quase endeusadas como belas e virtuosas, com caraterísticas ideais elevadas, ou lançando feitiços irresistíveis ao homem comum, como em *The Beguiling of Merlin*. Eram *femmes fatales ou les belles dames sans merci*, fascinantes e mágicas, através das quais as musas transmitiam aos artistas seus segredos inspiradores. Nessas pinturas, os temas netunianos de sacrífício e martírio, de vítimas e salvadores ressurgiam num contexto idealista.

Rossetti, particularmente, compartilhou essa percepção das mulheres; suas pinturas e poesias estão inundadas de uma sensualidade obsessiva, de uma elevada percepção de cor e sentimentos vitais. Ele era um adorador da graça estética e das linhas da beleza feminina e sempre esforçava-se para torná-las mais misteriosas e evocativas em suas pinturas; retratava mulheres cujas experiências profundas poucas mulheres reais podem alcançar, e que pareciam chamar o observador para uma outra dimensão de experiência. Para qualquer homem cuja sensibilidade netuniana tenha sido despertada, as inúmeras pinturas femininas dos membros da Fraternidade são poderosamente evocativas de sensações que estão além das coisas puramente físicas; elas ativam imagens da *anima-animus* em homens e mulheres sensíveis aos ideais cavalheirescos, cuja auto-imagem interior desempenha esses papéis na vida cotidiana — pelo menos em suas fantasias particulares!

A *Beata Beatrix*, de Rossetti, sob certa perspectiva é a imagem de uma mulher em êxtase místico e faz o observador imaginar o que teria estimulado tal êxtase. *Proserpine* e *Astarte Syriaca* são grandes obras descritivas do mistério feminino. Um dos poemas de Rossetti, para completar Astarte, termina assim:

Esse rosto, com toda a magia penetrante do Amor
Amuleto, talismã e oráculo —
Entre o sol e a lua, um mistério.

Em 1856, Rossetti conheceu William Morris e Edward Burne-Jones, e o trabalho da Fraternidade Pré-Rafaelita entrou numa segunda fase. Houve um cruzamento dos ideais da Fraternidade com os ideais do Movimento da Estética, Artes e Artesanato, o que representou uma nova direção, onde as limitações da pintura foram invadidas pela absorção dos ideais da Fraternidade em cada aspecto da sociedade vitoriana da época. Morris liderou esse movimento imbuído de princípios socialistas que espalhou para o desenho, o mobíliário, as artes decorativas, a ilustração, a literatura, a decoração de interiores e a arquitetura. Morris tinha um ditado que aplicava na criação de seu "Palácio de Arte", na Casa Vermelha em Bexley, Kent, onde, junto com Burne-Jones criou tapetes, papéis de parede, tapeçarias, vitrais, trabalhos em metais e móveis: "Não tenha em sua casa alguma coisa que não considere útil ou bela". A Fraternidade Pré-Rafaelita foi descrita como "uma expressão do rico florescimento final da civilização vitoriana".

Henry James referiu-se à Fraternidade e a Edward Burne-Jones com essas palavras:

"É a arte da cultura, da reflexão, do intelecto, do luxo, do refinamento estético, de pessoas que não olham diretamente, por assim dizer, para o mundo, a vida e toda a sua realidade acidental, mas sim o seu reflexo e seu retrato ornamental oferecidos pela literatura, poesia, história e erudição."

Burne-Jones nasceu em 1883; com freqüência, suas pinturas capturam o espírito netuniano em sua natureza mais cavalheiresca e atraente. Ele descobriu que a inspiração da poesia romântica e dos mitos lendários eram o tema ideal para sua visão de arte; ambos se entrelaçavam perfeitamente. Essa mistura do semidivino que enriqueceu a vida humana, tenha ela vindo de Homero e os mitos gregos, de Shakespeare ou da lenda de Arthur, adequava-se à sua intenção de revitalizar um espírito mais exaltado nas profundezas da divisão social e do materialismo vitoriano do século XIX. Ele desejava eliminar a disseminação perniciosa da injustiça social e, com freqüência, era sensível a esse tipo de fervor missionário baseado numa atitude moral elevada, voltada para a qualidade de vida de seus semelhantes, tornando o mundo um lugar melhor do que quando o encontrou.

Sua concepção sobre o papel e a função da arte era idealista. O artista era uma criança protegida pelos deuses. Seu dever era inspirar e elevar, respondendo ao chamado sublime e nobre das Musas. A princípio acreditava que o estilo de vida mais nobre era o do homem religioso. Ele quase se juntou à Igreja, mas escolheu transformar seus ideais religiosos em arte. O desejo de criar beleza na vida obcecava-o; a beleza revelava a verdade e tudo o que era bom e sagrado. Sua deusa interior assumiu a forma da Beleza, e ele lutou para ser seu revelador através de suas pinturas e de seus projetos. A beleza tornou-se seu Santo Graal: "Somente isto é verdade: a beleza é maravilhosa e comove, conforta, inspira, estimula e jamais falha."

Provavelmente foi o membro da Fraternidade mais inspirado pelas lendas arthurianas. Muitas de suas pinturas incluem cavaleiros reluzentes, adoráveis donzelas em perigo e a percepção de um outro mundo: "Numa pintura, desejo transmitir um belo sonho romântico de algo que jamais foi e que jamais será — sob uma luz melhor do que qualquer outra que já tenha brilhado — numa terra que ninguém pode definir ou lembrar, apenas desejar..." A *Morte d'Arthur*, de Malory, foi sua luz orientadora, onde as lendas da Távola Redonda e os encantos da bravura cavalheiresca fascinavam o seu romantismo. A eterna luta entre o bem e o mal, a luz e a escuridão, o pecado e a salvação eram temas constantes. Certa época, Burne-Jones chegou a pensar na formação de uma ordem a serviço de Sir Galahad, um dos cavaleiros de Camelot: "Senhor, o Santo Graal está sempre em minha mente e em meus pensamentos... já houve no mundo algo tão belo?" Para Burne-Jones, a resposta era "não". O Santo Craal personificava seus sonhos, suas visões e aspirações. A Fraternidade Pré-Rafaelita era uma Távola Redonda dedicada a sublimar a arte.

Sua última obra inacabada foi *The Last Sleep of Arthur in Avalon*, um epitáfio apropriado para um moderno Cavaleiro do Graal. Quase no final de sua vida, em 1898, Burne-Jones começou a perceber que suas tentativas artísticas haviam fracassado em tentar estimular a sociedade vitoriana contra a fúria do materialismo. Ele começou a se recolher cada vez mais em seu próprio mundo onírico, criando pinturas de sonhos e visões interiores, como *The Golden Stairs* e *Depths of the Sea*. Era considerado alguém que oferecia "a percepção de um espírito refinado, vivendo uma vida isolada." A imagem de um homem ajoelhado segurando a mão de uma mulher nua, idealizada em *The Soul Attains*, é adequada a um artista que está sintonizado com seu *demônio* interior.

Poucos membros da Fraternidade Pré-Rafaelita tiveram vida longa; a maioria deles foi consumida, em idade precoce, pela intensidade de seu estado interior, de sua vida amorosa e suas realizações artísticas. Rossetti faleceu aos 64 anos, Morris aos 62 e Burne-Jones, aos 65. A centelha de criatividade ardia e inspirava muitos seguidores talentosos, que adotaram e adaptaram seus ideais. Para que se tenha uma percepção das imagens, dos ideais e dos encantos netunianos manifestados na criatividade artística e mística, o trabalho da Fraternidade Pré-Rafaelita é certamente um dos mais reveladores e explícitos.

KAHLIL GIBRAN

Kahlil Gibran nasceu no Líbano em 1883 e morreu em 1931, aos 48 anos de idade. As gerações modernas o conheceram através da reedição de seu livro mais famoso, *O Profeta*, nas décadas de 60 e 70.

Escritor, poeta, artista e místico, ele viveu um estilo de vida bastante netuniano. Seu pai, fazendeiro no Líbano, era um homem forte, vigoroso, com pouca instrução; era um bêbado briguento e agressivo, que regularmente espancava a mulher e os filhos, especialmente Kahlil, quando este tentava desenhar.

A família vivia numa ansiedade constante, com a pobreza e a falta de alimento num clima de tensão e amargura. A mãe tentava fazer o melhor através do desespero e dos sacrifícios: uma figura de mártir e vítima.

Em 1894, ele veio para a América, onde finalmente iniciou sua vida artística. Chamava seu pequeno estúdio de *A Ermida*. Grande parte de sua atenção e energia era dedicada à criatividade e às reflexões sobre sua sensibilidade artística. Havia a sua volta uma atmosfera espiritual; sua personalidade e presença foram descritas como "todo eletricidade e veludo, móvel como uma chama, silencioso como uma árvore, uma face maravilhosamente sensível, repleta de estrelas." Isso reflete seus principais aspectos astrológicos, especialmente os de Netuno e Urano.

Foi um visionário extremamente sensível, cujos "dias eram plenos de idéias excitantes e as noites povoadas de sonhos estranhos vividos em êxtase, flutuando enlevado". Ele considerava seus sonhos extremamente significativos com importantes indicações visionárias. Em conseqüência do espírito criativo que o inflamava, teve uma saúde precária durante

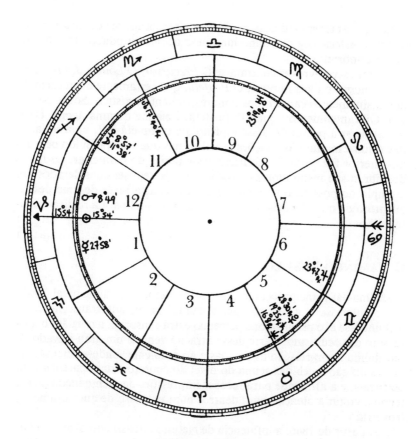

KAHLIL GIBRAN
Mapa Solar
Nascido em 6.1.1883 em B'Sheri, Líbano

a maior parte da vida; algumas de suas doenças talvez tivessem natureza psicossomática ou eram provocadas pelo estresse das realizações artísticas, bem como por ele ser um canal da sabedoria superior. Sua integração pessoal talvez não tenha sido suficiente para suportar a qualidade das vibrações sob as quais trabalhava. Como afirma o próprio Gibran, "A diferença entre um profeta e um poeta é que o profeta vive aquilo que ensina e o poeta não. Ele pode escrever maravilhosamente sobre o amor e, no entanto, não estar amando." As musas podem atuar através de qualquer canal disponível.

Gibran reconheceu a necessidade da autocompreensão: "Se alguém passa a aceitar a si mesmo, não se reprime mais. Tão logo a pessoa aceita que não é amada, torna-se realmente adorável. Ninguém pode me amar se eu não for eu mesmo...". Entre as doenças que sofreu, incluem-se gripes, palpitações cardíacas, problemas estomacais, má dentição, e uma doença misteriosa e desconhecida que o acometeu pouco antes de sua precoce morte.

Entre seus livros encontram-se *O Precursor, O Louco, Jesus, Filho do Homem* e o mais famoso, *O Profeta*, que certamente é um exemplo dos ensinamentos canalizados num instrumento artístico. Sobre esse livro, Gibran comentou que "O Profeta... ele me domina agora. Devo me entregar à possessão desse espírito até completá-lo", uma situação que resume muitas das criações artísticas nas quais ser possuído pelo gênio interior faz parte do sacrifício pessoal exigido para criar. Os livros de Gibran são inspiradores e evocativos e podem ser considerados um exemplo da possessão netuniana mais elevada, através de uma pessoa talentosa da qual foi exigido um sacrifício pessoal para a realização do trabalho.

O Caminho Místico

Uma das principais características de Netuno no mapa natal é indicar o interesse e a atração pelos caminhos da autotranscendência, incluindo-se aí o psiquismo, a percepão extra-sensorial, a religião, o misticismo e o ocultismo. Parte dessa atração vem de um grau elevado de sensibilidade em relação às pessoas e ao ambiente, onde as mensagens mais sutis são recebidas acima do nível do contato e das aparências superficiais; e a afinidade para receber impressões da mente inconsciente tende a voltar a atenção para dentro, num processo de auto-exame introvertido.

A partir de 1846, a influência de Netuno intensificou o desenvolvimento dos "ensinamentos espirituais" canalizados, que foram iniciados com o primeiro movimento espiritualista através de inúmeros médiums e sensitivos, contatos com OVNIs e seres espaciais, até atingir a ênfase atual nos ensinamentos recebidos de mestres desencarnados. Qualquer um que tenha examinado o conteúdo e a qualidade dos ensinamentos deste último século certamente concordaria em que a natureza das comunicações, bem como a natureza daqueles que as recebem, são extremamente variáveis; muitas trapaças foram cometidas mas, entre o "ouro" falso encontram-se algumas pepitas verdadeiras; ao abrirmos caminho por esses reinos, é vital e necessário que se faça discriminação.

Essa é uma das peculiaridades do caminho espiritual, sua natureza paradoxal e, com freqüência, contraditória, onde a verdade, a realidade, a ilusão e a sedução encontram-se tão entrelaçadas ao ponto de dificultar uma clara interpretação individual. Quando Netuno está envolvido, existe um vislumbre de "realidade", mas para chegarmos a ela teremos que atravessar neblinas e cerrações, os densos nevoeiros que recobrem as paisagens mentais onde nada necessariamente é o que parece ser. A plasticidade e a mutabilidade daquilo que foi denominado de *plano astral* é uma terra estranha, formada por pensamentos, emoções e desejos individuais e coletivos. No Capítulo 7, examinarei mais profundamente a tarefa espiritual relacionada a esse nível de existência.

Um dos fatos mais desconcertantes a respeito do nosso conhecimento moderno das recentes personificações de ensinamentos espirituais é que o estilo de vida e as ações do mestre não combinam com a percepção comum daquilo que um "homem santo" deveria ser. Para cada livro de um discípulo que exalta as glórias de seu mestre, há outro livro que revela algo comprometedor. A realidade de um homem é a ilusão de outro, ou assim parece, a partir de uma perspectiva imparcial. Certamente, precisamos compreender melhor as coisas envolvidas na vida espiritual e transpessoal e como ela se manifesta individual e coletivamente. Na realidade, será que as formas de o Espírito se expressar devem estar limitadas a nossas insignificantes concepções sobre o comportamento de alguém que serve de canal? Talvez por ignorância a respeito da verdadeira vida espiritual consideremo-nos capazes de julgar e compreender o que realmente está acontecendo.

Muitos dos mais conhecidos e famosos gurus dos tempos modernos tinham personalidade extremamente polêmica. Em nenhum deles é óbvia a suposta "morte do ego"; todos são indivíduos poderosos e carismáticos, cuja presença e ensinamentos despertam opiniões e atitudes opostas nas pessoas. Blavatsky, Gurdjieff, Crowley, Rajneesh, Da Free John incluem-se nessa categoria, e como Alan Watts afetuosamente os chamou, essas personagens são "gurus tratantes" que refletem o arquétipo do "trapaceiro" em diversos aspectos, provocando um turbilhão de sedução e ilusão ao seu redor, especialmente na percepção de seus seguidores.

Talvez devamos esclarecer que os indivíduos que percorrem o caminho transformador, ao se tornarem receptivos às energias transpessoais não são necessariamente aquilo que muitas pessoas consideram "adequado" esse serviço. Existe uma relação constrangedora e antagônica entre essas personagens e a maior parte da sociedade. Elas não se encaixam na concepção geral de um clero mediador, tão enraizado na maioria das religiões; pelo contrário, confirmam o potencial de gnose pessoal e oferecem técnicas para atingir esse estado de exaltação. Existe um aspecto nas religiões orientais que presta homenagem a esse tipo de mestre, especialmente nas tradições tibetana, zen e taoísta. Os gurus tratantes provavelmente são sintomáticos da ênfase que o Ocidente dá à individualidade, e por isso, desempenham o papel de "estrelas" para atrair a atenção sobre si mesmos e para aquilo que consideram sua missão. É bastante útil estudar a vida desses mestres, bem como seus ensinamentos, porque ajuda-nos a desfazer uma série de seduções e ilusões, demonstrando que, no caso de canais transpessoais, a mensagem pode estar separada do indivíduo. Há um ditado que explica isso melhor: "Onde quer que haja a luz mais intensa, haverá a mais intensa escuridão".

Tradicionalmente, o caminho do místico é a abordagem emocional da beleza. O misticismo natural é comum, muitas vezes manifestado por *insights* poéticos, e provavelmente foi a fonte original da concepção dos antigos deuses da natureza. O misticismo religioso é o amor por um mestre espiritual, o amor por Cristo, Krishna e pelo caminho do Bhakti-Yogi. O místico tem consciência da natureza da dualidade, de estar separado de seu bem-amado e sente-se dividido pela força de suas emoções voltadas para alguma coisa que parece ser um amor inatingível. Ele é um buscador à procura de seu bem-amado, seja a alma ou a luz, e persegue uma visão que o fascina, como a visão do Graal que destruiu a fraternidade da Távola Redonda quando os cavaleiros partiram por caminhos selvagens à procura do cálice sagrado. Ele exige o reconhecimento de seu bem-amado, um sinal que lhe mostre que não foi esquecido ou rejeitado. Torna-se o devoto ideal: não vê os pecados de seu bemamado, mas somente as possíveis alegrias extasiantes dos sonhos de união, onde o espaço que o separa do outro é finalmente dissolvido. Na realidade, o que o atrai é seu próprio *self*, como um ímã irresistível, que surge sob um disfarce, que evoca seus desejos mais profundos. A vida de Ramakrishna é um bom exemplo desse caminho: ele se apaixonou pelo Feminino Divino e seguiu cada caminho religioso até o clímax, quando teve a visão da Mãe Divina revestida de muitos disfarces — a Virgem Maria, Kali, Radha e outras importantes imagens espirituais femininas.

O caminho místico é o caminho do coração; tenta transcender a mente para alcançar o eu oculto, ao mesmo tempo em que esse caminho envolve a utilização e o desenvolvimento da mente para erguer os véus da forma e aparência para chegar ao *self*. A maior parte dos que estão no caminho espiritual desenvolve um meio para combinar essas duas abordagens, cujos ideais são integrar os caminhos da mente e do coração e garantir um equilíbrio viável.

O caminho do místico netuniano é inevitavelmente o caminho da auto-renúncia e do sacrifício; o ideal é o amor pelo coletivo sem recompensas, para a realização do serviço humanitário. É um sentimento de união com a vida e reflete o papel dos antigos reis ocidentais que se tornavam *unos com a Terra* como um sacrifício pelo seu dever para com a coletividade. O fracasso de um rei para agir dessa maneira está representado nas imagens mentais do deserto nas lendas do Graal. À medida que os limites saturninos do eu são dissolvidos pelas energias de Netuno que penetram as barreiras da personalidade, o místico rendese à força mais elevada e, pela união e dissolução, ele participa do mistério espiritual.

Há nesse processo muitos perigos, maioria envolvendo o estímulo de seduções e ilusões. Com freqüência, o contato com a realidade coletiva pode liberar padrões associados a missões divinas auto-impostas (o complexo de Messias) que possuem um componente verdadeiro quanto à atuação, mas muitas vezes são meras tentativas de manter unido um ego fragmentado. Quando a percepão do ego expande-se sem que tenha se transformado, é comum existir a vaidade, que pode degenerar na inquestionável afirmação de sabedoria. Esse sintoma resultou em fanatismo religioso, intolerância e violência contra hereges e descrentes, como aconteceu na Inquisição.

SEDUÇÃO E ILUSÃO

Uma das faces de Netuno é a sedução e a ilusão; a outra é a realidade, a verdade e a beleza. O primeiro problema está na escolha da estrada certa a seguir; o segundo, em ter certeza sobre qual de suas faces estamos realmente vendo...

Místicos, ocultistas ou qualquer um que esteja percorrendo o caminho transpessoal enfrentam desafios relacionados à dificuldade de diferenciar o falso do real. Na melhor das hipóteses, só podemos experimentar e compreender uma fração do "real"; a maior parte está além de nossa compreensão e capacidade, embora no contexto espiritual algumas coisas sejam mais reais do que outras, alguns *insights* mais precisos do que outros. Os discípulos de Gautama Buda acreditaram que ele revelasse em seus ensinamentos a verdade universal e a realidade, mas Gautama pensava diferente. Inclinou-se para apanhar um punhado de folhas e disse: "Foi esse tanto que revelei a vocês". Numa floresta repletas de árvores e de folhas caídas, ele mostrava que somente um minúsculo fragmento fora transmitido por seu canal transpessoal. Cristo prometeu a seus seguidores que "coisas maiores do que isso ainda serão realizadas", sabendo que, no momento certo, expressões maiores da Sabedoria caminhariam novamente pela terra. Até agora estamos, sentindo dificuldade de compreender e seguir as poucas folhas que nos são disponíveis.

Netuno é o planeta das seduções; elas surgem na atividade emocional separatista da personalidade que lança uma névoa pela qual o indivíduo vagueia sem reconhecimento, onde todas as percepções são distorcidas, impedindo-o de enxergar com clareza a si mesmo ou à vida, afundando-o num estado de isolamento da consciência. É importante considerar a natureza das seduções comuns que afligem os indivíduos e também existem no nível coletivo, distorcendo todos os tipos de relacionamentos, desde as familiares até os de dimensão internacional. Os grupos espiritualistas estão bastante propensos a sofrer seduções e ilusões, uma conseqüência inevitável de nossa época. Poucos estão livres dessas influências.

A sedução inunda o plano astral e é uma conseqüência da antiga heresia do separatismo e do dualismo. Buda ofereceu um caminho para nos livrar das seduções com a técnica do Caminho do Meio, no qual o movimento individual entre os pares de opostos dualistas cria confusão e distorção, como neblinas e cerrações, que provocam poderosas mudanças de humor, desde as depressões mais profundas até a beatitude extática, tornando-nos presas de as nossas reações emocionais que tingem e prejudicam as percepções que temos do *self* e da vida.

Enquanto insistirmos em nossas percepções separatistas, na imagem egocêntrica de *self* e nas reações emocionais egoístas, continuaremos criando seduções e ilusões. Se transcendermos os sentimentos pessoais, dirigindo-nos a um novo centro de nós mesmos no nível da mente iluminada, o poder da sedução será dissipado. Isso ocorre pelo desenvolvimento espiritual e quando servimos de canais para que as energias transpessoais passam a atuar numa personalidade receptiva. Com freqüência, a meditação é a chave para iniciar esse processo; ao mantermos a mente iluminada, alcançamos mais clareza. Esse processo foi chamado de contato e alinhamento com a alma e, nesse canal para o *self* interior, a luminosidade que penetra no cérebro e na mente dispersa a névoa, permitindo que o indivíduo veja mais nitidamente e siga seu próprio caminho iluminado. No Capítulo 7, esse processo será descrito no Netuno esotérico.

A transformação ocorre como conseqüência da batalha interior. E ela não é fácil. Uma lista das seduções comuns (dos trabalhos de Alice Bailey) pode ser uma leitura desconfortável mas, para podermos olhar os fatos com imparcialidade e clareza, é crucial transcender essas distorções, é essencial associá-las às tendências do Netuno astrológico, uma vez que andam de mão dadas. Além disso, elas iluminam os desafios encontrados ao trabalharmos com Netuno e revelam o reino interior do indivíduo. A verdade é que não reconhecemos as seduções sob as quais atuamos; pelo contrário, muitas vezes as endeusamos como características e vantagens de nossa personalidade, uma vez que nossa percepção está deformada!

As seduções incluem: aspiração, destino, convicção de estar "certo", dever, devoção, desejo, ambições pessoais, desconfiança, mente, autopiedade, crítica, orgulho, separatismo, fadiga, desapontamento, autoridade, materialismo, idealismo, condições ambientais limitadoras através da frustração, futilidade e impotência.

O verdadeiro nome das seduções coletivas é "legião". Elas podem ser extremamente sutis; muitas vezes habitam um mundo de meias-verdades onde, por exemplo, um indivíduo pode ter um destino espiritual a cumprir. Mas, será que esse destino é como o indivíduo o concebe e o vivencia ou, sob certos aspectos, ele foi seduzido por suas próprias necessidades? Com freqüência as seduções estão disfarçadas de verdade. Sua entrada na consciência muitas vezes se realiza pelas tendências inconscientes da mente ou pelos padrões de hábitos repetitivos de pensamentos, emoções e ações que raramente são reavaliados por causa dos padrões de comportamento automatizados. Por trás desses miasmas emocionais e separatistas, a verdade permanece oculta e velada.

O idealismo é uma das principais fontes de atração das seduções. Embora ofereça um sentido de propósito e direção, poderá facilmente tornar-se uma fonte de fanatismo, na qual o ideal acata por restringir a liberdade de pensamento e a independência pessoal pela submissão a um ideal obsessivo. Os falsos sentimentos de orgulho e separatismo individual ou nacional com freqüência são gerados pelo idealismo, pois as atitudes tornam-se exclusivistas e antagônicas em relação aos que não concordam ou não apóiam certos modos de pensar. Disso podem resultar guerras entre ideologias conflitantes, como ocorreu na luta constante da Guerra Fria entre o comunismo e a democracia. Os ideais podem separar em vez de servir como pontes entre pessoas e nações, inibindo a compreensão mútua e o sentimento de união com a família humana. Por ideaes, ameaçamos explodir metade do mundo; se essa não for uma atitude louca, o que será então? Os ideais contaminados por seduções criam uma situação cristalizada na mente, congelando-a e tornando-a indiferente às opiniões diferentes, tendendo à ausência de senso prático e à agressão para se defender. Essa é a conseqüência das seduções relacionadas aos ideais. Estes podem ser extremamente elevados e representativos de formulações realizadas pela mente humana e, de muitas formas, devem ser encorajados como um veículo para visões progressivas. Entretanto, atualmente, devido à força das seduções coletivas, com certeza serão distorcidos e provavelmente acabarão se opondo a seus próprios princípios orientadores. É difícil nos libertarmos das seduções idealistas, mas devemos estar sempre conscientes de sua existência, abrindo espaço para tolerância e a compreensão maiores nas relações com os outros.

Uma lista das seduções associadas dos Raios correspondentes dos planetas exteriores transpessoais, é também uma lista das características planetárias!

Netuno — 6º Raio: devoção, adesão a formas/pessoas, idealismo, lealdades, credos, respostas emocionais, sentimentalismo, interferência, opostos dualistas, salvadores/mestres, visão estreita, fanatismo.
Urano — 7º Raio: trabalho mágico, relação de opostos, poderes ocultos, corpo físico, mistério, segredos, magia sexual, o poder que une.
Plutão — 1º Raio: força física, magnetismo pessoal, egocentrismo, potência pessoal, ser um no centro, ambição, egoísmo, liderança, controle, manipulação, messias político, destino egoísta, destruição, isolamento, indiferença, superimposição da vontade.

Observar o tema da ilusão pode ser ainda mais desanimador. A ilusão não emana do nível emocional de desejos egoístas, mas existe no nível mental. Em resumo, a ilusão é a má compreensão de idéias, a interpretação errada de formas de pensamento existentes no nível mental coletivo. A ilusão constrói uma parede entre a pessoa e a luz, uma parede que parece transparente mas que, como um prisma, distorce e divide a luz em diversos raios de cor. A partir da percepção e compreensão limitadas, a "verdade" é incorretamente registrada e recebida. Muitas vezes a mente está perdida em formas de pensamento sobre a verdade deixando de enxergá-la, assim como muitos imaginam o que seja o esclarecimento em vez de vivenciar as experiências dessa condição. As formas de pensamento tornam-se mais reais e aparentemente mais poderosas do que a verdade que estão ocultando.

As ilusões podem ocorrer em conseqüência da percepção errada de uma idéia, da interpretação incorreta, da apropriação indevida de uma idéia inadequada à pessoa, da falta de integração de uma idéia, da realização incorreta de uma idéia e do fracasso em utilizar a idéia no mundo material.

As visões de Netuno são contaminadas por seduções e ilusões; elas podem ser belas e até inspiradoras, como as pinturas pré-rafaelitas que evocavam uma época e uma glória que jamais existiram, visando agir como uma inspiração em seu mundo. Porém, tenha cuidado com o sorriso fascinante e a magia, lançados tão engenhosamente no reino de Netuno; procure determinar sempre qual é a face que está voltada para você naquele momento, e não pisque ou tudo poderá mudar. Pode haver um fascínio perpétuo com Netuno, certamente possuidor da influência e da vibração mais estranhas de todos os deuses planetários.

CAPÍTULO 4

Netuno e os Aspectos Planetários

Os aspectos natais de Netuno devem ser cuidadosamente analisados, pois contêm informações essenciais sobre as formas mais visíveis de sua atuação, revelando sua atividade no mapa natal. Os aspectos tornam-se padrões intrínsecos de expressão da personalidade, e graças ao impulso para ultrapassar os limites conhecidos costumam ser reconhecíveis, mesmo quando não são pessoalmente reconhecidos ou aceitáveis. Pode ser um exercício interessante estudar os principais aspectos de Netuno, bem como verificar até que ponto a pessoa está fortemente condicionada a sua influência. A essa altura, pode ser útil fazer uma revisão básica dos cinco principais aspectos.

Conjunção

A conjunção, ou proximidade de pelo menos dois planetas, geralmente é considerada o aspecto mais poderoso. Envolve a fusão de energias e das características não diluídas dos planetas em conjunção e pode ser considerada um canal por onde as funções desses planetas expressam-se mais facilmente na personalidade. Muitas vezes, essas tendências combinadas são afirmadas vigorosamente pela pessoa, que é capaz de reconhecê-las conscientemente como expressões de poder pessoal e individualidade em situações de convívio social, embora quase sempre essa assertividade seja exercida com pouca percepção consciente de seu impacto sobre os outros.

A influência da conjunção é ambígua, em geral devido à natureza da tensão interior e do desafio de energias mescladas não complementares e até antagônicas. Esse fato revela-se nas dificuldades de relacionamento, principalmente nas situações em que a moderação e o controle consciente de reações se fazem necessários, para evitar atritos. Talvez seja preciso aprender a "habilidade para conviver" em sociedade, mas que não deve ser utilizada com exagero, para evitar que surja um padrão de inibição de pensamentos e sentimentos; é preciso ter sensibilidade em situações em que às vezes é mais prudente e harmonioso permanecer calado. Sem dúvida, essa energia combinada quase insiste na necessidade que tem de se manifestar, buscando conscientemente canais de expressão nas áreas mais significativas da vida.

A facilidade e a eficácia da utilização dessas energias na vida cotidiana dependem muito da afinidade dos planetas envolvidos. Elas podem fluir unidas quase "magicamente", permitindo que determinados talentos e qualidades surjam de maneira espontânea e milagrosa por canais criativos eficazes, desde que se faça um esforço concentrado para trazê-ls à tona. Dessa forma, chega-se ao uso correto dos recursos pessoais em benefício da própria pessoa e, idealmente, também dos outros. Se não houver afinidade ou colaboração entre os planetas, a utilização da energia será mais difícil e é provável que o confronto interior provoque ajustes internos para a melhor atuação dessas energias. A conjunção é um ponto de poder concentrado no mapa natal, quando é adequadamente liberada numa área de vida apropriada, indica·a por sua posição na casa natal.

SEXTIL (ASPECTO DE 60 GRAUS)

O sextil indica uma relação energética natural entre os planetas envolvidos particularmente associada ao nível mental. De acordo com esses planetas, existem indicações sobre a natureza da mente da pessoa e o provável conteúdo natural de seus padrões de pensamento. O sextil facilita a capacidade de absorver informações, coligir e sintetizar fragmentos de conhecimento num todo; é uma função integradora da mente, revelada pelas ações da pessoa e por sua capacidade de comunicar-se com os outros. Com freqüência está associado a um talento para a expressão criativa, especialmente através das palavras, e contribui para uma visão mais universal da vida, baseada na habilidade de captar o conhecimento intelectual e os desenvolvimentos culturais da humanidade. Sob a influência do sextil, há uma receptividade que favorece a harmonia, uma vez que seu efeito interior não restringe a mente mas leva ao desenvolvimento da curiosidade, abrindo espaço para novas e diferentes percepções e facilitando o desembaraço no ambiente social e na colaboração com o grupo.

TRÍGONO (ASPECTO DE 120 GRAUS)

O trígono é um aspecto positivo e conciliador, capaz de unir de forma funcional duas energias aparentemente opostas; daí o fato de seu símbolo ser um triângulo. Um trígono é adequado para solucionar áreas problemáticas que podem ser provocadas por outros aspectos difíceis ou desafiadores, formados com qualquer um dos planetas envolvidos. Como o triângulo está associado à compreensão e à solução do dualismo, os trígonos que envolvem Netuno e qualquer outro planeta provavelmente são a chave dos processos de integração pessoal, de cura e transformação, e devem ser cuidadosamente examinados sob essa luz.

QUADRATURA (ASPECTO DE 90 GRAUS)

A quadratura entre planetas indica uma relação energética de tensão e desafio que não pode ser solucionada sem algum tipo de adaptação interior. Potencialmente, o trabalho com a quadratura pode criar mais harmonia interior, o que, entretanto, só acontece depois de prolongados esforços e frustrações psicológicas. Por intermédio desse fogo purificador, o caráter renasce sob um aspecto essencial. Muitas vezes, parece indicar barreiras na psique individual que repetidamente bloqueiam o caminho escolhido.

Há "lições e desafios" inevitáveis, representados pela quadratura e crises que deverão ser enfrentadas como etapas do caminho da vida. As quadraturas são frustrantes; são uma fonte de conflitos interiores que, a não ser que se compreenda a essência do desafio, terão um efeito negativo sobre a vida interior e impedirão a realização de muitos desejos e intenções. Se a quadratura for "superada", servirá como um ponto de liberação do poder e da energia que podem ser empregadas para atingir metas pessoais. A quadratura está associada a áreas psicologicamente problemáticas e é essencial tentar reestruturar a vida interior, mente ou as emoções.

OPOSIÇÃO (ASPECTO DE 180 GRAUS)

A oposição geralmente está mais relacionada ao mundo exterior objetivo e aos relacionamentos, mas, a menos que a orientação pessoal esteja inteiramente voltada para essas realizações, é provável que a oposição não resulte num constante conflito pessoal, como na quadratura. Enquanto a quadratura é um desafio mais pessoal, a oposição tende a ser projetada no exterior (à semelhança da Sombra), criando um contexto onde o conflito pode ser percebido, observado e trabalhado como projeções psicológicas. Podem surgir sinais de comportamento compulsivo, exigências em relação aos outros, manifestações de poder da vontade concentrada e de auto-absorção que muitas vezes interfererm nos relacionamentos íntimos, juntamente com tentativas de manipular pessoas e situações para obter vantagens pessoais.

Os relacionamentos criativos e harmoniosos ajudam a resolver o conflito entre a oposição de energias planetárias; além disso, os trígonos e sextis formados com um dos planetas em oposição podem ajudar a solucionar os problemas.

A NATUREZA DOS ASPECTOS DE NETUNO

Qualquer aspecto formado por Netuno com outros planetas deve ser cuidadosamente considerado para determinar o provável impacto que esse planeta terá sobre a personalidade. Os planetas aspectados revelam as áreas de vida que se tornarão mais sensíveis e ativadas pela agitação da mente inconsciente. Geralmente, as partes que compõem a psique pessoal (simbolizadas pelos planetas específicos) lutarão para abrir novos horizontes, criando uma sensação de insatisfação naquelas áreas de vida.

Netuno irá sensibilizar cada planeta aspectado, formando um alinhamento com as influentes forças de vida intangíveis, embora ocultas. Um dos sinais dessa influência é a necessidade de se libertar de todas as limitações e restrições; essencialmente, esse é o impulso para ultrapassar as barreiras do ego, do intelecto e da identidade separada, e envolve a necessidade de sentir a unidade universal, a fusão e a união com o todo, resultados característicos da afinidade com a vibração transpessoal de Netuno.

Para aqueles que possuem aspectos planetários com Netuno ou uma forte sensibilidade netuniana — planetas pessoais, qualquer planeta em Peixes, ascendente em Peixes ou Netuno na 1ª casa de identidade — há o potencial para atingir a compreensão da realidade do espírito transpessoal e da unidade universal. Com freqüência, os sinais desse potencial manifestam-se em níveis mais sutis de percepção, com habilidades sensitivas e guias interiores ou mestres astrais, embora esse possa ser, igualmente, outro sintoma da ilusão netuniana, caso não se utilize uma discriminação perceptiva e realista. Alguns iniciam o contato com essas esferas de existência sem compreender o que está acontecendo: o ego distorce a situação e começa a inflar. O produto final pode ser a autoilusão, fazendo com que a pessoa feche sua mente e enxergue somente aquilo que se encaixa em suas idéias preconcebidas e crenças pessoais, acabando por isolar-se em sua própria realidade particular. A imaginação pessoal torna-se predominante, para que a dimensão espiritual mais sutil possa ser registrada com mais clareza. Um dos problemas da tendência à mediunidade netuniana é o bloqueio da aura, quando o excesso de sensibilidade e relativo refinamento levam à diminuição da energia vital e a uma crescente ingenuidade em relação às mensagens astrais, pois a recorrente receptividade mediúnica pode criar uma mente indefesa e excessivamente confiante.

Na maioria dos aspectos formados por Netuno com qualquer planeta pessoal ou ascendente encontraremos um sentimento de insatisfação pessoal, especialmente na conjunção, na quadratura ou na oposição; essa insatisfação pode ser percebida como a sensação de ter sido enganado ou de estar aprisionado num mundo material restritivo, talvez pela família, pelo casamento, pelo emprego e pela situação social. Netuno começa a procurar a porta de saída, criando uma situação que provoca muitos problemas individuais e sociais, em vez da decisão de assumir responsabilidades e obrigações para só então definir um caminho consciente de modo a tornar mais favorável o estilo de vida. Entretanto, são esses mesmos aspectos que muitas vezes são encontrados nos mapas de pessoas que se sentem atraídas pelo caminho transpessoal como a possível libertação desses sentimentos profundamente enraizados. O trígono e sextil estão mais associados à imaginação e à criatividade do que à necessidade de contatos transpessoais, como no caso de um trígono de Netuno, que pode estimular a curiosidade intelctual embora hesite diante das exigências de percorrer efetivamente o caminho transformador.

Geralmente, quando há receptividade às energias netunianas, existe uma visão onírica de novos potenciais e de um mundo ideal esperando para ser revelado, que coexis e com a consciência de existir uma lacuna entre a atual situação pessoal e a realização desses objetivos. Uma vez que a concretização dessa visão exige mudança e movimento, ela estimula sentimentos de insatisfação e confusão, pois o antigo padrão perde rapidamente sua vitalidade e deixa de ser um apoio. O antigo mundo está morrendo e o novo ainda não nasceu. O limbo intermediário é o solo transformador que deve ser ultrapassado. Fica difícil tomar decisões e, embora a visão seja mais clara, a pessoa tem a sensação de estar boiando na água, sendo levada para lugar nenhum.

Muitas vezes, esse estado de confusão reflete profundos e significativos anseios da pessoa, mas a não compreensão desses sentimentos cria uma situação em que não é fácil encontrar formas de se lidar com eles. A atenção pessoal ainda está voltada para o velho mundo, mas os padrões que esperam a realização oferecida pelo mundo exterior ainda predominam. As pessoas procuram apoios — outras pessoas, dinheiro, ideais — em vez de reconhecer a necessidade de voltar-se para dentro e descobrir a verdadeira auto-responsabilidade. A insatisfação e a desilução intensificam-se, pois a busca de respostas e apoio externos fragmenta-se. Netuno indica um caminho interior, e até que esse caminho seja iniciado haverá fracasso nas decisões e nas ações.

É um estágio difícil, onde as seduções e auto-ilusões estão descontroladas; as reações mais comuns são perda de energia, confusão e evasão. Netuno sensibiliza os planetas com os quais está em contato, aumentando a suscetibilidade nessas áreas de vida; é aí que podem surgir desilusões. Por exemplo, os aspectos desafiadores de Netuno com o Sol podem indicar projeções ilusórias na imagem do pai, distorcendo sua verdadeira realidade, até que experiências posteriores destruam essa imagem e provoquem desilusões. Mais tarde, a verdadeira realidade e humanidade do pai poderão ser novamente reintegradas e amadas, mas em muitos casos cria-se uma lacuna intransponível. Experiências semelhantes podem ocorrer com a imagem da mãe-Lua. Os contatos entre Netuno e Vênus podem sugerir um desencanto na esfera do amor pessoal e íntimo, associado às projeções da *anima-animus*. Existem muitos tipos possíveis de desencanto.

A maneira ideal de se trabalhar com um estágio de mudança netuniana é compreender que essa energia precisa ser contida e redirecionada de alguma forma, que uma definição e um compromisso se fazem necessários para que o caminho possa ser encontrado, através da disciplina e da aplicação. Para muitos, isso exige que o caminho da devoção a um ideal esteja claro, talvez como o autodesenvolvimento ou um caminho espiritual e criativo. Esses são os sinais que Netuno tende a mostrar às pessoas, e é improvável que haja progresso e recriação da vida se o indivíduo não seguir um caminho de afinidade netuniana.

Trata-se de um processo de aperfeiçoamento e purificação, onde os valores e atitudes devem ser redefinidos e as camadas do mundo material abandonadas, como pele de cobra, para que a nova estrutura física seja revelada ao mundo, uma estrutura com valores espirituais e perspectivas mais abrangentes.

Os aspectos desafiadores, difíceis e tensos muitas vezes contêm a chave para o progresso; seus resultados são potencialmente mais produtivos quanto à criatividade e mais benéficos para o indivíduo do que no trígono ou no sextil, onde às vezes o impulso para agir é dissipado. A implicação astrológica dos aspectos desafiadores é haver incompreensão, má utilização e falta de integração das forças e energias simbolizadas pelos planetas envolvidos. É necessário haver algum tipo de confronto com essas áreas controvertidas para que se alcance maior compreensão, de modo que façamos um redirecionamento das energias bloqueadas e distorcidas para canais de expressão positivos; dessa forma, ao construir uma nova estrutura interior, as energias netunianas podem ser aplicadas de maneira prática e construtiva. Com freqüência, a solução é percebida quando o indivíduo reconhece que o mundo exterior não satisfaz nem liberta e começa se esforçar para demonstrar a viabilidade de seus próprios ideais e sonhos mais profundos.

De muitas maneiras, os aspectos desafiadores encerram a chave para a transformação pessoal, pois essas pressões geram energia que pode estimular o indivíduo a concretizar as mudanças essenciais, confrontando-o com as conseqüências caso não consiga realizá-las. Ao lidar com Netuno no mapa de uma pessoa, muitas vezes podemos perceber as áreas de vida e de percepção nas quais ela é menos racional, como nos aspectos e na posição do signo e da casa; aqui, as influências da mente inconsciente são mais facilmente visíveis. E mais, a racionalidade tem seus limites, e Netuno adora ultrapassá-los. De qualquer modo, quem disse que o universo é essencialmente racional? É importante lembrar sempre que os planetas transpessoais, Urano, Netuno e Plutão, nos influenciam, ativando seus contatos e canais com os outros planetas, casas e signos nas formas simbolizadas pelas representações astrológicas. Eles são os portões de entrada dos níveis inconsciente e transpessoal para nossa mente consciente, onde deuses e humanos se interpenetram.

Conjunção Sol-Netuno

Qualquer aspecto formado por Netuno com o Sol provavelmente terá um impacto inconfundível sobre a expressão individual de poder, identidade e direção de vida; assim, é importante criar uma abordagem positiva à energia netuniana, especialmente com os aspectos mais influentes como a conjunção, a quadratura e a oposição. A dificuldade com um Netuno não integrado ou reprimido é que sua influência muitas vezes parece negativa, e na conjunção é imperativo descobrir uma maneira própria de unir essa energia à forma de expressão natural, indicada pelo signo do Sol.

Você provavelmente se sentirá desafiado a ser autoconfiante e a estabelecer um estilo de vida e objetivos adequados e satisfatórios. A nebulosa influência das brumas dos mares de Netuno tende a confundi-lo, dissolvendo muitas de suas intenções, às vezes tornando quase transparente seu senso de identidade individual, enquanto o centro da personalidade parece refluir segundo os ritmos de uma maré interior. Em razão de uma experiência interior associada à insubstancialidade, seu ego talvez não possua uma estrutura firme e pode diminuir sua confiança em relação às suas verdadeiras aptidões e ao propósito de atingir quaisquer objetivos. Talvez a constância e perseverança através da autodisciplina e aplicação sejam difíceis durante longos períodos. Às vezes, sua identidade parece estar inundada pela poderosa energia de Netuno, que dissolve planos e ambições, deixando-o perdido em algum lugar dentro de si, imaginando o que fazer em seguida, antes de terminar o último projeto.

A música sutil de Netuno invadirá sua mente consciente agindo como uma distração e, em alguns casos, pode influenciar o ouvinte a se perder no turbilhão de sua própria imaginação hiperativa — o caminho para a auto-ilusão. Nem sempre é fácil enfrentar as duras realidades da vida com um Netuno muito forte. Há a tendência a construir uma realidade particular que exclui os lados escuros do *self* e do mundo, estabelecendo uma perspectiva de vida velada e restrita que somente gera atividade através da repressão da mente inconsciente. Se possível, a responsabilidade pessoal será evitada e todas as experiências serão filtradas por esse véu restritivo, um estado que, se prolongado, conduzirá à alienação do *self* e dos outros.

Muitas vezes, essas formas de auto-ilusão emanam de desejos pessoais, emoções e sentimentos, pois Netuno está associado ao nível astral, maleável e adaptável, podendo criar desejos e necessidades incomuns, sutis e intangíveis, embora particularmente insistentes, e você vai se sentir propenso a experimentá-los e concretizá-los de algum modo. Para muitos, esses sentimentos e anseios difíceis de serem definidos criam mais confusão e auto-ilusão, particularmente se associados a imagens idealistas de perfeição e expectativas irreais que só podem provocar decepções e desilusões em seu despertar. Para alguns, Netuno pode proporcionar uma inspiração genuína, embora mesmo nesses casos possa estar mesclada a desejos e ambições de auto-ascensão.

Uma das lições mais difíceis enfrentadas por qualquer pessoa com um aspecto forte dé Netuno é encarar as realidades da vida. Netuno considera esses confrontos hostis à sua sensibilidade, preferindo fugir a enfrentá-los. Talvez você já tenha percebido essa atitude evasiva em sua vida, manifestando-se com diversos disfarces ao longo dos anos; fugir de problemas (a síndrome do avestruz), evitar tomar decisões, evitar o esforço para descobrir seu potencial interior. Os disfarces são muitos, porém seu efeito cumulativo é considerável, e aos poucos criará um estilo de vida insatisfatório e limitador quanto a direção, o significado e o propósito, pois o verdadeiro *self* estará encoberto pelos véus do escapismo. Todos estamos sujeitos a essa tendência, e é ela que nos mantém espiritualmente adormecidos. ''Acorde!'' é o grito do espírito, um despertar que nos oferece a experiência de um confronto direto e não filtrado com a vida, uma luz que expõe todos os cantos sombrios e revela a simplicidade e a complexidade da mente cósmica em manifestação. Enfrentar o aspecto mais elevado de Netuno não é uma experiência de auto-ilusão e sim de reflexão. Um Netuno não integrado pode proporcionar ilusões e seduções, mas um Netuno integrado é um caminho em direção à fusão do nível individual emocional com a vida universal, muito semelhante ao Urano integrado que, através da intuição, une a mente individual à mente universal.

O primeiro passo é reconhecer a expressão negativa de Netuno; o passo seguinte é integrar esse poder na vida pessoal, para que a dimensão positiva possa ser aberta. Sem dúvida, houve momentos em que você se sentiu em pleno controle, confiante em seu *self* e em sua direção, confiante em sua capacidade de realizar suas ambições, apenas para entrar numa fase em que essa confiança desaparecia, dissolvendo-se com a mesma rapidez com que tentava agarrar-se a ela. Isso acontece quando Netuno e o Sol estão em desacordo, quando a fusão ainda não ocorreu. Embora esse aspecto possa ser uma porta para a mudança interior, um ingresso nos mundos interiores e na devoção mística, é melhor considerar de que modo a expressão exterior da energia pode estimular maior integração.

Netuno é capaz de oferecer muitas dádivas que podem ser aplicadas a um meio de expressão pessoal, dádivas que emanam dos mares interiores e que, simultaneamente, são um canal e um caminho de volta ao contato consciente com o reino de Netuno. Esse canal inclui a arte, a música, a poesia, o teatro, a literatura, o psiquismo, o misticismo. Nesses canais está o potencial para a revelação da inspiração, beneficiando todos os que são receptivos a essa transmissão. É extremamente enriquecedor destrancar as portas interiores para que a criatividade flua e modifique o nível de consciência; como muitos indivíduos criativos descobriram, pode ser perigoso abrir esses portões, mas de muitas maneiras é uma tarefa sagrada que revela a divindade que há por trás das aparências.

Acrescentar ou desenvolver uma dimensão criativa e artística à nossa vida pode ser um meio de integrar essa energia netuniana, pois ela começará a fluir pelos canais particulares que foram abertos; além disso, começará a mostrar sua face positiva, uma vez que o significado maior, o propósito e a direção de vida, terão mais coesão e substância, em vez de se dissolverem periodicamente. Mesmo que essa criatividade seja puramente pessoal e apenas para a própria satisfação, para o prazer e a necessidade de auto-expressão, com o tempo você terá consciência dos benefícios recebidos. Esses talentos talvez necessitem de treino e desenvolvimento, mas o tempo gasto será recompensador. Para movimentar-se nessa direção, talvez seja preciso reavaliar seu estilo de vida, pois a influência será profunda. O tipo de trabalho pode se revelar profundamente insatisfatório, tornando-se uma restrição em lugar de um fator positivo, e por isso talvez você tenha que enfrentar o problema de restruturar sua vida financeira. Talvez seja difícil encontrar um estilo de vida que satisfaça suas habilidades criativas, mas caso você decida dar as costas à música sedutora de Netuno, a alternativa será ainda mais prejudicial. A criatividade ou o artesanato é o caminho que Netuno está indicando ou, alternativamente, a prestação de serviço à comunidade que beneficie socialmente as pessoas. Talvez através do magistério, da medicina ou do trabalho social você possa contribuir para o bem-estar dos outros. Essa é uma resposta sensível à música igualmente significativa que satisfaz o desejo de ser útil ao mundo. Encontre um caminho que lhe dê maior liberdade do que as estruturas tradicionais de trabalho, um caminho que estimule a criatividade ou a prestação de serviços. Ao fazê-lo, você decifrará o caminho que está seguindo e os períodos de confusão e indecisão estarão relegados às lembranças. O potencial para trabalhar com Netuno é considerável; o deus pode transformá-lo se você estiver aberto às suas sugestões e mensagens. Se for rejeitado, suas águas irão destruir lentamente seus sonhos e desejos, deixando-o com uma vida incompleta; é mais sábio reconhecer suas sugestões interiores e tentar mudar de acordo com elas. Os deuses não gostam de ser ignorados nem aceitam zombarias, mas impõem sua presença.

Sextil Sol-Netuno

Diferente da conjunção, que apresenta o problema de lidar com as influências positivas e negativas de Netuno na vida individual, conviver com o sextil é mais fácil.

Novamente, os temas de criatividade através da arte, da música, do artesanato, da escrita e do teatro são enfatizados com formas de se colaborar com o impulso netuniano, pois são os caminhos interiores do misticismo e dos sentidos psíquicos. Provavelmente, você tem consciência de seu potencial criativo e sente-se inclinado a permitir sua expressão natural. Talvez possua a habilidade para criar vívidas imagens mentais interiores que, através do processo de visualização criativa, podem ser usadas para construir seu futuro caminho ou para estimular e dar prazer aos outros, através da música, da arte e da literatura. A manifestação dessas imagens evocativas por formas tangíveis é uma dádiva muito importante e pode ser utilizada de diversas maneiras, tanto para a autoexaltação e o acúmulo de riquezas e poder, quanto para beneficiar a vida dos outros. Talvez seja preciso enfrentar o problema do *self versus* ações generosas, que irá influenciar suas decisões e motivações. A arte da visualização é uma poderosa fusão de mente-vontade-imaginação e é a fonte da criação.

Sua sensibilidade para as pessoas e o sofrimento do mundo será forte, e provavelmente você tem uma consciência de uma responsabilidade social razoavelmente bem desenvolvida, na qual, por empatia, acredita que pode e deve a judar a alividar o sofrimento alheio. Contudo, essa absorção psíquica do sofrimento também poderá impedi-lo de fazer realmente alguma coisa com essa consciência social, pois você registra e reconhece sua existência, mas tenta negar o seu papel na cura. É improvável que seja capaz de lidar com as causas do sofrimento, preferindo agir como um bálsamo confortante para os sintomas do sofrimento. Você espera que os mais fortes e talvez menos sensíveis incumbam-se das causas negativas.

Uma área em que poderia ser bastante útil aos outros é comunicando a inspiração, talvez escrevendo ou atuando nos meios de comunicação. Unir a percepção da sua responsabilidade social a uma boa expressão dramática, chamando a atenção das pessoas para as áreas da sociedade que precisam ser modificadas; o jornalismo dedicado a uma causa e os documentários na televisão são importantes exemplos dessa expressão. Essa é uma vantagem que você poderia utilizar e, caso se decida a aperfeiçoá-la sua imaginação e inspiração naturais sem dúvida irão reacender. A necessidade de manter um canal de relação com as pessoas que abranja uma esfera social mais ampla do que a simples amizade, é um caminho pelo qual Netuno atuará, especialmente se você for capaz de utilizar aquelas visões intuitivas para criar formas tangíveis para externá-las.

Você tem um relacionamento do tipo *laissez-faire* com a maioria da pessoas, no qual dominam a tolerância e a empatia e onde não existem pressões interpessoais. Embora sua sensibilidade esteja sempre presente, você não exige demais dos outros e nem está preso a expectativas impossíveis, embora prefira a companhia de pessoas autoconfiantes que, por associação, forçam-no a firmar qualquer tendência relacionada à indecisão e à nebulosidade de Netuno. Você possui um espírito humanitário que se relaciona livre e facilmente com vários tipos de pessoas, vendo em todas o seu valor e não apenas nas que são "bem-sucedidas" em termos de avaliação social.

Contudo, há um componente camaleônico em sua natureza, uma maleabilidade que lhe permite adaptar-se a diversas situações e ambientes sociais, uma flexibilidade interior que molda suas atitudes e expressões a ambientes específicos e substitui as preferências pessoais mais profundas. Essa é uma qualidade netuniana de água em sua personalidade, onde você "assume a forma de qualquer recipiente". Isso pode ser vantajoso, embora também possa conduzir à perda de identidade pessoal distinta, devido às repetidas transformações camaleônicas e, portanto, talvez exija um certo controle e precaução caso sua personalidade comece a se fragmentar e se dissolver. Entretanto, se estiver seguindo um caminho místico, seu objetivo é dissolver-se no "oceano" interior, onde as gotas do *self* separado perdem todos os limites e desaparecem as águas da vida.

TRÍGONO SOL-NETUNO

Com o trígono há o potencial para uma reconciliação bem-sucedida e a resolução das energias de Netuno e do Sol que conduzirão a uma forte harmonização positiva das naturezas planetárias — do Sol egóico, do planeta exterior pessoal e do deus atuando através do nível supraconsciente da mente inconsciente.

O potencial pode estar presente, mas talvez existam dúvidas relacionadas ao incentivo, à motivação e à aplicação ao explorar seus talentos latentes. Esse é o obstáculo que você pode encontrar, especialmente se for confrontado com a natureza da escolha e da decisão sobre a direção a ser seguida. Algumas pessoas podem ter múltiplos talentos em diversas áreas artísticas e criativas — música, arte, literatura, dança, teatro —, embora tenham dificuldade de se concentrar e lhes faltem a disciplina necessária para se tornarem mestres e não apenas conhecer um pouco de tudo mas nada profundamente. As idéias brotam com facilidade e naturalidade, seguidas por uma compreensão entusiasmada, apenas para serem rapidamente esquecidas e substituídas pelo próximo conjunto de idéias meteóricas. Podem faltar compromisso e perseverança, o que fragmentará o impulso da energia direcionada uma vez que ela vai para muitas direções ao mesmo tempo.

Além de uma mente perceptiva, capaz de boa assimilação e compreensão, deve existir também uma qualidade intuitiva que você pode utilizar como fonte de *insights* e conhecimento. Essa faculdade intuitiva ou psíquica irá atuar principalmente na natureza emocional como uma identificação empática, diferente da intuição uraniana, de natureza mais impessoal e racional. Com freqüência, essa intuição lhe proporciona *insights* sobre a natureza e as motivações das outras pessoas, e a atmosfera do ambiente poderá influenciar seu estado de espírito e seu bem-estar.

Talvez haja uma ambivalência relacionada ao envolvimento social e às responsabilidades. Grande parte dependerá da natureza de sua expressão; se ela estiver dentro de esferas criativas ou artísticas, a maior parte de sua energia será absorvida por elas e seu foco de atenção se deslocará para uma visão criativa pessoal. Não que você seja insensível às questões sociais, mas sente que sua contribuição à sociedade é ser um cabal criativo. Outros reagem à vibração netuniana abrindo ainda mais o coração, sentindo-se como um canal para o amor universal que apóia e enaltece os outros. O caminho dessas pessoas é o serviço à comunidade dos seres humanos; a medicina pode ser uma das expressões escolhidas, assim como outros tipos de terapia e cura, física, emocional e mental.

O desafio é ter segurança quanto à direção a ser seguida; tendo isso claro, você será capaz de extravasar suas energias e talentos para atingir essas metas. Tendo se definido e se concentrado, você realmente estará apto para alcançar seus objetivos. Pode haver a necessidade de ser mais prático, necessidade talvez modificada por um forte Saturno ou um Mercúrio que garantem resultados materiais; caso contrário, você poderá desperdirçar esses talentos e acabar como um sonhador visionário negativo que persegue as coisas que imagina sem jamais realizá-las de forma objetiva.

Nos relacionamentos pessoais, a liberdade emocional e a confiança são muito valorizadas como elementos naturais do amor romântico ideal. Você tende a ser emocionalmente fiel e dá prioridade às virtudes de um ambiente familiar íntimo e amoroso. Sua empatia e compreensão favorecem esse sentimento de proximidade com a família e os amigos.

QUADRATURA SOL-NETUNO

As tendências associadas à quadratura muitas vezes indicam inibições, restrições e frustrações psicológicas que são desafios consideráveis e devem ser superados para que as características mais positivas de Netuno possam emergir.

Você tende a não sentir uma confiança verdadeira em sua identidade pessoal e na capacidade para realizar suas ambições de vida. Parte disso talvez tenha se originado no relacionamento com os pais, especialmente o pai, pois sua natureza em desenvolvimento talvez tenha passado por conflitos gerados pela falta de compreensão ou de amor; talvez, ao afirmar sua própria individualidade, você tenha se chocado com a vontade mais forte dos pais. Como resultado, a autoconfiança foi fragmentada, a vontade está menos focalizada e, por isso, você desenvolveu formas inibidoras de defesa psicológica contra os outros, sem nunca admitir um fracasso pessoal.

Isso se manifesta no escapismo e no fato de evitar as responsabilidades e a necessidade de autodisciplina, a não ser que um poderoso Saturno em seu mapa reequilibre essa tendência. Preferindo fugir em vez de enfrentar a realidade, você vai criar percepções distorcidas que dificultam a acurada avaliação de opiniões e a tomada de decisões, o que pode ser bastante insensato. Na pior das hipóteses, isso criará inércia, devido ao medo de agir deliberadamente. Essas imagens interiores de fracasso tendem a criar fracassos exteriores e, desse modo, formar um círculo vicioso. Contudo, ao aplicar esse padrão de fracasso em objetivos e ambições que provavelmente estão além de sua atual capacidade, você não percebe que está criando os fracassos de sua vida. Isso é agravado pelos sonhos de um Netuno não integrado e incompleto, que pode ser percebido como um traço de culpa ligada à não realização e à constante sensação de descontentamento.

Esses desafios podem ser atenuados com uma decisão consciente de se esforçar para unir-se ao seu centro oculto, ultrapassar as imagens superpostas de culpa, o fracasso e a inferioridade que se desenvolveram como uma resposta defensiva ao sofrimento. Essa reorientação pode ser difícil, pois você estará indo contra padrões de comportamento estabelecidos, mas os lucros provavelmente irão transformar a sua vida.

O primeiro passo é aceitar a própria natureza. Não condene a si mesmo, nem faça julgamentos. Acredite que pode ocorrer uma mudança, se você realmente desejar que aconteça. Você possui bastante criatividade, imaginação e potencial que esperam para ser libertados da prisão, mesmo que os canais adequados de expressão possam demorar um pouco mais para serem descobertos. Entretanto, você precisa definir suas ambições a partir de uma perspectiva mais realista do que a anterior. Provavelmente algum tipo de aconselhamento o ajudará a obter mais clareza com relação ao *self* e ao seu potencial, assim como os cursos de auto-afirmação, decisão e estabelecimento de metas. Na verdade, o que está sendo solicitado é que você veja a si mesmo como um adolescente pronto para entrar na vida adulta, e espera-se que você se recrie com uma nova identidade mais adequada. Nesse processo de recriação, dê passos pequenos e fáceis; reconheça que os fracassos ocasionais são inevitáveis, mas procure não transformá-los num drama; reconheça que o sucesso não virá sem o risco paralelo do fracasso; reconheça também que todas as pessoas fracassam em alguma coisa e que isso não é desculpa para se condenar. Na medida em que autoconfiança aumentar, sua vida adquirirá um aspecto mais positivo. Isso não acontecerá do dia para a noite, pois os padrões de comportamento estabelecidos há tanto tempo não se modificam tão rápido, mas se você insistir, as mudanças ocorrerão. Talvez o uso de técnicas como a visualização criativa e as afirmações, ou um programa subliminar de autodesenvolvimento gravado em cassete possam fortalecer o processo. O ponto essencial é ter fé, aceitar que a mudança é possível e que você pode realizá-la a seu modo; na esperança está a nascente das águas do potencial e da transformação.

Essas melhoras também vão beneficiar seus relacionamentos íntimos, bem como sua auto-imagem, a autoconfiança e a capacidade de tomar decisões. Em geral você é emocionalmente vulnerável e é provável que as pessoas o explorem, abusem de você, o enganem e o manipulem de diversas formas; mas se houver essas tendências, elas são reflexos dos padrões interiores dominantes. Pode haver desejos e necessidades emocionais incomuns associados ao idealismo romântico que se manifestam através da sexualidade; talvez eles precisem ser tratados e purificados de alguma forma. Porém, a transformação e o refinamento envolvidos na resolução do conflito entre o Sol e Netuno lidariam simultaneamente com esse nível.

Pode existir uma atração pelo ocultismo e pelo misticismo que, se for seguida no estágio anterior à transformação, poderá levar à exaltação do *self*, como um antídoto para o complexo de inferioridade; você se engana se considerar sua própria voz como a de Deus ou dos Mestres. Contudo, se a transformação tiver acontecido, você poderia atuar realmente como um canal mais puro. Caso queira explorar essas dimensões da vida, talvez seja necessário alguma cautela e moderação, pois pode existir um desejo inconsciente de auto-exaltação atuando e motivando suas ações. Como o aspecto da imaginação de Netuno é tão forte, poderá criar um ego exagerado e auto-ilusão; em vez da luz verdadeira, você se perderá no brilho falso da sedução e da ilusão.

OPOSIÇÃO SOL-NETUNO

A oposição entre Netuno e o Sol estimulará uma perspectiva distorcida e ilusória da realidade que tende a criar problemas e impor obstáculos adicionais em sua vida e em suas decisões. Talvez seja difícil analisar e avaliar corretamente as opções e escolhas feitas, porque sua atenção está voltada para questões imaginárias criadas por você mesmo, e não nos verdadeiros problemas. Às vezes, esses problemas podem assumir a forma de sofrimentos voluntários originados nos padrões interiores de culpa que estão associados aos desejos profundamente ocultos e a uma expiação dos 'pecados', sejam eles reais ou imaginários. Isso pode se manifestar através de atitudes de mártir, muitas vezes desnecessárias, embora, estranhamente, tenham proporcionado uma base para a vida interior. Talvez seja necessário um sacrifício — o das suas ilusões —, mesmo que na vida diária isso seja incompreendido e mal utilizado.

Você tende a reagir fortemente contra o domínio de outras pessoas, embora possa submeter-se facilmente, se estiver sob a influência de uma viagem sacrificial inadequada. Seus relacionamentos podem caracterizarse por fases de confusão e malentendidos e, através de emoções poderosas, você tem a propensão de revestir a natureza dos seus relacionamentos íntimos de fantasias e pensamentos mágicos, criando um miasma ilusório que afeta a todos os envolvidos. Talvez, através de você esteja atuando um padrão que subverte a comunicação clara, honesta e direta, mesmo que você não o perceba e nem o aceite completamente. Como tende a ser inseguro e defensivo nos relacionamentos, seu modo de se expressar pode gerar tensões, pois raramente aceita estar errado ou ser responsável, sempre tentando jogar a culpa nos ombros dos outros; é uma forma de expressão que confunde em vez de esclarecer e que, com o tempo, cria sérios atritos. Essa nebulosidade domina sua personalidade, transformando você num "camaleão psicológico", que modifica as aparências e atitudes quando suas percepções distorcidas e seus preconceitos penetram na realidade.

Com freqüência, você evita compromissos e envolver-se emocionalmente por medo de ser enganado ou dominado, o que, aliado a uma natureza desconfiada, não é bom para relacionamentos estáveis. Uma vez que está propenso a ceder às seduções negativas natunianas com relação ao amor e ao romance, essa tendência deve ter se desenvolvido de decepções anteriores; caso isso se torne um padrão repetitivo em sua vida, a causa provavelmente está em você, e através de uma exploração interior poderá encontrar uma solução.

Para chegar a um acordo com esses padrões influentes relacionados a sua identidade e aos relacionamentos é preciso muita honestidade e comprometimento. A mudança benéfica poderá ser estimulada, mas só se você realmente a desejar e estiver disposto a se esforçar. O principal problema das seduções e ilusões interiores é que elas são difíceis de ser corretamente identificadas e, obviamente, esses espelhos deformadores dificultam a perceção clara e correta. Os verdadeiros resultados da transformação espiritual estilhaçam esses espelhos. O primeiro passo, e o mais importante, é ser capaz de reconhecer e perceber que esses problemas existem, e em seguida agir de forma consistente para encontrar a cura adequada.

Devido à insegurança, você tende a duvidar das capacidades e do potencial, que possui e os desafios que expõem seus defeitos e suas fraquezas. Os mecanismos de defesa podem ter sido estabelecidos como formas de proteção. Essencialmente, você precisa desmontar os padrões de percepção de si mesmo e dos outros, para que a realidade das situações possa se revelar mais objetivamente. É bastante revelador enfrentar a existência dos padrões de defesa e observar a influência de seus preconceitos emocionais e mecanismos de defesa, bem como observar a maneira como distorce a comunicação em seus relacionamentos. Faça isso sem se condenar ou julgar a si mesmo. Na observação estão ocultas as sementes da transformação.

O caminho é reencontrar seu centro ultrapassando essas influências efêmeras; estabelecer uma força pessoal na própria identidade e nos recursos próprios, em lugar de uma dependência prejudicial dos outros, demonstrará maturidade crescente. Tornar-se mais claro em relação aos seus objetivos de vida, talvez planejando a realização de alguns deles, poderá oferecer um foco direcional com que trabalhar. Isso permitirá que você seja independente e manifeste aquele potencial criativo bloqueado e frustrado, há tanto tempo inibido. Ao dar esses passos, você e seus relacionamentos serão renovados; eles o protegerão das influências psíquicas negativas do ambiente que o cerca. Quando as mudanças forem realizadas, você terá muito a oferecer às pessoas e sua tendência ao sacríficio será benéfica. O trabalho com alguns tipos de meditação que desmistificam e erguem os véus ilusórios da personalidade e as terapias de relacionamento são abordagens adequadas.

CONJUNÇÃO LUA-NETUNO

Essa conjunção enfatiza a sensibilidade emocional e a vulnerabilidade em relação aos outros, especialmente através de uma empatia psíquica solidária e impressionável. A natureza do ambiente irá afetar bastante o seu equilíbrio e bem-estar; o ideal seria viver e trabalhar em lugares e com as pessoas adequadas, do contrário seu espírito e sua vitalidade começarão a enfraquecer pela absorção de influências negativas.

Uma vez que seu coração está aberto às experiências da vida, também é provável que você experimente sofrimentos, angústias e decepções. Com o tempo, talvez seja necessário desenvolver formas de autoproteção e filtros essenciais a sua sensibilidade, caso contrário a vida poderá se tornar muito dolorosa. Por sua compreensão inata e atitudes generosas, é provável que você se torne ouvinte e confidente dos problemas alheios; entretanto, deve desenvolver uma objetividade impessoal e imparcial para não carregar consigo os problemas e sofrimentos que não são seus. Não se trata de um sacrifício, apesar de sua disposição para oferecer ajuda e assistência aos que necessitam. Talvez você seja atraído por empregos nas áreas de assistência social, onde poderá ajudar as pessoas necessitadas e encorajá-las a progredir. Certamente, esse coração piedoso será o principal fator de motivação em sua vida e é por esse caminho que você manifestará mais facilmente suas qualidades e aptidões naturais. Sua influência pode provocar um efeito benéfico e catalítico sobre os outros, estimulando-os ao crescimento individual e à resolução dos problemas. Um emprego que o prenda em um padrão de trabalho mundano não será satisfatório e, basicamente, será uma negação de seus talentos e habilidades. É fácil reconhecer quando você está preso ao lugar errado; é perseguido por pensamentos e devaneios intensificados pelo desejo de fugir e pela falta de interesse em colocar as coisas em prática.

Você tem uma imaginação poderosa que não gosta de ser inibida ou ignorada, e está constantemente procurando formas de se expressar; há uma considerável valorização artística e cultural, bem como dons criativos, esperando para serem liberados. Os canais mais adequados são a arte, a música, a poesia, o desenho, preferencialmente formas que evoquem uma resposta emocional e sensível para você e para os outros. Você se tornaria um visionário inspirado se essa área fosse particularmente focalizada e se todas as suas energias se envolvessem nessa tarefa. Sua sensibilidade psíquica poderia, então, desempenhar um papel, oferecendo a percepção das correntes mais sutis da vida e o poder inerente dos símbolos e imagens; até os seus sonhos, que possuem uma qualidade profética, poderiam também ser influentes. Provavelmente seria melhor utilizar os talentos psíquicos e mediúnicos apenas como apoio à criação artística, porque você poderá descobrir que às vezes eles são pouco confiáveis, envoltos pelas brumas dos mares netunianos, o que dificulta uma percepção clara. Essas tendências poderão voltar-se para interesses religiosos ou espirituais, como a exaltação das emoções místicas e devoções interiores.

Em sua vida pessoal e nos relacionamentos íntimos talvez você precise perceber uma tendência a ser excessivamente romântico: a preocupação com sonhos sobre o amante ideal, sempre procurado mas nunca encontrado. Na vida real as pessoas são reais, e a desilusão nunca está muito longe das obsessões projetadas pela *anima-animus*, responsáveis pelas ilusões e pela experiência de se chocar com a realidade apresentada pelo "amante de seus sonhos". Transformar homens ou mulheres em deuses e deusas é um jogo perigoso: eles sempre caem do pedestal no qual você os colocou. Como Humpty Dumpty*, a queda destrói definitivamente a ilusão em relação àquela pessoa. Voltar a se apaixonar, desta vez pela pessoa real, é muito mais recompensador e enriquecedor.

É possível haver uma tendência a evitar o choque da dura realidade. Esse não é o caminho. Realizar alguns ajustes em suas atitudes pode ser a chave para lidar com esse desafio. Aceitar a realidade é um processo que precisamos enfrentar continuamente durante a vida; isso não significa, necessariamente, render-se ao inevitável, mas dar o primeiro passo para modificar uma situação insatisfatória. Algumas vezes, a influência de Netuno domina a da Lua e você se recolhe ao seu mundo particular, ocultando-se numa concha defensiva; não consegue enfrentar o mundo real e vive nos sedutores castelos de areia de sua imaginação, perdido num mundo de sonhos.

Além disso, os aspectos formados com a Lua indicam uma associação com a imagem de mãe, tanto a simbólica quanto a real. A conjunção indica um vínculo estreito com a mãe e uma importante influência

---

* Personagem de história infantil, com a forma de um ovo, que cai de um muro e se espatifa, irremediavelmente (N. da T.).

em seu desenvolvimento mas, tal como nos seus relacionamentos românticos, as ilusões podem estar presentes e talvez devam ser purificadas e libertadas se estiverem afetando negativamente seus relacionamentos adultos.

SEXTIL LUA-NETUNO

O sextil apresenta problemas menos ambíguos do que a conjunção, e você vai descobrir que esse aspecto é mais confortável, pois permite mais facilmente a liberação de seu potencial. Haverá as qualidades da imaginação, da sensibilidade psíquica e empática que estão presentes nos contatos entre Lua e Netuno e, com o sextil, elas são mais claras e menos propensas à distorção das percepções pessoais e externas.

Você é bastante receptivo à dimensão dos relacionamentos, das obrigações e dos serviço sociais, que podem formar a base fundamental de sua vida e proporcionar uma área de trabalho, além de uma área em que seus talentos e qualidades intrínsecas poderão emergir. Você reage sensivelmente às condições sociais negativas, seja em relação às pessoas, seja em relação aos grupos minoritários e às afinidades globais indiferenciadas. Essa característica talvez o atraia para empregos que envolvam o contato com áreas sociais problemáticas ou, pelo menos, a associar-se a grupos de pressão voltados para áreas socialmente carentes. Você pode tornar-se bastante exaltado ao denunciar a falta de humanidade em relação às pessoas, oferecendo seu apoio causas mais positivas e benéficas.

Sua tendência é voltar-se para fora em vez de para dentro, e isso poderá transformá-lo no porta-voz de suas objeções sociais, procurando despertar a atenção pública para os perigos dos descuidos que o ofendem tanto e que provoca sofrimentos desnecessários. Esse empenho em incentivar soluções sociais vai ajudá-lo a expressar seu espírito criativo através da escrita evocativa, pela divulgação de informações importantes, tal como a ajuda educacional. Alguns podem ser atraídos para o jornalismo dedicado a uma causa, destinado a despertar a adormecida consciência social. O fato de ter ideais sociais elevados indica que você poderia desempenhar um importante papel como mediador e articulador do progresso e desenvolvimento sociais propostos. Sob alguns aspectos, trabalhar com as responsabilidades do bem-estar social proporcionaria a você uma profunda satisfação, pois, com sua resposta sensível, você cria sugestões alternativas ao progresso através de seu inspirado intelecto.

Você é menos propenso às ilusões e a colocar em um pedestal seus relacionamentos íntimos, pois avalia de forma mais realista a falibilidade da natureza humana; sua tolerância e compreensão diminuem as decepções nessa área. Se criar os canais certos para a atividade exterior, vai se realizar tanto na vida social quanto familiar. Não esqueça que a Lua o ancorará em profundos laços familiares com os pais e com sua atual família e que esses laços provavelmente são mais importantes do que possa perceber, principalmente ao se envolver profundamente na ação social.

Desde que existe uma propensão a ser sensível às sutis influências psíquicas das pessoas e ambientes, talvez precise isolar-se periodicamente para se purificar interiormente e renovar as energias. Sua vida interior e a imaginação muitas vezes podem indicar as direções adequadas ou mesmo os temas da ação social. Provavelmente, muitas de suas decisões serão tomadas por impulsos inconscientes. Se essas ações resultarem em fracassos, talvez seja preciso examinar melhor suas atitudes e motivações, para que as tendências inconscientes sejam trazidas à luz, evitando que você caia em becos sem saída e fracassos autocriados.

TRÍGONO LUA-NETUNO

O sextil e o trígono entre a Lua e Netuno muitas vezes são encontrados nos mapas de pessoas artísticas e criativas, especialmente as que têm interesse em aumentar a beleza e a bondade no ambiente social. Isso pode manifestar-se de diversas maneiras, desde melhorar as condições de vida das pessoas através de valorizações culturais mais estéticas, até o prazer de assistir a um filme bem realizado ou admirar uma pintura que transmite harmonia e beleza.

O trígono indica o potencial para a resolução bem-sucedida dessas duas energias planetárias, permitindo que a vida interior imaginativa e sensível seja integrada a uma forma adequada de expressão. Como você tende a ser hipersensível ao meio ambiente, terá que encontrar um modo de reagir que lhe permita utilizar essa percepção de maneira criativa, revelando aos outros dimensão invisível mais sutil e talvez oculta da vida, para que elas também apreciem e entrem em contato com a qualidade vitalizadora, enaltecedora e inspiradora dos reinos interiores. Por esse motivo, esse aspecto, com freqüência pode ser encontrado nas pessoas que se dedicam ao cinema, à dança e às artes, divulgando sua percepção enriquecida da vida, através das quais a musa netuniana atua no mundo.

Você provavelmente possui esse talento inato e, se fizer um esforço para manifestar seus sonhos interiores imaginativos — talvez associados a Vênus —, você pode ser produtivo. Se, entretanto, possuir Mercúrio, Saturno ou Marte fracos ou mal aspectados, então terá de superar determinados obstáculos para que seus sonhos se tornem realidade. Do contrário, você será capaz de oferecer ricas criações artísticas dramáticas para o estímulo e a alegria de outros.

Geralmente, você é um espírito benevolente, sensível, generoso e consciente da dimensão social da vida. Contudo, terá mais propensão a utilizar suas energias através de uma criatividade distinta, em vez de preocupar-se com a ação social mais direta, acreditando que a criatividade é a melhor forma de contribuir para o progresso da sociedade. Seu interesse geralmente está voltado para a descoberta do potencial individual; você pode se esforçar muito para estimular o mesmo em outras pessoas, especialmente na família e nos jovens. Algumas vezes, entretanto, pode ter uma atitude autocentrada — especialmente quando se encontra sob a influência de uma musa artística — e prefere estar mais livre das obrigações sociais e familiares para se concentrar na libertação de seu espírito criativo.

Nos relacionamentos, você prefere que o parceiros possua interesses independentes, autoconfiança e não dependa excessivamente de você. Ele deve ter, como você, a capacidade de apreciar a arte e a sensibilidade, e deve ser culturalmente desenvolvido para haver compreensão mútua.

Talvez seu espírito criativo se satisfaça plenamente com a criação de projetos que beneficiem os outros e contribuam de algum modo para melhorar as condições sociais. Você também irá beneficiar-se com eles, pois melhorando a qualidade do ambiente social, diminuirá o nível do impacto negativo que ele possa ter sobre você.

Pode haver um elemento profético em sua criatividade: a intuição, relacionada a pessoas e às direções pode desempenhar um papel vital em sua vida. A arte também pode dar voz e direção às necessidades sociais subjacentes. Essa é a dimensão psíquica em ação — ela requer atenção.

QUADRATURA LUA-NETUNO

O principal desafio a ser enfrentado com a quadratura é o da discriminação entre realidade e irrealidade; entre fato e ficção, e a conseqüente confusão criada quando isso não é corretamente percebido e conscientizado. Muitas vezes, emoções e sentimentos inconstantes e oscilantes entrelaçam-se a sua imaginação e, assim, suas percepções são obscurecidas pelos preconceitos e fantasias pessoais. Há uma tendência a modificar as experiências em sua própria mente, de modo que elas se encaixem em padrões emocionais mais aceitáveis; porém, ao distorcer as experiências reais e recriar suas lembranças, a ilusão espalha-se até que suas descrições do passado e da realidade entrem em conflito com as das outras pessoas. As tentativas de deformar realidades, especialmente aquelas que dizem respeito aos outros, nunca são bem aceitas e tornam-se fonte de conflito nos relacionamentos. Finalmente, o fato de você insistir que sempre está com a razão — mesmo contra as lembranças das onéras pessoas — gera antagonismo, pois ninguém gosta de ver sua realidade e suas lembranças ameaçadas por outros, mesmo que sejam membros da família. Alternativamente, você pode utilizar o recurso de construir paisagens interiores nas quais possa se refugiar e que são povoadas por fantasias que o satisfaçam; neste caso, o perigo é que elas podem interferir na realidade cotidiana.

Com freqüência, você se sente desconfortável com seus sentimentos e emoções, pois eles não são facilmente assimilados e integrados. Sendo propenso a mudanças de humor, você pode achar difícil concentrar-se em qualquer padrão estável de resposta emocional às pessoas e à vida. Podem existir alguns problemas emocionais no relacionamento com seus pais, especialmente com sua mãe, pois as suas necessidades emocionais não foram satisfeitas ou imagina ter havido algumas falhas. Você tende a resistir às responsabilidades e pode exibir um comportamento anti-social, talvez por uma reação contra os sofrimentos e as decepções relacionados a expectativa sociais, recusando-se deliberadamente a manifestar qualquer potencial e agindo somente para afirmar uma negatividade prejudicial. Provavelmente, o início de sua vida familiar foi cercado de mudanças, tensão, estresse e confusão, talvez um lar desfeito ou um casamento insatisfatório dos pais, cuja impressão psíquica ficou marcada em você. Muitas vezes, você sente que está segurando o rompimento de comportas, das tensões que emanam da mente consciente, provocadas por poderosas emoções não solucionadas e bloqueadas que buscam uma libertação catártica. Disso pode surgir um medo que se manifesta de diversas maneiras como, por exemplo, de empenhar-se demais ou ser vulnerável nos relacionamentos. Para diminuir essas pressões, alguns deixam-se cair nas garras de vícios em drogas, álcool, certos tipos de prazeres emocionais e sexuais, procurando com isso obter breves períodos de alienação da realidade.

Contudo, nada disso é inevitável ou essencial à experiência. As mudanças podem ser realizadas utilizando as vantagens intrínsecas que talvez tenham sido bloqueadas ou cuja presença tenha sido negada por você, em vez de reconhecê-las como dádivas. A imaginação está presente e pode ser usada de modo positivo. Você só precisa construir imagens positivas de um "novo você", com menos farpas no coração, pronto para transformar-se numa pessoa criativa e amorosa.

O primeiro passo para tornar-se tolerante com relação às fraquezas e forças de outras pessoas é compreender a sua própria natureza, e para isso é necessário algum tipo de exame psicológico. É essencial liberar a tensão emocional aprisionada, o que deve ser feito com cuidado, de preferência com a ajuda de conselheiros ou psicoterapeutas treinados, pois uma explosão emocional muito intensa e repentina das pressões pode prejudicar mais do que curar. Provavelmente, alguns tipos de trabalho corporal, de manipulação e massagem também podem ser benéficos. É preciso reconhecer a mágoa e o ressentimento em suas emoções, mas sem se condenar por isso; aceite que essas emoções existem e liberte-as para permitir que a cura aconteça. Seja mais aberto e honesto nos relacionamentos com relação a quaisquer sentimentos confusos; tente não deixar que eles se deteriorem interiormente. Organize sua vida de forma mais consciente, determine direções e objetivos adequados, certificando-se de que sejam realizadas, de modo que você seja capaz de cumprir qualquer compromisso necessário para atingi-los, talvez começando com objetivos mais fáceis e de curto prazo. Assuma as coisas com firmeza durante esse período de recriação, pois a mudança raramente acontece do dia para a noite e sempre precisa ser totalmente integrada à personalidade. Seja cauteloso e comece a se relacionar de modo mais consciente com o nível material, permitindo que as limitações inevitáveis tornem-se uma estrutura indispensável, na qual você possa crescer com segurança. Trabalhe com as outras pessoas para perceber que, de vez em quando, todos precisam de alguém mais perceptivo num nível mais esclarecido para apoiar e orientar-lhes a vida. Acredite em seu potencial e realize-o.

Assim, os aspectos negativos da quadratura podem ser transformados em vantagens positivas. De preferência, trabalhe com escolas de terapias voltadas à realização prática que poderão apoiá-lo melhor, em vez de seguir sua tendência natural ao escapismo mais ligado à imaginação, que pode resultar no envolvimento com cultos religiosos/místicos que buscam céus sagrados e alucinações grandiosas em lugar de vivenciar a vida real. Tente manter-se afastado das tentativas para desenvolver habilidades psíquicas ou mediúnicas, pois elas podem levá-lo de volta à confusão entre realidade-irrealidade.

Oposição Lua-Netuno

Existem diversas semelhanças entre os efeitos da oposição e os da quadratura entre Netuno e Lua, mesmo que na oposição a tensão interior seja mais projetada para o mundo exterior e refletida de volta por intermédio das pessoas e do ambiente.

Você tende a procurar as soluções para seus problemas no mundo exterior, muitas vezes através da dependência ou da identificação inadequada com pessoas, lugares e bens materiais que parecem proporcionar uma sensação de segurança e um descanso das pressões interiores ligadas a sua confusão mental. Assim, você tem propensão a fragmentar uma natureza emocional já bastante frágil e, ao deslocar o seu centro, perder a coesão direcional e motivadora de sua vida.

Como é comum acontecer com esses contatos planetários, há uma produção excessivamente criativa de ilusões, de modo que os limites da verdade e da ficção tornam-se indistintos. Essas ilusões provavelmente são mais ativas e observáveis em seus relacionamentos mais íntimos e pessoais, especialmente porque eles tendem a criar distorções, desordem e confusão na comunicação. Podem existir atritos em sua vida familiar, em parte como conseqüência das projeções e tensões não solucionadas sobre outras pessoas; isso provavelmente continuará até que as projeções voltem para você e sejam solucionadas.

Às vezes, você pode sentir-se preso a um estilo de vida e anseia por libertar-se de quaisquer situações que o oprimam. Com freqüência, você reage a tais sentimentos recorrendo ao escapismo, preferindo "fugir" dos problemas em vez de enfrentá-los e esforçar-se para resolvê-los. Em alguns casos, essa atitude conduz aos vícios netunianos comuns, como "remédios" de fácil acesso como as drogas e o álcool, mas que certamente são apenas muletas que só aumentam as dificuldades já existentes.

Essa sensibilidade e empatia psíquica com as pessoas e o meio ambiente tendem a ser muito influentes, e você tem propensão a absorver todas as impressões sem nenhuma proteção nem discriminação. Isso aumenta sua insegurança e instabilidade emocionais, bem como tendência a permitir que os outros se aproveitem de você. Esse conflitos interiores refletem as tendências netunianas a ser vítima e não o sacrifício voluntário, e você vai descobrir que as tensões interiores refletem-se externamente em seu corpo físico em reações psicossomáticas.

Entretanto, se estiver passando por essa situação na vida, não é preciso que continue assim; você pode melhorar as coisas com uma mudança consciente. Sob a vulnerabilidade emocional e a falta de confiança existe um reservatório de talento criativo que pode ser utilizado; a única dificuldade consiste em conseguir clarear o caminho para que esse talento se manifeste, o que exige a transformação de padrões emocionais inibidores. Se decidir seriamente utilizar sua energia, então, através do treinamento e aprendizado disciplinados, talvez você possa destrancar as portas desse talento criativo e liberar a energia frustrada.

Você precisa apender a permanecer em sua própria luz, a ser poderoso e centrado em seu próprio ser, em vez de contar com os outros e transferir seu centro para o mundo exterior. O desafio é ser você mesmo sem comparar suas habilidades às dos outros, lamentar seu destino e invejar o sucesso dos amigos. Você irá se esforçar o suficiente para reorientar seus padrões de comportamento estabelecidos mas, certamente, o esforço valerá a pena e diluirá todos os venenos emocionalmente restritivos; sua tarefa é a recriação e a renovação, um segundo nascimento. A cada pequeno passo, a autoconfiança aumentará e você começará a observar as melhoras que estão ocorrendo. Aos poucos, acreditará que pode explorar aquele reservatório de potencial oculto profundamente enraizado dentro de você. Começará a reelaborar seus objetivos e intenções reconstituindo uma nova direção e moldando um estilo de vida adequado que não cria atritos pela frustração e pelos conflitos internos. Você irá sentir-se bastante forte para seguir suas próprias opiniões, confiando no valor de suas inspirações e, finalmente, sendo capaz de aproveitar sua aguda sensibilidade, valorizando a percepção da vida mais rica que a sensibilidade lhe oferece, sabendo como utilizá-la positivamente para auxiliar e apoiar outras pessoas, em vez de ser uma fonte de angústia nma psique desequilibrada e confusa. Os relacionamentos irão melhorar, uma vez que se tornam mais claros graças à avaliação e à compreensão mais realistas, acrescidas da consciência da necessidade de cumprir os compromissos e os ajustes essenciais para uma vida harmoniosa com um parceiro. As alegrias de uma vida doméstica estável serão reveladas, no lugar das armadilhas e limitações experimentadas, e seus antigos ideais de perfeição serão reconhecidos como ilusões que se desfazem no vento. Desse modo, você não estará mais correndo atrás do arco-íris mas aceitando e amando a verdadeira natureza humana, de seu parceiro e a sua própria. Suas projeções perdem a força e são reabsorvidas por você, em em seguida destruídas para liberar a energia bloqueada. Esses são os potenciais desse aspecto; se você decidir não realizar a transformação sugerida, a outra possibilidade é conviver com seu impacto negativo e com um Netuno não integrado.

CONJUNÇÃO MERCÚRIO-NETUNO

Nos contatos entre Netuno e Mercúrio, o nível mental é especialmente sensibilizado e ativado, enfatizando a qualidade criativa; o principal foco de valorização da vida é realizado através da receptividade mental. A conjunção indica um canal entre as mentes consciente e inconsciente: a energia e informação que fluem por esse canal precisam ser cuidadosamente integradas para evitar uma série de desequilíbrios e distorções.

A faculdade da imaginação será bastante estimulada e desenvolvida. Isso certamente exigirá a focalização de canais apropriados para que não se criem outros problemas de percepção. A questão das realidades mentais pode perturbá-lo, principalmente porque você tende a cometer erros de julgamento baseados na compreensão errônea de fatos e informações sugestivas. Você possui um processo mental que tenta recriar experiências para torná-los mais aceitáveis à absorção pessoal, um estilo de manipulação seletiva que exclui aspectos da realidade que você se recusa a reconhecer. Se esse processo se tornar um padrão regular de comportamento mental, você tenderá a criar uma realidade pessoal distinta, uma fusão do real com o irreal que poderá criar desafios adicionais quando chegar a hora de separá-los. Com freqüência, isso intensifica-se por uma tendência mental ao escapismo; para evitar possíveis experiências e situações dolorosas você se recusa a envolver-se com as coisas.

Provavelmente, os relacionamentos são caracterizados por um excesso de idealismo, pela ilusão de um amante perfeito que provavelmente não existe; você compara todas as pessoas que encontra ao amante perfeito, mas ninguém pode corresponder a esse ideal. Esses amantes são envolvidos por ideais excessivamente atraentes, colocados num pedestal, e é inevitável que em algum momento caiam lá de cima. Suas imagens mentais serão destruídas, embora isso não signifique que você não tenha nenhuma relação com as experiências reais decepcionantes que irá vivenciar... e continuará vivenciando a não ser que se torne mais realista na avaliação de seus relacionamentos íntimos. Parte desse processo pode surgir de um sentimento de inferioridade que você tenta mascarar imitando as pessoas que respeita e, algumas vezes, tentando aquecer-se no brilho do encanto refletido, associando-se a pessoas publicamente famosas, criando, dessa maneira, as suas fantasias. Com certeza, você é muitas vezes influenciado pelos outros; deve evitar que isso aconteça.

Você possui um certo talento criativo e artístico e sua valorização cultura será desenvolvida. O emprego ideal para você deve proporcionar canais para essas formas de expressão pessoal; talvez porque se dedique à escrita, às artes, à fotografia ou aos filmes, pois tem imaginação visual com algum conteúdo interior. Sua abordagem será intelectual e mentalmente ressoante, diferente dos contatos com a Lua, que são emocionalmente mais evocativos. Talvez seja preciso um treino para auxiliar na manifestação desses talentos; o seu principal talento pode ser oferecer substância intelectual e um contexto para criações artísticas, como faz um crítico, mas nesse caso você precisa ter cuidado com um certo grau de intolerância em suas atitudes.

Uma outra área da vida que poderia ser bastante atraente é o fascínio mental pelo mistério e pelas ilusões românticas, os mundos da psicologia, do psiquismo e do misticismo, ou seja, os reinos da mente. Por causa do estreito canal entre as mentes consciente e inconsciente, talvez você se sinta um canal consciente entre ambas, transmitindo informações à mente racional com exemplos pessoais de comunicação telepática através dos sonhos e de visões proféticas. Se você conseguir moldar a realidade em padrões aceitáveis e se livrar desse impulso, compreendendo realmente como a sua psique atua através da integração dos planetas transpessoais para uma consciência unificada, talvez possa dirigir-se às esferas mentais intangíveis. Entretanto, se ainda não deu esses passos iniciais, ceder à atração por mundos interiores pode não ser sensato, devido à imaginação ativa descontrolada; você poderá voltar-se para dentro e habitar um mundo nebuloso de sonhos criado por você. Portanto, certifique-se de estar avaliando cuidadosamente as idéias, os impulsos e as motivações que penetram em sua mente, vendo se são ilusórios ou uma orientação interior verdadeira. Pode ser difícil saber com certeza, mas é essencial para evitar que você se perca no caminho interior inexplorado.

SEXTIL MERCÚRIO-NETUNO

O sextil oferece um contato mais fácil e fluente entre Netuno e Mercúrio, contato que pode se manifestar melhor na vida cotidiana, onde a faculdade de imaginação pode ser benéfica para você e para os outros. Netuno acrescenta uma qualidade emocionalmente vitalizadora às suas criações mentais, nas quais, algumas vezes, um *insight* intuitivo pode oferecer soluções surpreendentes aos dilemas pessoais. Aqui existem menos evidências das ilusões em geral associadas aos contatos com Netuno, e você ajuda a dispersá-las, uma vez que possui uma mente razoavelmente racional e avaliadora que examina cuidadosamente as experiências e informações, e tenta transformá-las em conhecimentos úteis. Provavelmente, há uma curiosidade inerente, capaz de explorar para além das aparências, não suscetível às idéias ou às pessoas sem antes considerá-las cuidadosamente.

Com freqüência, esse aspecto é encontrado nos mapas de escritores bem-sucedidos, em indivíduos criativos ou em pessoas envolvidas em comunicações; são pessoas que têm a habilidade de perceber as coisas com clareza, que representam uma série de opiniões, atitudes e crenças, e têm uma perspectiva ampla e tolerante em relação à vida. O potencial criativo desse aspecto pode atrair você para esferas que incluem o jornalismo, a educação, os meios de comunicação em geral, a arte, os programas e organizações sociais de bem-estar. Há uma inteligência natural que, muitas vezes, indica a busca de conhecimentos e habilidades mais avançadas, através da educação secundária/universitária. Essa tendência pode levá-lo a associar-se com pessoas que possuam uma tendência intelectual e aquelas com um senso de responsabilidade social desenvolvido. Você tem tendências idealistas, porém menos fascinantes do que a maioria; em razão de seu otimismo social, deve certificar-se de manter uma perspectiva realista. Sua imaginação fértil e a percepção aguda pode levá-lo a contribuir com expressões de mudanças sociais e atos que alertam o público sobre os perigos sociais reais ou possíveis.

Nos relacionamentos e na família, você é capaz de manter uma participação íntima e amorosa, e suas amizades são igualmente ricas e recompensadoras, pois você é uma boa companhia, uma pessoa de fácil relacionamento. Você tem o potencial de qualidades inspiradoras, que, se forem desenvolvidas, podem torná-lo um líder e porta-voz de algum grupo com o qual tenha afinidades, representando-o com habilidade. Seu raciocínio e planejamento estratégico podem ter uma sutileza que algumas pessoas consideram surpreendente, mas que devem ser cuidadosamente desenvolvidos para evitar uma oposição direta, especialmente de adversários sociais mais poderosos. Os únicos pontos com que você precisa ter cuidado é não deixar que os outros o distraiam e o façam perder o ímpeto, seguindo por desvios. Se isso acontecer, será parcialmente por culpa sua, pois você não sabe exatamente o que pretende fazer e talvez precise esclarecer suas intenções e objetivos para não mais tomar esses caminhos falsos. Quanto ao mais, são muitas as oportunidades para aproveitar bem tudo aquilo que esse aspecto pode lhe oferecer.

TRÍGONO MERCÚRIO-NETUNO

O trígono oferece um potencial bastante favorável, pois nele as energias de Netuno e Mercúrio atuam juntas, uma ajudando a definir e focalizar as qualidades positivas e construtivas da outra. Como no sextil, esse aspecto é muitas vezes encontrado nos mapas de indivíduos criativos e bem-sucedidos. A utilização da energia do trígono irá estimular o desenvolvimento de muita criatividade. A essência de seu espírito criativo será a imagem mental evocativa, muitas vezes incluindo profundezas significativas e, às vezes, uma qualidade inspiradora. Você poderia expressá-la com sucesso na arte, na música, nas criações literárias, na poesia, no cinema ou na fotografia. Sua criatividade deve ter substância e contexto e nada de superficial.

A comunicação com os outros é importante. Potencialmente, você transmite com eficiência suas idéias e intenções e é muito hábil na apresentação de suas mensagens. Pode ter preferência por desempenhos dramáticos, mas isso também é bom, pois tudo o que você criar será percebido pelos outros, e ao atrair a atenção das pessoas, será criada uma situação que evoca alguma reação. Você possui o talento para influenciar as mentes pela manipulação sutil, talvez pelo hábil manejo dos meios de comunicação, pois compreende naturalmente os principais padrões de motivação dos outros. Esse talento pode ser ampliado pelo uso da vibração netuniana para enfatizar uma habilidade intuitiva e telepática que às vezes também se manifesta como profecia. É melhor não divulgar ou desenvolver demais essas tendências, mas utilizá-las na vida cotidiana tranqüilamente e sem estardalhaço, principalmente se você puder apoiar e auxiliar as pessoas com a sua empatia.

Há o potencial para ter habilidade de visualização extremamente poderosas, a faculdade para criar telas interiores que lhe possibilitam criar imagens mentais em detalhes e cores, "enxergando-as com os olhos da mente". Em diversas abordagens espirituais modernas, essa habilidade é bastante valorizada e, se usada corretamente, pode ser um importante instrumento para estimular um desenvolvimento espiritual constante. Através da visualização criativa, você pode direcionar ou recriar sua vida e sua personalidade de diversas maneiras; essa habilidade e suas técnicas devem ser exploradas, seja através das paisagens mentais, ou de figuras arquetípicas e simbolismos místicos como as lendas de Arthur e do Santo Graal ou os mitos dos deuses gregos. Explorar esse caminho cria o potencial para abrir portas interiores — mesmo de arquétipos astrológicos —, que são os reinos regidos por Netuno.

É preciso que a consciência e percepção social estejam desenvolvidas, e talvez lhe agrade trabalhar numa área tão ampla, embora sua sensibilidade não seja muito apropriada para o trabalho direto com famílias carentes e problemáticas. Você pode contribuir com seu apoio ou usando seus talentos para focalizar a iniqüidade social. Os outros reconhecerão suas habilidades e, com o tempo, é provável que você descubra que existem diversas formas de expressão a serem exploradas. Manter atitudes positivas e otimistas ajuda as pessoas a transcender o cinismo e a falta de aplicação, levando-as a dar passos próprios em direção ao desenvolvimento. Provavelmente sua perspectiva de vida é equilibrada e, assim, os aspectos triviais e pouco importantes da vida não merecem reverência excessiva; isso também vale para seus relacionamentos, onde a transitoriedade de humor e os atritos não têm uma importância exagerada e somente as coisas positivas são enfatizadas. Isso não significa que as áreas desarmoniosas sejam ignoradas, mas sim que você se baseia sempre no reconhecimento das forças e dos valores importantes do relacionamento que então poderão ser utilizados para lançar uma luz transformadora sobre as dificuldades passageiras.

Você pode ser auto-suficiente, pois geralmente é uma pessoa equilibrada; considera vital valorizar a riqueza de sua vida interior e talvez precise de tempo e espaço para fazê-lo, bem como para manifestar sua habilidade criativa. Uma das áreas nas quais você pode ser eficiente é o discurso público, onde você pode ser bastante persuasivo e ter suas qualidades reconhecidas, embora na ocasião as pessoas possam discordar de suas opiniões.

QUADRATURA MERCÚRIO-NETUNO

Esse aspecto indica dificuldades com uma imaginação hiperativa que interfere nos processos lógicos e racionais do pensamento; isso pode resultar em auto-ilusões e numa versão própria de verdade e realidade. Mentalmente, você talvez prefira evitar e fugir do confronto direto com os aspectos da vida que considera desagradáveis, como as verdades pessoais e os problemas sociais. Algumas vezes, a sua lógica é bastante tortuosa, muito pessoal ou abstraída, o que dificulta a comunicação consigo mesmo e com os outros; uma vez que geralmente ela absorve uma influência imaginativa, ela pode ocultar a verdade. Você tende a evitar as responsabilidades, principalmente as domésticas, familiares e conjugais, pois sente-se desconfortável com suas emoções, o que muitas vezes torna-o irresponsável com os outros. Talvez existam fatores em sua vida anterior que ajudaram a provocar essa atitude — relacionamentos com os pais ou da infância que agravaram essa tendência inata ao escapismo —, mas uma das conseqüências disso pode ser a distorção das imagens no nível mental da própria identidade e da atividade intelectual, bem como uma diminuição da confiança pessoal.

Você pode dar alguns passos para melhorar as coisas. O primeiro envolve disposição para enfrentar as realidades de si mesmo e do mundo, de modo que uma perspectiva mais clara se estabeleça. É essencial haver uma integração maior da sensibilidade de Netuno, mas para absorvê-la em uma vida renovada e não como mais uma desculpa para tendências escapistas. Desenvolvido isso, você poderá reorganizar sua mente para que ela atue através de canais de expressão mais produtivos. À medida que sua autoconfiança aumentar, através da auto-avaliação construtiva e do reconhecimento dos talentos adormecidos associados à energia netuniana reprimida, você será conduzido a uma libertação seqüencial da energia bloqueada e a introduzirá em sua vida. Você notará que as antigas restrições e limitações vão estar se dissolvendo. Não as estabeleça novamente e aprenda a aproveitar suas vantagens. Talvez seja necessário tempo e esforço para criar uma nova estrutura disciplinada em sua mente; mas se você persistir, as tentativas para treiná-la e reprogramá-la trarão benefícios e poderão conduzi-lo a direções criativas e socialmente orientadas. Contudo, para dar esses últimos passos, talvez seja necessário ter mais clareza quanto aos seus objetivos, dedicando-se a realizá-los um a um. Como parte dessa transformação — e para solucionar as tensões interiores da quadratura — talvez você prefira procurar formas de expressão que contenham uma dimensão social e possam oferecer alguma solução para os problemas sociais. Ao prestar serviço a outras pessoas, vai descobrir que os seus problemas foram resolvidos de maneira surpreendente, especialmente porque a sua obsessão por problemas pessoais é dissipada pela reorientação do fluxo de sua energia.

Embora muitas vezes você tenha *insights* sobre as motivações das outras pessoas, precisa ter mais clareza a respeito de sua própria natureza. Os relacionamentos podem continuar problemáticos até que você alcance um grau de mudança pessoal; é bom ter cautela com seus compromissos emocionais. Isso, basicamente porque os elementos de ilusão podem perturbá-lo e você tem a tendência a fugir dos fatos que não quer ver, por exemplo, querer que continue um relacionamento que não é mutuamente satisfatório. Os sonhos com relação ao parceiro ideal estarão presentes e é sempre difícil não projetá-los sobre a pessoa e usá-los como referências de comparação. Algumas pessoas podem aproveitar-se emocionalmente de você; talvez experimente a síndrome da vítima da vibração netuniana, tornando-se presa de suas próprias tendências e dos desejos egoístas de outras pessoas. Contudo, à medida que você for mudando, aumentará seu potencial para manter relacionamentos melhores e mais satisfatórios, ao mesmo tempo em que a clareza se intensificará. Como sempre, a decisão de mudar é sua.

OPOSIÇÃO MERCÚRIO-NETUNO

Semelhante à quadratura, há indicações de incapacidade para distinguir nitidamente o real do irreal e um bloqueio da faculdade criativa e imaginativa. A chave para solucionar esses problemas talvez esteja nos seus relacionamentos com os outros e especialmente nas projeções de çua própria psique, que você transfere para o mundo, distorcendo sua própria percepção e seu *insight*.

Com freqüência, sua sensibilidade e suscetibilidade às influências do meio ambiente provocam insegurança interior e medo de sentir-se sobrecarregado. Pode existir uma habilidade telepática inconsciente que lhe transmite os pensamentos e motivações das outras pessoas, o que pode levar à confusão em seus relacionamentos como, por exemplo, as pessoas dizerem uma coisa e você estar "recebendo" um conjunto de impressões totalmente contraditórias num nível mais sutil, registrando tudo como uma sensação de desconforto, inquietação e falta de confiança. Nesse contexto, você acha difícil acreditar na evidência de suas próprias sensações: essa atitude terá um impacto direto em sua maneira de comunicar-se com os outros. Quando a realidade torna-se confusa e distorcida, alguns reagem imaginando conspirações e entram num estado paranóico em reação às sensações intangíveis que estão sendo controladas e distorcidas por uma imaginação netuniana não integrada.

Em geral, você é socialmente "suscetível" e reage violentamente contra a falta de consideração, real ou imaginária; isso age como um ponto fraco em sua personalidade, especialmente porque lhe falta uma confiança fortalecedora. Seu estilo não é competitivo, embora não o torne imune às influências de outros espíritos competitivos em seu ambiente, aqueles que, na escalada para o topo, são facilmente rudes com você. Algumas vezes você age como vítima; adquire essa tendência de outras pessoas e passa a lamentar seu próprio destino e decepções, enquanto elas têm sucesso. Talvez não seja aconselhável envolver-se em disputas no trabalho. Suas próprias dádivas poderão florescer de modo mais eficaz se você se afastar de competições sociais. Talvez a chave seja explorar talentos criativos latentes ou algum tipo de emprego, onde a colaboração seja a dinâmica subjacente e proporcione maior satisfação; mas, como até nesse caso a natureza humana se intromete, a única resposta poderá ser um trabalho isolado e independente.

É essencial que você se purifique das influências enganosas, não apenas as externas que o afetam mas também o padrão que as cria em sua própria percepção e avaliação. Sonhos irreais inatingíveis ou jamais realizados são sintomáticos da ilusão. Por exemplo, você cria em sua imaginação aspirações elevadas que, devido à sua "natureza perfeita", estão além da compreensão de qualquer um embora cintilem em sua pureza imaculada. Finalmente, não existe valor real na auto-ilusão. É perda de tempo e nunca conduz à satisfação. Talvez ajude a evitar o confronto de um vazio interior doloroso, mas que pode ser mais bem preenchido com algo mais real, mais possível e pessoalmente significativo. É preciso esforçar-se. Todos podem sonhar, milhões de pessoas sonham, mas ao menos a tentativa de realização desses sonhos dá uma direção em que se concentrar. A falsa ingenuidade deve ser abandonada, assim como os aspectos fictícios de sua vida e de sua abordagem da auto-avaliação.

Uma comunicação mais direta, interna e externa, trará benefícios e destruirá a influência repressora de enganos ilusórios, levando à compreensão de sua própria natureza e a dos outros e permitindo que você passe da ilusão para a realidade, aumentando a luz no mundo. A "redenção" pessoal é sempre positiva dentro de um contexto social mais amplo.

CONJUNÇÃO VÊNUS-NETUNO

Essa conjunção de Netuno e Vênus indica a provável presença de um elevado grau de idealização nas esferas dos relacionamentos românticos, imagens de "parceiros perfeitos" que emanam de um ofuscamento provocado por padrões interiores da *anima* (nos homens) ou do *animus* (nas mulheres), formados na mente inconsciente. Quando essas imagens de perfeição são evocadas por poderosas emoções de amor, luxúria, paixão e atração por outra pessoa, são projetadas no ser amado criando um encanto fascinante — até que a frágil natureza humana reafirme sua presença e as imagens desmoronem, provocando um período de desencanto em que o outro não se encaixa mais no padrão de perfeição que você lhe atribuiu.

Essencialmente, você terá uma atitude confiante que às vezes pode se tornar insensata e ingênua, resultando em enganos e exploração. Essa sensibilidade emocional torna-o extremamente vulnerável e, muitas vezes, é fonte de dificuldades em seus relacionamentos pessoais e íntimos. Uma vez que você detesta confrontos e tende a ser mais passivo e generoso, irá fugir da agressividade emocional e insensibilidade demonstradas por qualquer pessoa. Para você, o relacionamento ideal inclui uma cultura refinada, a arte, a música e a literatura, como interesses comuns e talentos pessoais, em que predominam os conceitos e os ambientes de beleza e harmonia, e criam um estilo de vida calmo e tranquilo. Você valoriza os prazeres mais sutis da vida, pois tem um senso estético sensível e perceptivo, por isso os padrões esperados de um parceiro e de um estilo de vida serão elevados e exigentes.

Há uma imaginação vívida e ativa que procura enxergar e criar harmonia e beleza capazes de refletir artisticamente as tendências contemporâneas na arte, na música, na literatura, na moda e na cultura em geral. Seu coração é afetuoso e terno, e muitas vezes essa sensibilidade não se adequa a grande parte dos ambientes desarmoniosos do mundo moderno; você detesta as multidões e prefere cenários culturais sofisticados, formados por um pequeno grupo de pessoas inteligentes e bem-sucedidas. Ser uma pessoa delicada no mundo moderno movido por poderosas mudanças pode ser perturbador. Por esse motivo, muitas vezes você põe óculos com lentes cor-de-rosa para que a dura realidade e a aridez de determinados aspectos não sejam claramente percebidas e permaneçam a distância. Você não pode evitar o mundo; essas experiências abrasivas estimulam distúrbios em sua vida, como se tentassem obrigá-lo a vê-las sem distorções. Essa tendência persiste quando é necessário avaliar as pessoas de modo realista, especialmente no caso das projeções; com freqüência, você fica desapontado quando a verdadeira natureza delas se revela.

Às vezes, você é bastante impressionável, especialmente pela empatia com os outros. Se não houver clareza e foco, você pode tornar-se novamente um idealista e um sonhador pouco prático. Talvez tenha que se firmar sobre os seus próprios pés e apoiar-se menos nas outras pessoas. Alguns podem conseguir expressar diferentes graus de amor universal, curando pela compreensão espiritual e aceitação dos outros; mas, ao percorrer esse caminho, o coração é crucificado por desejar compartilhar o sofrimento do mundo.

SEXTIL VÊNUS-NETUNO

Com o sextil, a sensibilidade ainda está presente, embora não seja tão intensa; a mente está mais orientada para o mundo exterior e há uma capacidade de trabalhar efetivamente com as pessoas em nome da harmonia social. Com o sextil, a criatividade e a comunicação intensifica-se; essas dádivas são utilizadas na criação de formas significativas e evocativas, como arte, a música e a literatura, que muitos consideram ressoantes e inspiradoras. A imaginação é ativa e fértil e existem canais pelos quais as imagens podem fluir naturalmente; esse talento criativo pode enriquecer a sua vida, desde que seja bem liberado. Você prefere enfatizar os aspectos positivos e benéficos da vida e da natureza humana; é basicamente uma pessoa otimista, embora talvez ainda exista em você um traço realista, que acrescenta um certo equilíbrio.

Apesar de suas emoções serem muito generalizadas e difusas para se restringirem a uma única pessoa, sua perspectiva básica é a compaixão universal, unida à compreensão e à aceitação da natureza humana. Talvez você descubra que se tornou confidente de outras pessoas, desempenhando o papel de conselheiro e ajudando as pessoas em dificuldades. Os aspectos afetivos representados por Vênus e Netuno (individuais e universais) fluem juntos; a emoção expressada pelo coração e pela mente é muito confortadora e tranqüilizante para outras pessoas e freqüentemente possui qualidades curativas. Essa emoção poderia expressar-se formalmente na medicina e na psicoterapia; você pode ser um competente solucionador de conflitos, pois harmoniza as tensões entre as pessoas. Caso decida atuar no mundo externo, o trabalho social e comunitário são atraentes. Alguns preferem atuar nos reinos interiores e decidem utilizar seus talentos na música, na arte e na literatura, para expressar qualidades semelhantes ao mundo.

Particularmente, você tem ideais românticos, em geral aliando-se a indivíduos que pensam e sentem como você, especialmente aqueles com tendências místicas e sensitivas. É provável que procure relacionamentos amorosos ideais, o que pode deixá-lo bastante vulnerável ao sofrimento e desilusões, especialmente porque os outros não conseguem corresponder às suas expectativas que, provavelmente, são irracionais. Você tende a elevar seus casos amorosos a reinos sublimes, usando-os como uma ladeira mística para alcançar as sutis terras espirituais, que são o seu paraíso ideal. Com freqüência, suas emoções estão associadas a uma importância mística e religiosa e o sextil e o trígono já foram descritos como "amantes do universo". Os relacionamentos podem ser uma área de sacrifício, uma esfera de transformação, bem como uma área que o força a chegar a um acordo com o mundo real pelo compromisso com os outros e a compreensão de que, para existir harmonia, talvez seja necessário engajar-se em difíceis batalhas emocionais e fazer ajustes. Sob pressão, você pode se fechar dentro do seu mundo interior idealizado e cair num estado de apatia e inércia, enquanto renova e prepara sua sensibilidade para enfrentar o mundo novamente. Seus dons e talentos naturais poderiam ser usados para devolver a beleza e a harmonia para as pessoas e para o mundo, tornando-o mais parecido com seu sonho ideal de um universo perfeito; portanto, olhe nessa direção para expressar sua criatividade.

TRÍGONO VÊNUS-NETUNO

Existem várias semelhanças entre o trígono e o sextil, baseadas na sensibilidade fluida e na imaginação criativa, que são o potencial desse aspecto. O trígono possui uma função de reconciliação entre os planetas, e com Netuno e Vênus existe uma fusão essencial de qualidades e características afins. Aqui, o desafio pode ser pôr em prática o seu potencial inato, pois a pressão interior para solucionar conflitos pessoais pela libertação da energia em expressões criativas é relativamente pequena. Deve haver uma valorização cultural artística, acrescida de um talento artístico que pode ser explorado, principalmente nas áreas da música, da arte, da escrita, da dança e do teatro. Sendo receptivo às dimensões mais sutis da vida e preferindo ideais mais elevados, suas criações artísticas provavelmente refletem essa percepção e sensibilidade, incluindo-se aí um nível elevado de emoção purificada e conteúdo intelectual. Essa qualidade de idealismo e romance que permeia suas criações podem entrar em choque com o mundo real, talvez até pela negação de experiências mais difíceis; mas se for bem expressada, pode indicar uma futura direção a que as pessoas poderão aspirar: uma visão de beleza e harmonia. Você acredita que grande parte do valor na vida está na consciência sensível e sofisticada e que esse desenvolvimento cultural aprofunda o senso de propósito e significado do indivíduo.

Você gosta de estar com outras pessoas e geralmente é uma companhia agradável mas, devido a sua presença positiva e tranqüilizadora, pode-se ver na obrigação de apoiar os amigos que passam por períodos de crises. Você é um bom ouvinte e pode oferecer conselhos válidos; os amigos sentem que você não os condena por seus erros e que o espírito de aceitação da natureza humana é, em si, uma força curativa. Você demonstra empatia e compreensão, e os outros sentem-se seguros em sua companhia, muitas vezes confiando-lhe os problemas; mas suas atitudes permissivas podem ser utilizadas pelas pessoas como desculpa para que continuem no caminho que estão seguindo. Reconhecer as falhas humanas é uma atitude compassiva e realista, mas ajudar os outros a se libertar dos problemas, muitas vezes pode exigir conselhos essencialmente mais diretos e desafiadores que reflitam respostas que talvez não queiram ser ouvidas, mesmo que seja a resposta certa para seus problemas. A verdadeira compaixão não é suave; às vezes, a solução exige uma atitude mais severa.

Você prefere associar-se a indivíduos igualmente artísticos e sofisticados, pessoas envolvidas com o desenvolvimento pessoal e que manifestam insatisfação com os diversos aspectos da sociedade contemporânea. Pode haver preferência por discussões sobre as questões sociais, porém não há um envolvimento direto para transformá-las. Talvez seja melhor buscar canais mais adequados para transformar suas respostas em métodos construtivos. Algumas vezes, a regra pode ser a complacência, especialmente quando seu estilo de vida é basicamente satisfatório e imune às conseqüências mais negativas do declínio e decadência social.

O desafio é tornar-se mais prático; a criatividade deve ser dirigida nesse sentido, caso contrário sua imaginação será desperdiçada e raramente ancorada em formas objetivas. Às vezes, sua vida amorosa pode ser incomum, em geral pela sensação de "inevitabilidade" em relação a parceiros e amantes.

Quadratura Vênus-Netuno

Com a quadratura, há dificuldades com a inibição das emoções, da criatividade e dos relacionamentos. Parte dessa dificuldade surge dos sentimentos extremamente suscetíveis que nunca foram integrados adequadamente. Outra fonte importante é a imaginação irrealista, que tende a criar realidades escapistas pelas quais você pode evitar o confronto com os aspectos da vida que considera desagradáveis ou são muitos dolorosos.

A quadratura é um dos aspectos de Netuno que estimula as névoas e brumas do nível emocional, criando uma incapacidade de enxergar com clareza, uma tendência a fazer julgamentos incorretos, e estimula tendências ao auto-engano e à distorção mental. Algumas vezes, você prefere "acreditar" nessas névoas interiores para não enxergar as situações reais e verdadeiras em relação a si mesmo e seus relacionamentos. Com freqüência, esses problemas enraizados emocionalmente estão associados a impulsos da mente inconsciente; pode haver um padrão atuante de culpa, de auto-sacrifício e martírio num nível inconsciente bastante profundo.

Esses fatores o tornam vulnerável à ilusão, propenso a sofrer com suas projeções e filtros da realidade e com as escolhas e atos alheios que possam, igualmente, estar sofrendo influências psicológicas. Devido à inquietação de suas emoções, pode ser bastante agressivo quando acha que as pessoas estão contra você, ocorrendo disputas nos relacionamentos ou no trabalho. Pode haver uma reação contra a convivência constante no trabalho e na vida social, em geral provocada por aquela empatia passiva e inconsciente capaz de aumentar o nível de tensão e estresse. Essas correntes psíquicas penetram em sua "aura" e na sua mente num nível inconsciente e influenciarão seu bem-estar, a menos que você veja o que está acontecendo e tome uma atitude para libertar essas energias indesejáveis do seu sistema corporal-emocional-mental.

Os relacionamentos íntimos podem ser uma fonte de desafios, principalmente se você estiver emocionalmente comprometido, pois, muitas vezes a escolha do parceiro é resultado de um julgamento incorreto. A menos que você já tenha purificado psicologicamente seu nível emocional distorcido, descobrirá que o casamento revela uma falta de honestidade de relação direta, e que a atração baseava-se apenas em paixões transitórias, em ilusões e na sua necessidade de confiar em alguém. Talvez essa preocupação com os fluxos emocionais interiores torne você menos apto a lidar com o mundo material, tomando decisões financeiras imprudentes que podem causar um impacto negativo sobre as bases econômicas da família e do casamento.

Você tem necessidade de acreditar nos outros, numa ideologia ou religião. É basicamente idealista, e provavelmente tem atração por cultos minoritários ou religiões exóticas, pelos seus estranhos encantos e fascinações. Se não forem abordados com cuidado, poderão se tornar uma semente de confusões e distorções e talvez você descubra que não discrimina bem suas escolhas. De diversas formas, esse é um sintoma da necessidade interior de transformação, de redimir os padrões negativos que dominam sua vida. A sexualidade, um poderoso aspecto do impulso em direção aos relacionamentos, pode ser uma área importante para expressar esses dilemas. Isso se revela na necessidade de múltiplos parceiros, na procura do amante perfeito e inatingível, mesmo que você não esteja pronto nem ansioso por assumir um compromisso com uma pessoa de carne e osso. Talvez isso se deva à excessiva imaginação sexual, onde as imagens mentais e os desejos sexuais não satisfeitos podem estar entrelaçados aos complexos emocionais subjacentes e reprimidos, ou secretamente praticados, colaborando para construir uma área negativa em sua vida.

Provavelmente serão necessárias mudanças para integrar a energia de Netuno em sua vida, de modo que ela pare de exibir sua face mais negativa de indecisão. Sua atitude nos relacionamentos precisa ser redefinida: abandone as paranóias e as tendências a explorar ou ser explorado. É preferível permanecer livre e independente, no mínimo como um processo inicial de purificação. Encarar a realidade e tranformar a experiência em sabedoria e *insight* é o primeiro passo para seguir adiante e reconstruir a percepção básica de sua própria natureza e de outras pessoas. O caminho ideal é buscar formas de meditação e de autoterapia, o que vai permitir que você comece a se libertar dos antigos padrões e, ao destruir as velhas ilusões, descubra um novo centro e veja com novos olhos. A prática da meditação liberta-nos dos condicionamentos e redireciona o fluxo de energia da mente para o interior, onde ela passa a agir como um diluidor dos padrões psicológicos restritivos. Isso fortalecerá a autodisciplina e permitirá que você reassuma o controle e a direção de sua vida. Aceitar a responsabilidade por suas escolhas, decisões e ações criará uma base firme para lidar com a esfera mais complexa das sensibilidades emocionais, mesmo que seja necessário algum tempo e esforço para atingir a compreensão. Esse é o ponto de resolução da maior parte dos conflitos em sua vida e, portanto, a chave para uma futura experiência significativa e satisfatória.

OPOSIÇÃO VÊNUS-NETUNO

Embora a quadratura esteja associada a mudanças estimuladas pelo sofrimento provocado pela tensão e frustração interiores, o foco da oposição geralmente é projetado para fora, nas pessoas e no mundo, de onde retorna e é novamente refletido como fonte de conflitos. Provavelmente isso se manifesta numa atitude de desconfiança que você tem em relação à vida, talvez baseada em experiências reais em que você foi vítima de enganos, ou decepcionou-se com os outros por deixarem de cumprir promessas reais ou implícitas. Como a "energia vem depois do pensamento", é provável que você esteja recebendo de volta as conseqüências de seu próprio padrão interior, desde que projeta no mundo um padrão de desconfiança e suspeita.

Muitas vezes, essa atitude é formada por fatores inconscientes, não solucionados e não integrados que se associam à influência de Netuno atuando através de uma sensibilidade e vulnerabilidade emocional exageradas. Como a força de sua imaginação é potencialmente muito forte, se for mal utilizada ou ignorada, as necessidades e os desejos inconscientes criarão motivações compulsivas ao redor de fantasias particulares e percepções distorcidas da realidade. Essas pressões internas afetam a estabilidade e o conteúdo de seu nível emocional, podendo resultar em mudanças de humor e incertezas quanto à consistência de seus sentimentos. Obviamente, isso afetará os relacionamentos íntimos, apresentando-se como diversos enganos consigo mesmo e no relacionamento amoroso. O "inimigo" que você projeta "lá fora" está oculto dentro de você. Os padrões netuanianos relacionados à vítima, ao sacrifício e ao mártir podem emergir e se expressar através de você para os outros, fazendo-o explorar os poderes de sedução sexual para a sua própria gratificação. Talvez lhe agrade a preocupação sensual, embora possa encenar as sementes da sua destruição, uma vez que, provavelmente, você tenha tendência aos vícios associados ao álcool, às drogas e ao sexo. Seria muito imprudente render-se a esse padrão, pois refletiria um Netuno não integrado.

É preciso ter mais clareza e honestidade nos relacionamentos ou as conseqüências virão através de enganos ligados a seus próprios casos amorosos secretos ou nos de um parceiro. A confiança será uma casualidade e, se não for corretamente percebida, servirá apenas para intensificar a chama de suas desconfianças projetadas para fora. O casamento pode se tornar um campo de batalhas e um foco de pressões e tensões. Algumas pessoas perceberão isso como uma "vibração hostil" com a qual é desagradável permanecer em contato por longos períodos.

Aprender a reconhecer essas projeções é um primeiro passo importante: você percebe de que maneira está criando suas próprias experiências e de que modo as influências inconscientes e os padrões de motivação são refletidos de volta através das experiências exteriores. O próximo passo é reabsorvê-las e aceitar a responsabilidade que tem por elas. Se conseguir isso até certo ponto, a energia será liberada permitindo que você entre em contato com a natureza positiva de Netuno. Você já possui um tipo de idealismo, que já foi danificado pelas projeções que retornaram a você; portanto, esse idealismo deve ser reestimulado e integrado com bases numa nova perspectiva de si mesmo. As névoas que o distorcem precisam ser dispersadas e os antigos sonhos irrealistas, abandonados. Você também possui um potencial criativo relativamente inexplorado que também poderia ser despertado para a ação e expressado à sua própria maneira. Não há razão para não agir efetivamente de modo a transformar os aspectos de sua vida, a não ser por uma inércia e apatia voluntárias ou por não ver que deve assumir a responsabilidade pelo controle de sua vida. Quando se inicia a verdadeira transformação — mesmo que o primeiro passo seja difícil — pequenos ou grandes milagres ocorrerão em sua vida interior, sustentando os esforços pessoais para realizar as mudanças. Por sua contribuição pessoal, a vida se tornará generosa, valorizada e enriquecida; você receberá do mundo aquilo que der a ele. É uma mensagem simples, mas a chave para a solução de conflitos.

CONJUNÇÃO MARTE-NETUNO

Essa conjunção pode apresentar diversas dificuldades na escolha das ações, onde você pode ter de se esforçar para estabelecer os seus verdadeiros objetivos, para tomar uma decisão final e tentar atingi-los e certificar-se de estar se esforçando o suficiente para garantir o sucesso. Um Netuno não integrado pode destruir essa vontade focalizada, dificultando a clareza. Além disso, você tende a não aceitar as conseqüências de suas escolhas, provavelmente recusando-se a reconhecer a sua responsabilidade quando as ações levam ao fracasso ou a resultados negativos.

Parte dessa atitude origina-se na falta de considerações prévias e na disposição para agir somente por impulsos, embora muitas vezes essa atitude seja usada como um estímulo à decisão. "Eu não sabia que seria assim..." é uma frase usada como desculpa defensiva e provavelmente é verdadeira, uma vez que as possíveis repercussões não foram avaliadas. Porém, insistir nessa abordagem é evitar a responsabilidade pessoal. Talvez você perceba que a maioria das ações impulsivas, sob certos aspectos não dão certo e raramente satisfazem sua intenção inicial.

Essa questão relacionada à escolha e à ação deve ser esclarecida e solucionada. Você vai descobrir que é bom parar antes de agir impulsivamente; é melhor pensar e considerar os resultados prováveis de sua decisão. Só então enxergará os caminhos alternativos ou mesmo desistir de realizar a ação. Como Marte irá influenciá-lo a ser dinamicamente agressivo, você também deve considerar os efeitos sobre as outras pessoas, especialmente os familiares e amigos mais próximos. Dessa maneira, poderá modificar suas tendências autocentradas e ter certeza de que sua insensibilidade não provocará sofrimentos desnecessários a ninguém.

Você pode ser bastante atraente para as outras pessoas, pois as energias de Marte e Netuno combinam-se para criar um encanto potencialmente dinâmico, embora essa aparente combinação de ação e sensibilidade seja muitas vezes superficial, quando as características de Marte dominam as características mais sutis de Netuno, o que freqüentemente acontece. As qualidades netunianas manifestam-se sob a forma de uma personalidade flexível, um conjunto de máscaras e imagens que você assume automaticamente em seus relacionamentos pessoais e no ambiente social e profissional. Você reconhece que isso provoca confusão interior, especialmente no que diz respeito às decisões, mas elas são convenientes para a autoprojeção. Você gosta de brincar com essas máscaras e sentir que suas verdadeiras intenções estão ocultas numa *persona* secreta; na verdade, você não gosta que o conheçam muito bem.

Por isso age atrás de imagens; é freqüente existir um lado dramático em sua natureza que pode ser expressado criativamente, até mesmo no teatro, onde a imaginação floresce numa situação evocativa e você desempenha um papel, ocultando-se por trás da máscara. Certamente irá desenvolver uma imagem favorita de si mesmo e projetá-la externamente para que os outros o vejam através dela. Alguns têm afinidades com a medicina ou habilidades de cura; mesmo nessas circunstâncias você pode esconder-se atrás da imagem do enfermeiro, do médico, do consultor ou do conselheiro psicológico. Alternativamente, seus sonhos e desejos podem ser irrealistas; embora você almeje o *status* para se realizar, a falta de vontade, de senso prático e a indisciplina o derrotam. Essencialmente, essa imagem de auto-elevação pode existir só na sua imaginação.

Mas você pode melhorar as coisas. É importante sentir-se capaz de libertar sua imaginação bloqueada no dia-a-dia, pois, apesar de a princípio esse movimento parecer atraente e ineficaz, você aprenderá a dirigi-lo para intenções deliberadas e usá-lo como uma poderosa energia para atingir seus objetivos. Para o bom aproveitamento desse processo de imaginação mental, são recomendadas técnicas de visualização criativa que poderão ajudá-lo a recriar sua vida. Os planejamentos futuros o ajudarão a obter maior controle, diminuindo as chances de que alguma coisa não considerada venha a destruir suas intenções. Outra forma de ajudar a si mesmo é trabalhar muito para adquirir habilidades viáveis; caso contrário, o Netuno não integrado servirá para destruir esses sonhos em vez de ajudar a realizá-los.

Nos relacionamentos íntimos provavelmente será necessário ter mais consciência. Uma combinação entre o impulsivo Marte e a tendência auto-ilusória de Netuno pode conspirar para lhe mostrar o sofrimento de ilusões decepcionantes no amor. Marte vai estimulá-lo a envolver-se em casos ardentes, aprisioná-lo aos encantos de um novo amante mas, se você agir por motivações puramente inconscientes haverá a probabilidade de conhecer o sofrimento como uma advertência para ficar mais atento da próxima vez! Tenha cuidado com qualquer tendência pessoal ao auto-engano, ou a enganar ou ser enganado pelos outros; isso pode acontecer e talvez esteja associado à esfera da casa natal da conjunção. Tente permanecer honesto e franco, pois a comunicação é vital nos relacionamentos; você tende a ser emocionalmente vulnerável e ter necessidades emocionais incomuns e, por isso, a qualidade de seus relacionamentos íntimos deve ser idealmente elevada.

SEXTIL MARTE-NETUNO

O sextil oferece mais equilíbrio entre as características desses dois planetas e, portanto, as qualidades positivas podem manifestar-se com mais facilidade. O bloqueio de energia que pode causar problemas nas ações e decisões na conjunção é libertado e tende a fluir para esferas de criatividade e serviço aos outros.

A tendência marciana à paixão impulsiva transforma-se num espírito basicamente generoso e compassivo, tornando-o consciente e sensível às necessidades das pessoas menos afortunadas. Você possui um eficiente equilíbrio da individualidade, o que o impede de ser excessivamente agressivo ou excessivamente passivo; você não é explorador nem vítima.

Geralmente, seu nível de energia é elevado e vital, e pode encontrar canais de expressão em diversos caminhos. Você tem habilidade para curar, pois utiliza sua vitalidade magnética para apoiar o processo de cura e, dessa maneira, os outros convencem-se de que você é capaz de proporcionar-lhes bem-estar. Talvez existam habilidades sutis associadas a uma sensibilidade psíquica presente ou que poderia ser desenvolvida. Por ter um senso de responsabilidade social, você pode se realizar trabalhando nessa esfera de vida, onde vai ajudar a solucionar as necessidades sociais e melhorar o destino das pessoas; com certeza, sentirá atração por envolvimentos desse tipo. A confiança e a inspiração que pode oferecer podem ser enriquecedoras para muitos colaboradores e aos que recebem a sua contribuição.

Talvez agradem-lhe os canais individualmente criativos, como o teatro, a dança e as habilidades visuais, como fotografia e cinema. A cultura física provavelmente é importante, especialmente na juventude, e você sente prazer em se expressar através de movimentos físicos e a dança, onde a fluência e a graça estarão presentes. Mais tarde, isso pode se transformar em interesse pelo trabalho corporal da hatha ioga, que mantém a flexibilidade corporal e melhora a saúde. Esses tipos de criatividade tendem a se focalizar no uso evoluído do corpo ou dos sentidos físicos, em lugar das expressões criativas mais intelectualizadas.

Potencialmente, seus relacionamentos podem ser bem-sucedidos e satisfatórios, e você se esforçará para que eles permaneçam assim, para si e para seu parceiro. Graças à sua visão otimista, você percebe as qualidades mais elevadas de um amante, embora reconheça que as pessoas são humanas e propensas a expressar mais tendências inferiores do que seria ideal. A tolerância e compreensão da fraqueza humana estarão presentes e sua confiança será retribuída. Muito irá depender da escolha do parceiro, e essa escolha dependerá parcialmente de uma avaliação realista de suas próprias necessidades, especialmente as físicas e emocionais mais poderosas, e daquilo que é exigido de um parceiro adequado. Porém, basicamente, sua atitude é "dar e receber" de um modo razoavelmente tranqüilo e realista diante das pressões da vida a dois no casamento. A qualidade da comunicação mútua é essencial; você valoriza muito uma abordagem direta e honesta, sempre proveitosa, desde que pelo menos um dos parceiros conheça a real natureza da situação.

TRÍGONO MARTE-NETUNO

As energias do trígono permitem que você se torne um idealista prático, em cujas experiências as esferas dos relacionamentos pessoais e as obrigações sociais são realçadas. Marte irá lhe oferecer uma fonte de energia, e Netuno indicará as direções apropriadas para se expressar.

Isso é mostrado pela sensibilidade aos problemas dos outros, individualmente ou numa escala coletiva mais impessoal, e você se sentirá motivado a compartilhar a responsabilidade social. Felizmente, a maioria de seus objetivos pessoais podem ser alcançados dentro dessa estrutura, e assim você vai ser atraído para trabalhos socialmente orientados, especialmente nas esferas do bem-estar, da medicina, da ajuda comunitária e da terapia física. Nessas áreas, você se sente capaz de compartilhar sua energia ajudando as pessoas com dificuldades na vida, talvez por problemas de saúde, pelas condições sociais desfavoráveis ou por problemas familiares. Há uma solidariedade natural e sua abordagem compassiva fará com que muitas pessoas dividam os problemas com você. Às vezes, poderá precisar purificar-se do "sofrimento acumulado" durante esse trabalho; nesse caso, são aconselháveis técnicas de meditação para liberar a negatividade ou protegê-lo psiquicamente; caso contrário, você poderá sentir uma diminuição de seu nível de vitalidade sob o peso dos fardos que escolheu carregar.

Mesmo que não adote o caminho netuniano como profissão, seus amigos íntimos reconhecerão em você essa qualidade de apoio, e com freqüência virão em busca de ajuda e de um ouvinte sincero; eles se despedem mais aliviados, mais inspirados e compartilhando sua confiante energia positiva (no mínimo, achando que lidarão bem com a situação). Esse é um aspecto da energia de cura que você pode transmitir e que muitas vezes está relacionada a uma sensibilidade aguçada em relação ao ambiente e às emoções das pessoas. A empatia é a chave para sua eficiência potencial nos relacionamentos e o conhecimento intuitivo de como reagir e que tipo de apoio deve ser oferecido. Alguns podem conscientemente sentir-se atraídos por áreas de técnicas de cura espiritual/ocultista, o que pode ser um eficiente canal a ser explorado.

Sua vida amorosa deve ser razoavelmente satisfatória, muitas vezes enfatizando as energias físicas e emocionais, provavelmente com alguns romances intensos e apaixonados. Quando você se decidir por um parceiro, valorizará essas profundas ligações emocionais, as sutis empatias e os sentimentos do relacionamento verdadeiro que podem ser estabelecidos pelo amor mútuo. Geralmente, suas parceiras são honestas e diretas: a amizade e a boa vontade com o outro são fortes e os sentimentos genuínos pelas pessoas com quem compartilhou sua intimidade podem persistir, mesmo depois que os relacionamentos terminam. Alguns deles terminam em amargura e conflitos; embora você reconheça que o amor pode acabar, prefere separar-se sem brigas. As pessoas podem beneficiar-se do contato com você, e ao encontrar o parceiro adequado terá a oportunidade de compartilhar um crescimento interior considerável e o prazer mútuo.

Talvez exista uma atração por expressões mais dramáticas das energias desses dois planetas, como a área em que você possa brilhar, no teatro, na dança ou onde a cultura física é enfatizada. Em alguns, a energia marciana para agir está concentrada nas esferas netunianas da criatividade, do planejamento, da arte, da literatura, do cinema e da fotografia. O trígono muitas vezes está presente nos mapas de pessoas criativas, pois a energia ajuda o processo de fixação de idéias, de visões e intenções. Aproveitando ao máximo o potencial e as oportunidades que lhe são oferecidas, você descobrirá que é capaz de atingir seus objetivos; dar espaço a sua imaginação e agir depois é a chave para o sucesso.

QUADRATURA MARTE-NETUNO

A quadratura pode apresentar uma série de tensões e compulsões interiores difíceis de ser reconhecidas e integradas adequadamente. Ela indica a existência de conflito e tensão interior que, muitas vezes, afeta a natureza de seus relacionamentos, especialmente nas esferas emocional e sexual.

A maior parte dos seus impulsos origina-se na mente inconsciente, talvez por isso seja difícil percebê-los ou entender sua natureza. As quadraturas envolvem frustração e aqui as energias de Marte e Netuno inibem-se mutuamente, criando distorções nas formas favoritas de ambas se expressarem. O fluxo interior de energia também é distorcido, com a energia de Marte formando uma corrente intermitente que abrange desde o impulso obsessivo para agir (ou liberar) até quase desaparecer, deixando você com um mínimo de motivação e vitalidade. Com freqüência, a energia de Netuno emerge em sua natureza distorcida, uma vez que podem existir impulsos emocionais desconcertantes, estranhas obsessões e imaginações, ou formas negativas de comportamento padronizado que podem ser essencialmente autodestrutivos pela vulnerabilidade aos vícios netunianos como drogas, álcool e obsessões sexuais compulsivas.

Como pode haver uma inibição para expressar seu eu e seus objetivos de modo eficaz e consistente, isso acabará criando frustrações que provocarão pressões e tensões interiores. Podem se formar divisões na personalidade, quando os aspectos mais negativos da mente inconsciente não integrada explodirem na personalidade consciente e passarem a dominar, quase como uma possessão. Você pode sentir-se impelido a agir de determinadas maneiras e, embora sinta-se confuso, essas poderosas motivações ocultas determinarão suas escolhas.

Talvez haja um "círculo vicioso" em ação, muitas vezes provocado por uma atitude agressiva com a qual você tenta ser determinado. Por causa dos conflitos interiores não solucionados, sua expressão emocional e o relacionamento com os outros muitas vezes são contaminados por vibrações de agressão, que são registradas e geralmente rejeitadas pelas pessoas; o resultado pode ser a rejeição da mão que você estende e de seus objetivos. Contudo, quando essa atitude torna-se um padrão repetitivo, seus conflitos interiores intensificam-se e passam a fazer parte do seu campo de energia que é percebido pelas pessoas sensíveis. Pode ocorrer um distanciamento.

Devido à cegueira interior, você não compreende o que está acontecendo; dessa maneira; reforça o desenvolvimento de um padrão que beira a paranóia, quando passa a imaginar as rejeições e torna-se extremamente sensível a todos os contatos sociais e aos desrespeitos imaginários, agindo agressiva e defensivamente para se proteger. Um grande engano está acontecendo, pois você não pode enxergar esse processo interior. Olhando apenas para o exterior, não vê a fonte de suas dificuldades.

Os relacionamentos sexuais podem ser um importante campo de batalha e um ponto central para muitas dessas tensões. A natureza de sua vida e desejos sexuais provavelmente está até certo ponto distorcida. O sexo e as emoções estão intimimamente ligados e talvez seja essencial fazer uma redefinição através da compreensão. Isso pode tornar-se a essência de suas obsessões e de seu comportamento compulsivo, estimulados por uma imaginação bastante ativa. Existe ansiedade, desconforto e confusão relacionados ao seu impulso sexual. Isso acontece pela falta de oportunidades de intimidade, sobrando poucas opções para a energia frustrada que não seja voltar-se para dentro e ativar uma série de tensões e divisões que deveriam ser curadas e não ampliadas. Talvez sua imaginação se torne excessivamente ativa, criando imagens mentais e desejos sexuais não satisfeitos. Ou talvez você esteja recusando-se a reconhecer e, portanto, reprimindo alguns aspectos de sua expressão natural de sexualidade. Com certeza, essa é uma área de luta interior que muitas vezes leva ao desenvolvimento de um ofuscante padrão de culpa, pelo qual você se sente atraído por casos ilícitos ou atividades sexuais que considera moralmente erradas. Talvez tente recorrer a uma expressão sexual insatisfatória, como a liberação puramente física da energia e das pressões com prostitutas, por exemplo. É crucial que você chegue a um acordo com essa necessidade de liberar-se sexualmente; é essencial descobrir uma abordagem que o satisfaça e que não enfatize ainda mais seus conflitos interiores.

Os relacionamentos fracassados serão bastante comuns até você iniciar a reorientação, a recanalização de suas energias para direções mais adequadas. Talvez você descubra que sua experiência com as tensões inerentes a esse aspecto seja apenas um degrau, porém muita coisa dependerá do resto do mapa; mesmo assim, ainda será exigida alguma modificação, especialmente se houver outros aspectos desafiadores formados com Marte e Netuno.

É preciso enfrentar a realidade, assumindo a responsabilidade por sua situação e vida interiores. Ísso é reconhecer esses conflitos sem sentimentos de culpa, de negação ou condenação pessoal. A aceitação é o primeiro passo; talvez seja difícil, mas é o primeiro passo em direção à solução dos problemas e à cura interior. Pare de condenar mentalmente os outros e de projetar neles a culpa por seus próprios fracassos; contudo, também não culpe a si mesmo, apenas decida-se, no futuro, a mudar as coisas para melhor. Só porque as experiências levaram à criação de padrões repetitivos e frustrantes não significa que essa situação deve continuar. O potencial está ali para que você o modifique. Estude as técnicas de visualização criativa, assuma o controle das áreas de vida que deseja modificar ou solucionar. Comece a procurar formas para integrar as energias de Marte e Netuno de modo que sua imaginação seja utilizada para criar pontes em vez de abismos intransponíveis de neuroses, paranóias, ilusões e desejos sexuais obsessivos. Modifique sua atitude com relação às pessoas, disponha-se a correr riscos para recriar sua vida. Em vez de querer receber, procure onde pode dar, pois isso redirecionará a energia de Netuno para canais construtivos, afastando-a das distorções da energia de Marte e dos desejos sexuais excessivos. Aqui, é necessário sacrificar uma atitude que lhe traja problemas; ao abandonar essa atitude há oportunidade de um renascimento.

Uma das chaves consiste no uso correto da energia emocional e sexual, encontrando uma direção que possa absorver o excesso e a negatividade e transformá-la num trunfo positivo em vez de uma obsessão repleta de culpa. Descubra canais criativos pelos quais possa fluir, manifeste-o através da dança, da arte, da literatura, da música e do teatro. Mesmo que as criações originais não sejam belas ou harmoniosas, tenha certeza de que, com o tempo, a qualidade irá se modificar pois a cura interior continuará pela liberação desses venenos que só fazem frustrá-lo. Em vez de ser controlado pela energia, controle-a, planeje e dirija sua vida, deixando que ela siga o caminho escolhido. Finalmente, com persistência, as peças do novo quebra-cabeça irão se ajustar e você entrará numa experiência de vida que irá satisfazê-lo. Enfrente essas batalhas internas e os conflitos irão desaparecer.

OPOSIÇÃO MARTE-NETUNO

A oposição está mais focalizada nos relacionamentos com as pessoas, embora, com freqüência, as projeções interiores sejam a chave de sua natureza problemática. Como na quadratura, a mente inconsciente é ativada por um Netuno frustrado, que provoca distorções na ação e na expressão. Em geral você não conhece a verdadeira natureza de suas motivações interiores e os desejos compulsivos estão escondidos tão bem por trás de uma fachada que nem você tem consciência dos motivos que o fazem agir de determinadas maneiras e do que realmente está fazendo escolhas decisivas em seu lugar. Talvez seja difícil adquirir uma clareza com relação ao *self*, especialmente nas áreas do desejo sexual e emocional, que podem ter uma qualidade compulsiva e controlar suas opções. Essas áreas podem estar realçadas em sua vida de modo excessivo, longe de uma proporção e perspectiva sadias.

Provavelmente você não tem fé nem confiança na vida. A suspeita é uma companhia constante e é através desse filtro que você vê as pessoas, embora muitas vezes ele seja formado por sua própria natureza projetada no mundo como uma sombra. Como poderia confiar em si mesmo se não compreende suas próprias motivações e seus desejos para agir? Contudo, geralmente você é bem intencionado, mas é enganado por suas tendências ao sigilo e à manipulação. Suas atitudes são refletidas de volta para você e, assim, muitas vezes cria-se uma desconfiança mútua, fazendo com que cada vez menos você confie nas pessoas. Por essa razão, algumas vezes você tende a se afastar da atividade social. Talvez seja preciso refinar a atitude escolhida para se afirmar, bem como se afastar dessas características condicionadoras negativas.

É essencial enfrentar a realidade de modo que através da aceitação surja um equilíbrio mais realista nos relacionamentos, um equilíbrio onde seus desejos sejam menos dominadores e ameaçadores e a dimensão emocional seja mais integrada e explorada. Isso ajudará a modificar e redirecionar a energia bloqueada de Netuno, tornando os relacionamentos mais profundos e satisfatórios, bem como uma ponte para renovar sua experiência nas relações sociais. Quando as projeções estiverem sendo afastadas, talvez seja produtivo avaliar suas ambições de vida; pode ser mais eficaz utilizar o intelecto e o bom senso para percebê-las do que seguir um caminho de encantos e desejos compulsivos que, embora temporariamente sejam mais atraentes, levam à destruição do eu e de seus objetivos. Também é sensato evitar estimulantes, pois eles não irão ajudar; um *insight* mais sensível da natureza das seduções e ilusões também será bastante benéfico, especialmente se você estiver envolvido nos reinos espirituais ou ocultos da vida, onde há sempre muitos candidatos para se aproveitar das pessoas mais ingênuas e suscetíveis aos poderes do "conhecimento secreto". Aqueles que têm o desejo de ser "especiais" muitas vezes são física, emocional, mental e espiritualmente enganados.

A natureza e a qualidade de seus relacionamentos pode ser transformada, desde que você lide com essas áreas problemáticas de sua natureza, a confiança, as emoções, a sexualidade e as ilusões. Compreender que você pode condicionar negativamente a sua experiência é a chave para perceber de que modo também pode transformá-la positivamente.

CONJUNÇÃO JÚPITER-NETUNO

Essa conjunção ocorre aproximadamente a cada treze anos e tende a criar características muitas vezes semelhantes ao temperamento de Peixes, onde as qualidades positivas e negativas dos dois planetas estão presentes e bastante ativas.

As tendências ao excesso, ao idealismo, à criatividade e à ingenuidade estarão evidentes. O impulso de expansão de Júpiter pode encorajá-lo a ultrapassar suas aptidões reais. Embora essa atitude possa ajudar a estimulá-lo — e em alguns casos até conseguirá —, é provável que quando esse impulso estiver combinado com uma percepção netuniana distorcida a respeito de suas habilidades, você falhará com mais freqüência do que triunfará. Com o tempo, isso pode se tornar um padrão repetitivo e inibidor que afeta sua autoconfiança.

É provável que a esfera dos relacionamentos seja uma fonte de muitas lições, refletindo de volta suas próprias tendências relacionadas às qualidades menos realistas de Júpiter e de Netuno, presentes numa personalidade não integrada. Embora a fé e a confiança sejam qualidades potencialmente positivas, a experiência de vida muitas vezes mostra que confiar em todas as pessoas, infelizmente e inevitavelmente, leva à decepção. No mundo ideal isso seria possível mas, em nossa atual realidade existem muitas pessoas que irão se aproveitar da ingenuidade e inocência alheias (e da ignorância também!). É preciso fazer uma avaliação mais realista das motivações e da natureza das pessoas; a oferta inconsciente e automática de confiança e fé na boa vontade e na natureza das pessoas fará com que você seja enganado. A tendência é discriminar sempre, para que você reconheça os que respeitarão essas frágeis qualidades. A fé cega é um inocente esperando para ser destruído; e muitos estarão na fila para receber a sua parte.

Contudo, esse ideal com respeito aos relacionamentos irá persistir, apesar das muitas experiências decepcionantes ao longo dos anos. Provavelmente, é mais sensato ser mais cuidadoso em seus relacionamentos pessoais e íntimos, porque, a não ser que você saiba o que está acontecendo, sua vida amorosa pode ser dolorosa. Como você tem um impulso natural para cuidar dos outros e servir, pode ser explorado por indivíduos menos escrupulosos que aproveitem suas tendências ao sacrifício e ao martírio ocultas na influência de Netuno. Isso também pode provocar ilusões sobre os sentimentos dos outros por você, achando que eles sentem um amor forte e verdadeiro, o que faz com que se comprometa profundamente no relacionamento; você pode estar correto em sua avaliação, mas essa é uma área em que você é muito vulnerável ao auto-engano e talvez seja aconselhável ter mais cautela e menos pressa. Com freqüência, o tempo utilizado para determinar as motivações e a natureza mais profunda das pessoas é um tempo bem gasto; recorrer à fé cega, à confiança e às suposições apenas para satisfazer suas próprias necessidades, pode ser a receita para problemas futuros. É preciso fazer uma cuidadosa avaliação do outro, caso contrário, sob a pressão do casamento ou da vida a dois irão surgir outros aspectos da natureza do outro que talvez não lhe convenham (e vice-versa). Atualmente, muitos relacionamentos tornam-se difíceis devido à auto-ignorância mútua, onde projeções interiores de ilusões e dos padrões de *anima-animus* revestem a verdadeira natureza dos participantes, até que o tempo os dissolva e cada um desperte e perceba que está vivendo com um estranho.

Aqui, não é sugerido que você se torne excessivamente cético ou cínico, mas que faça um exame mais profundo e discriminatório de sua própria natureza e de seu parceiro. Essas tendências a ter fé e confiar nos outros deveriam ser utilizadas numa esfera mais impessoal, onde, em lugar de acreditar em indivíduos (que sempre podem decepcioná-lo) fossem absorvidas pela crença na bondade essencial da humanidade, que aos poucos está evoluindo e ancorando no mundo. Com certeza, sua experiência nos relacionamentos será um campo de provas, onde muitas lições são aprendidas e suas avaliações irão tornar-se mais precisas e realistas.

Quando as decepções o atingem, existe uma tendência a fugir para um mundo particular de fantasias. Isso pode ser utilizado positivamente, como uma técnica de autocura, mas você deve evitar qualquer tentação de utilizá-la apenas como fuga; se fizer isso, está arriscado a perder o contato com a realidade. Um lugar para considerar as lições implícitas e os significados que têm para você, sim, mas não para exaltar a retirada como um meio de permanecer ignorante e persistir nas ilusões.

Você talvez queira experimentar "sentimentos e emoções sublimes", uma intensidade raramente encontrada na vida cotidiana e uma expansão que transcende os limites normais da existência. Esse desejo talvez seja uma tendência mística latente que você procura nos casos amorosos. Da mesma maneira, pode sentir-se atraído pelo envolvimento com drogas, álcool ou cultos espirituais. Certamente esses vícios devem ser evitados e, se você realmente procura o cenário espiritual, cuidado com as ilusões relacionadas a gurus, a cultos e coisas semelhantes. A discriminação é vitalmente necessária também nesses reinos.

Durante toda a vida você deve ter tido uma imaginação fértil que encontra formas de expressão na arte, na música, na literatura ou na entrega à religião e à filosofia. Canais adequados para essa imaginação devem ser estabelecidos, do contrário ela irá apenas amplificar seus sonhos interiores e ilusões deturpadas.

O idealismo continuará forte, embora possa haver falta de senso prático; pela constante auto-indisciplina muitas vezes você deixa de manifestar aquilo que é capaz de fazer. Como resultado de sua elevada sensibilidade emocional, vai se sentir atraído por trabalhos ligados a um sentimento de dever social em que o bem-estar social e a ajuda a outras pessoas tornam-se dominantes. A medicina, a enfermagem, a saúde mental, o ensino, o bem-estar comunitário ou serviço voluntário poderiam satisfazer essa necessidade. Você deve ter cuidado para não envolver-se pessoalmente ao oferecer ajuda e apoio, do contrário sua própria capacidade ficará comprometida pelo peso do mundo que você porá sobre seus ombros. Esse tipo de martírio que o transforma numa vítima muitas vezes é um sacrifício desnecessário e pode ser evitado por uma perspectiva interior diferente.

SEXTIL JÚPITER-NETUNO

O sextil inclui vários temas da conjunção, mas com freqüência os desenvolve e os define mais nitidamente dentro do indivíduo; dessa maneira, é mais fácil lidar com eles e utilizá-los na vida diária.

Nos relacionamentos pessoais continua presente a tendência à ingenuidade, sustentada por poderosos sentimentos e emoções que estimulam você a acreditar na lealdade do parceiro que satisfaz seus desejos e suas necessidades. A avaliação que você faz a respeito da situação de seus relacionamentos íntimos pode ser irrealista, e é provável que mais tarde perceba que a certeza na precisão de suas escolhas não passou de um engano; quando suas emoções estão em jogo, são fonte de muitas ilusões e vulnerabilidade. Atrás de você, oculta nas sombras do amor, existe sempre a probabilidade da desilusão. Leve mais tempo para conhecer as pessoas, seja mais cauteloso e verifique como elas se sentem em relação ao relacionamento; não pressuponha que, por estar apaixonado e feliz, os outros sintam o mesmo. Talvez sintam... mas o crescente número de divórcios parece indicar que, infelizmente, o inverso é a situação verdadeira.

O tema mais definido no sextil é o otimismo, a imaginação e o idealismo. É mais provável que eles estejam mais focalizados em sua mente e que seu estilo de vida os reflita de maneira nítida. Em você, a fé e a confiança transformam-se num espírito otimista que busca perspectivas e oportunidades futuras. A esfera de expansão é nessa direção e, provavelmente, você dará muita atenção aos problemas sociais de seu tempo.

Essa visão será de natureza radical, muitas vezes voltada para a perspectiva da "Nova Era". Você está bastante alerta e consciente das condições, dos desejos e das necessidades sociais, embora acrescente também uma perspectiva mais ampla ao que está acontecendo hoje e ao que precisa acontecer para se construir um futuro melhor. Você é capaz de analisar os modernos problemas sociais, pois enxerga seus perigos intrínsecos e ao levantar essas questões pode fazê-lo de modo bem articulado. Talvez envolva-se com grupos que expressam essas questões publicamente, os grupos de pressão minoritários que realizam esse serviço essencial no mundo ocidental. As falhas do poder político, religioso e social devem ser reconhecidas, e talvez você escolha trabalhar nelas para influenciar uma mudança interior.

Você valoriza bastante o individualismo e vê como os outros podem ser inconscientemente arrastados por ideologias poderosas e comportamentos socialmente aceitos. Isso pode estimulá-lo a opor resistência contra quaisquer das poderosas ideologias sociais negativas atuais, mesmo as que emanam de governos e Igrejas. Você pode se tornar um divulgador de suas idéias e de grupos afins, na tentativa de alertar a atenção pública para o que está ocorrendo. O idealismo terá importância vital e você será bastante exaltado por causa desses ideais.

Entretanto, pode sofrer decepções, uma vez que é basicamente uma pessoa teórica e sua atividade se dá através de uma perspectiva mental, muitas vezes sem ter a habilidade para fundamentar suas visões no senso comum e no sentido prático. Na pior das hipóteses, pode reconhecer os problemas sociais, perceber que tem uma responsabilidade social e não fazer nada a respeito. Sua natureza altruísta e humanitária inata pode continuar inibida.

Se isso estiver acontecendo, e for parcialmente um sintoma de um Netuno não integrado que dissolve a vontade de agir, talvez você precise dar uma sacudida em si mesmo. Certamente, a mudança social precisa de visões e teorias, mas, no final, elas devem ser ancoradas nesse nível, o que inevitavelmente envolve uma transformação de sua natureza, o que muitas vezes compromete a visão original. Elas nunca se revelam em sua forma pura! E com freqüência surgem através de canais e áreas de vida surpreendentes e inesperados. Existem "pensadores e realizadores", e idealmente, ambos precisam trabalhar juntos; mas os pensadores podem se tornar pessoas mais práticas, embora o raciocínio seja sua verdadeira tarefa e não uma mera desculpa para não fazer nada. Um passo simples é apoiar e ajudar financeiramente aqueles que estão "fazendo". Ou então, você pode avaliar suas habilidades e recursos; deve ter uma imaginação articulada que poderia ser utilizada de maneira positiva na divulgação das questões vitais, ser inspiradora e expressar ideais sociais positivos. Esses são os possíveis canais com os quais você pode trabalhar e que lhe trarão benefícios, bem como para os outros, evitando qualquer tendência a fechar-se em teorias reativas isoladas, um mosteiro particular da mente. Todos podemos nos queixar de determinados aspectos da vida, mas a questão é: o que estamos fazendo a esse respeito? Todos podemos fazer alguma coisa e mesmo que nossa contribuição seja aparentemente pequena e insignificante, coletivamente fará uma diferença.

TRÍGONO JÚPITER-NETUNO

O trígono entre esses dois planetas oferece as formas mais fluentes e fáceis de expressar o potencial interior, semelhante em muitos aspectos às características do sextil.

Talvez haja uma afinidade religiosa e espiritual, ortodoxa ou não, possivelmente buscada em uma orientação mais mística, um interesse pelo ocultismo ou em sua própria sensibilidade psíquica muito elevada. Você tende a reconhecer que os *insights* e as atitudes espirituais podem proporcionar uma base de apoio na vida de pessoas receptivas, capaz de intensificar o significado, o propósito e a direção da vida. Necessariamente isso não ocorre por intermédio das filosofias religiosas tradicionais ou da teologia, mas sim por um caminho pessoal revelado pelos próprios *insights* e valores, e que surgem de uma capacidade inerente de entender a vida e as pessoas.

Essa abordagem é menos intelectual do que a do sextil, pois concentra-se mais nos sentimentos, nas emoções e na intuição; nesse sentido, o caminho místico e a meditação contemplativa podem ser mais naturais para você. As experiências emocionais têm uma intensidade que você acolhe com prazer; e a evocação dessas sensações pode atraí-lo para atividades religiosas e coletivas que dão ênfase à cerimônia, à atmosfera, à comunhão e a um toque de mistério dramático. Talvez você considere atraente o apelo de grupos conservadores e ritualísticos; é motivado pelo aspecto da vida espiritual relacionado ao amor e aos relacionamentos, mas não ao conhecimento e à sabedoria, e por isso talvez lhe falte discernimento. Mesmo assim, consegue integrar seu conhecimento inspirado a sua visão otimista de vida, utilizando-o para acrescentar riqueza e variedade.

É provável que exista uma profunda sensibilidade em relação ao ambiente, o seu próprio e o mundial, e um forte espírito comunitário. Suas atitudes básicas são positivas e progressivas, pois você enxerga a luz que há por trás da mais profunda escuridão, acreditando que ela possa se manifestar pela atividade construtiva. É essencial acreditar na vida e nas pessoas que podem lhe dar força, seja em seu caminho pela vida, seja para apoiar as pessoas em épocas difíceis e desafiadoras. Amigos e familiares que estejam passando por necessidades podem confiar em sua generosidade. Sob diversos aspectos, você irá crescer e sentir-se completo quando estiver se dedicando aos outros, quando algo real, construtivo e positivo surgir de seus esforços; isso pode conduzi-lo a profissões como a medicina ou a enfermagem, a profissões que visam o bem-estar da comunidade, ou criar formas de ensino ou programas sociais que dêem mais oportunidades às pessoas para liberar seu potencial ou aproveitar mais a vida. As tentativas para refinar e melhorar a sociedade provavelmente serão os canais mais eficientes para você trabalhar, embora também possa usar os recursos criativos da arte, da música e da literatura, onde sua imaginação expansiva encontrará meios de se firmar de forma objetiva. Você reconhece que sempre existem causas que poderão se beneficiar com seu apoio e energia, como as organizações internacionais de auxílio.

Nos relacionamentos íntimos, idealmente você exige alguém que seja essencialmente compatível com sua visão e suas atitudes, alguém que possa entender e respeitar sua sensibilidade e refinamento, e que reconheça, valorize e apóie essas qualidades. Como você tem muito a oferecer, podem ocorrer ocasionais choques interiores entre algumas exigências e necessidades autocentradas e seus ideais elevados; seguir o caminho indicado por esses ideais será o melhor para você, para garantir o brilho das tendências positivas desses planetas.

Para alguns, os mundos espiritual e místico podem ser extremamente atraentes, pois as amarras da sociedade não conseguem limitá-los a um estilo de vida tradicional. Nesses casos, pode haver uma retirada para o mundo da contemplação; a vida monástica e não materialista pode ser bastante atraente. Alguns preferem permanecer livres e vagar sem muitos vínculos ou posses, adotando um estilo de vida boêmio como o dos "viajantes da Nova Era" espalhados pelo mundo, que seguem suas próprias inclinações e experimentam a natureza ilimitada do planeta, pela exploração de culturas alternativas.

QUADRATURA JÚPITER-NETUNO

A quadratura tende a indicar uma grande promessa geralmente frustrada pelas qualidades mais negativas desses dois planetas. O poderoso mundo de sonhos criado por você é, ao mesmo tempo, fonte de seu potencial criativo e a causa dos desafios para colocá-lo em prática. O problema é que muitas vezes seus sonhos continuam sendo apenas sonhos, um mundo interior no qual você se refugia e cuja manutenção exige o investimento de muita energia. Sonhar também se torna um vício, e sua vida pode se transformar num mero sonho não realizado.

Essa frustração muitas vezes é causada pela falta de disciplina, muito comodismo e desperdício de tempo. A concentração é deficiente e, às vezes, o discernimento para as decisões pode estar virtualmente ausente, dificultado por uma atração inconsciente por idéias e projetos falidos. A influência dos outros é poderosa, e com freqüência você é levado de um lado para o outro, enquanto as idéias atraentes assumem o controle de seus sonhos. Confrontar a realidade e aceitar a responsabilidade não é sua atividade favorita, pois você prefere retirar-se no seu "castelo no céu", emocionalmente mais satisfatório. Talvez consiga contar histórias sobre o que irá fazer, mas o tempo mostra que, em geral, você é incapaz de fazer qualquer coisa efetivamente, a não ser sonhar.

Mesmo quando começa a firmar uma idéia ou intenção, logo elas revelam suas falhas, pois o raciocínio e a lógica defeituosos já lhes corroeram as bases, revelando que essas idéias não contêm substância e que você será incapaz de realizá-las. A percepção financeira é outra área na qual raramente você se sai bem, devido às distorções estimuladas por Netuno e à expansão excessiva de Júpiter. Através de ações insensatas e falta de preparo, você pode criar, com muita facilidade, problemas financeiros para si mesmo. Sua natureza é mais espiritual, fugindo das realidades do plano físico da vida, e talvez você tenha de se esforçar continuamente para impedir que sua vida fragmentada desabe, enquanto, há muito tempo, sua atenção estava em outro lugar. Você tende a perder-se em visões obscuras e não consegue enxergar com nitidez através dessas névoas interiores. Você deseja livrar-se de um mundo real que pode parecer opressivo e restritivo, embora, na realidade, devesse encará-lo adequadamente para não despertar esses sonhos de forma desagradável.

Entretanto, você é generoso e indulgente com os outros; possui um bom coração e também é propenso a se deixar enganar por pessoas menos compreensivas. Talvez você não saiba em quem confiar e acreditar. Essa tendência à ingenuidade estará presente, e talvez você descubra que os outros o estão usando como desculpa para seus próprios erros, ao colocar qualquer culpa sobre os seus ombros. A "síndrome da vítima" pode estar atuando através de seu Netuno não integrado. Como esses planetas possuem características semelhantes, é provável que você expresse as dimensões mais negativas de ambos. Isso pode ocasionar um bloqueio na ação, uma hesitação para tomar decisões; você pode se transformar em alguém que persegue um sonho frustrado, porque vive buscando e nunca encontra. Finalmente, pode até se tornar apático diante de suas tentativas fracassadas e perder a esperança de numa hora alcançar o sucesso.

Os relacionamentos podem apresentar problemas; são comuns as distorções e a incompreensão; sua coerência pode ser questionada e talvez você tenha uma tendência para ser emocionalmente enganado. Em determinado momento, pode ser inevitável que você ofereça seu coração a amantes inadequados. Por que você continua? Sonhos... você sonha com exóticas aventuras, terras exóticas, mistérios exóticos. Para você, é difícil fixar-se neste mundo. O inquieto desejo de viajar nos níveis físico, emocional e mental está sempre presente. A satisfação raramente é encontrada. Contudo, as coisas não precisam ser assim, pois muitas dessas frustrações são criadas por você e, certamente, existe um potencial esperando para se expressar através de um controle disciplinado. Pode ser difícil, mas encarar a realidade, aceitar suas limitações restritivas e aprender a ser mais prático pode ser a chave para o sucesso. Alguns desses sonhos particulares podem tornar-se reais, se você se concentrar mais e dedicar-se a realizá-los, um de cada vez, em vez de se afastar quando as coisas ficam difíceis. O primeiro passo é tornar-se consciente de seus padrões de receptividade, ver como eles atuam, perceber as conseqüências e o momento em que as coisas se desintegram. Decida-se, então, a mudar esse padrão, dedique-se mais à realização do sonho, faça uma auto-avaliação mais realista, tenha mais disciplina e esforce-se para ter sucesso em sua intenção. Desacelerando o processo e dedicando-se mais conscientemente àquilo que está fazendo, você pode transformar esse padrão de frustração num padrão de futuro sucesso — vale a pena o esforço!

OPOSIÇÃO JÚPITER-NETUNO

A oposição possui várias semelhanças com a quadratura, mas aqui a fonte de "controvérsia" é projetada externamente, no mundo e nas pessoas. Há um dificuldade para "ir até o fim" e as intenções e os planos muitas vezes são frustrados pela incapacidade de realizá-los efetivamente, apesar de os objetivos serem originais; as coisas são iniciadas mas nunca completadas satisfatoriamente. Você tende a ressentir-se e resistir a qualquer pressão externa exercida pelas expectativas dos outros com relação ao seu desempenho e suas habilidades.

Com freqüência, surgem conflitos nos relacionamentos interpessoais, especialmente com colegas de trabalho, que podem tentar se aproveitar de suas habilidades ou persuadi-lo a assumir a responsabilidade por tarefas ingratas, nas quais, por razões pessoais, esperam que você fracasse. Com freqüência, existem atividades manipuladoras no ambiente de trabalho e você pode tornar-se vítima delas, caso não esteja consciente das motivações alheias. Você pode se tornar paranóico e desconfiado, talvez uma conseqüência de experiências anteriores, e muitas vezes isso é de certo modo verdadeiro, embora, seja em parte uma projeção baseada nas tensões inerentes a essa oposição. Você tende a se opor aos outros e hostilizá-los, algumas vezes sendo muito direto em seus comentários e atitudes; há pouca diplomacia em sua maneira de se expressar e, às vezes, você pode demonstrar pouco tato e ser muito agressivo.

Talvez exista um ponto cego não reconhecido em seu caráter, relacionado ao signo e à casa de Júpiter e Netuno. Embora você não conheça muito bem sua própria natureza e aquilo que "deveria estar fazendo", ainda assim se expressa com vigor e tende a ser autoritário. Entretanto, muitas vezes desafia as ordens superiores, questionando as percepções e os direitos dos que exercem o poder. Com esse aspecto, existe menos consciência e percepção social, pois a maior parte da energia está presa a um desconforto exterior; você não confia muito na natureza boa das pessoas, o que, embora seja mais realista, é também um sintoma de sua própria fragmentação e tensão interiores — você também não consegue relaxar e confiar em si mesmo. É preciso aprender a aceitar os outros e a si mesmo; as duas coisas estão interligadas e, se conseguir isso, a tensão diminuirá e todos os seus relacionamentos irão melhorar, pois você irá se sentir mais à vontade em sua própria natureza.

Os relacionamentos íntimos podem apresentar dificuldades até que inicie o processo de integração e resolução pessoal. Sua escolha de parceiros pode ser insensata, especialmente quando as projeções da *anima-animus* sobrepõem-se ao parceiro, aparentemente transformando-o no amante ideal que possui tudo o que você acredita desejar e precisar. Quando essas projeções se desintegram, você tende a ficar emocionalmente confuso e achar que mais uma vez foi enganado; na verdade, suas próprias ilusões podem tê-lo enganado e, portanto, seu coração magoado não deve descarregar no parceiro com agressões físicas ou emocionais. Nessas épocas traumatizantes, você deve evitar recorrer aos vícios netunianos, como as drogas e o álcool.

Talvez exista algum tipo de vida espiritual ou religiosa, embora isso também possa sofrer distorções e projeções inválidas. Suas atitudes espirituais talvez não possuam uma dimensão prática, nem sejam utilizadas com seriedade na vida cotidiana. Pode haver uma grande atração pelos encantos de religiões mais exóticas que oferecem o fascínio e o mistério que tanto lhe agradam. O cultismo e a submissão idealizada a gurus pode ser uma tentação, apesar de sua resistência à autoridade, você pode achar que eles oferecem uma saída para as decepções e tensões de sua vida. Alternativamente, pode sonhar com viagens para o exterior ou com peregrinações, como um antídoto ao estilo de vida no qual se sente aprisionado.

Um importante passo à frente seria perceber que grande parte daquilo que lhe desagrada no mundo é um reflexo de sua desintegração interior. Reabsorver essas poderosas projeções, tomando-as de volta para si mesmo, só pode fortalecê-lo e devolver-lhe a capacidade de redirecionar sua vida nos caminhos que você deseja percorrer. É crucial adquirir o controle e a auto-responsabilidade, a menos que você queira persistir na probabilidade de relacionamentos insatisfatórios, onde sua necessidade de desenvolvimento e expansão são perpetuamente frustrados pela "resistência externa".

CONJUNÇÃO SATURNO-NETUNO

Esse aspecto só acontece aproximadamente uma vez a cada 36 anos; nesse século, ocorreu em 1917, 1952 e 1989.

Os efeitos de Saturno têm uma influência benéfica sobre as tendências de Netuno, pois ajudam a definir, estabilizar e facilitar a expressão; há o potencial para o idealismo prático e a capacidade de utilizar positivamente as idéias e a imaginação que emanam de Netuno. Isso é bom para a criatividade, pois a inspiração de Netuno pode receber forma e manifestação adequadas para as tendências concretas de Saturno e, desse modo, a imaginação não se perde num mundo interior de sonhos e fantasias, mas é liberada para o plano físico, onde pode ser compartilhada com os outros.

Nesse aspecto, a natureza ilusória de Netuno está menos presente e deve haver maior clareza perceptiva do que o habitual, uma clareza especialmente sensível aos enganos e às seduções. Você está menos propenso a cometer erros através dessa cegueira reflexiva e tende a ser autoprotetor, principalmente pelo distanciamento prudente e cauteloso que mantém com estranhos ou novas relações. Isso faz parte da cautela e do desconforto frente a qualquer coisa desconhecida, uma contribuição de Saturno. A confiança deve ser progressivamente desenvolvida com relação às pessoas, circunstâncias e situações, e você geralmente hesita comprometer-se até avaliar completamente todo o conjunto de escolhas. Você tende a acreditar nos fatos, julgando de modo impessoal aquilo que parece ser a melhor escolha; isso pode ser bom para sua vida particular e profissional.

Se a energia de Saturno for predominante, a energia de Netuno será ocasionalmente reprimida por razões práticas. Se você permitir que Saturno seja muito enfatizado, poderá perder oportunidades por uma avaliação excessiva e por falta de determinação; o medo do desconhecido também irá agir como um fator restritivo e inibidor. Provavelmente você construirá um estilo de vida bem definido e uma estrutura de personalidade que proporcionam relativamente pouco espaço para a manifestação da influência de Netuno, pois ela é mais anárquica e expansiva. Pode ocorrer um sentimento de confusão com relação a suas próprias limitações pessoais, fazendo com que elas comecem a sentir-se aprisionadas; Netuno agita-se para dissolver essas barreiras e experimentar aqueles sonhos reprimidos que você tenta ignorar. É essencial que haja um cuidadoso equilíbrio dessas energias planetárias, tanto para a harmonia interior quanto para o sucesso exterior. Do contrário, os graus de distorção e a falta de perspectiva irão aumentar, pois a influência de Netuno mostra sua presença reprimida através das características mais negativas.

Para aqueles que estão explorando uma dimensão espiritual, esse aspecto oferece vantagens valiosas, pois há um questionamento dos dogmas e das crenças, uma tendência a desmistificar através de uma perspectiva mais concreta e a crescente capacidade para confiar mais na orientação interior da intuição do que em "fontes de autoridade" externas. Esse estágio pode ter sido alcançado por lições aprendidas em fases anteriores de ingenuidade e submissão aos mestres, possivelmente por condicionamento religioso ou familiar que você começa a desprezar, como inimigos de seu desenvolvimento. A discriminação é muito importante na vida, especialmente quando entramos em contato com ensinamentos ocultos onde a probabilidade é de que, pela falta de experiência pessoal, só exista a ignorância; a tendência da maioria é preencher esse vazio aceitando passivamente qualquer ensinamento que tenha algum impacto sobre elas.

Enquanto você continua a se desenvolver, especialmente ficando sozinho e vivendo em sua própria luz, a maturidade e a percepção irão se revelar. Você terá *insights* e compaixão, baseados em experiências realistas; caso pratique técnicas de meditação, seu poder e sua luz brilharão mais, enquanto a clareza interior emerge. A concentração eficiente ea meditação são possíveis e alguns sinais de habilidades psíquicas também podem surgir da energia de Netuno que vai sendo liberada. Você pode se tornar um canal para que as energias transpessoais entrem nesses níveis e haverá um senso de responsabilidade social e um contexto nas quais elas podem atuar.

Seus relacionamentos íntimos provavelmente serão profundos e enriquecedores, em parte em conseqüência de uma cuidadosa avaliação dos parceiros adequados; quando seu coração está envolvido nesses relacionamentos, você tende a ser cauteloso antes de iniciar um compromisso total. Você dá muita importância aos relacionamentos e dedica-se a eles para ter certeza de que são mutuamente benéficos e uma fonte de crescimento evolucionário. Você acredita que "a escolha certa leva à ação correta", e essa é a chave para o seu sucesso e para o seu método de avaliação cuidadosa das opções e das decisões.

SEXTIL SATURNO-NETUNO

Muitas vezes, um bom trabalho com o sextil envolve uma ação relacionada ao forte senso de responsabilidade e deveres sociais que você reconhece. Essa sensibilidade a um papel social que exige desempenho é um importante componente de sua motivação e não deveria ser negado. Pode haver uma tendência para reconhecer essa presença e não fazer nada a respeito; o ideal é que isso fosse superado por uma ação mais deliberada. Pode-se sempre, no mínimo, ajudar financeiramente os grupos ativos cujos ideais podem ser apoiados. Essa característica é uma combinação do dever de Saturno e do ideal social coletivo de Netuno.

Quando as bases corretas para uma ação futura são estabelecidas, é preciso que esteja evidente um elemento de planejamento racional; a organização eficiente é necessária para uma conclusão bem-sucedida. Provavelmente, existem habilidades estratégicas que podem ser exploradas para realizar essas intenções, sejam elas puramente pessoais ou sociais. A coerência e a determinação geralmente são bem aplicadas e seus esquemas são caracterizados pelo realismo e a viabilidade. A excessiva expansividade de Netuno é temperada pela cautela saturnina e por um senso de estabilidade e limitação.

Seus esforços devem ser inspirados por uma reação contra as injustiças e a insensatez social. A imparcialidade é uma atitude que você apóia e opor-se a aspectos sociais parciais e injustos pode tornar-se quase uma cruzada pessoal. A discriminação e os abusos sociais vão exaltá-lo, conduzindo-o a um ativismo social de resistência contra abusos dos direitos e das liberdades individuais. Você não aprova o desperdício de recursos sociais e materiais, bem como o desperdício do potencial humano. Isso pode levá-lo a apoiar grupos que visam desenvolver o potencial humano ou ativistas ecológicos que exigem novas atitudes com relação à exploração excessiva das reservas da natureza. Você tende a possuir uma visão social de harmonia, de igualdade e respeito social por todas as pessoas, em vez da situação desequilibrada e divisória entre os que possuem alguma coisa e os que não possuem nada. Sua preferência é pelos conceitos dos valores de comunidade e o pensamento global e agrada-lhe pensar que o que está tentando fazer é benéfico para todos.

Se, desde cedo, você se tornar ativo nessas áreas — talvez pela profissão —, vai descobrir que elas absorvem a maior parte de sua energia; é uma tarefa infindável! Isso pode afetar seus relacionamentos íntimos, especialmente se o parceiro tiver que compartilhar opiniões semelhantes às suas. Os ideais são importantes e você tenta viver de modo correspondente, não se opondo a eles e nem comprometendo-os. Suas paixões estão firmemente fixadas em questões sociais; mesmo em seus relacionamentos amorosos sua energia é muito difusa para se concentrar apenas num parceiro; ela também flui como um sentimento de relação social e, muitas vezes, você não consegue entender porque a sociedade é tão passiva ao ponto de permitir que floresçam a negatividade e a indiferença, mesmo aquelas pessoas que se encontram em posições sociais de poder e influência.

As habilidades de concentração e visualização devem estar presentes e podem ser aplicadas pela reflexão dos problemas ou pela meditação. Você pode ser eficiente trabalhando em grupos de afinidade ocultos ou socialmente ativos, cujo compromisso é gerar mudanças benéficas. Nesse trabalho, há pouca gratificação do ego, e você tende a esperar um grau elevado de probidade e idealismo dos que estão envolvidos em papéis semelhantes ao seu.

TRÍGONO SATURNO-NETUNO

O elevado idealismo de Netuno e a consciência da responsabilidade social de Saturno estarão realçados e estimularão seu propósito de compartilhar o trabalho contínuo de melhora social. Você deve ter um *insight* natural sobre as questões sociais que, juntamente com uma percepção aguçada, podem ajudá-lo a mostrar os problemas essenciais que exigem resolução; além disso, você é capaz de oferecer soluções construtivas para essas áreas problemáticas e trabalhar em organizações sociais ou governamentais para influenciar a execução de mudanças adequadas. Particularmente, você gosta de restabelecer "a ordem a partir do caos" e utilizar recursos esquecidos e ignorados.

Pode haver uma tendência a observar o declínio social e as questões controvertidas sem envolver-se ativamente, mas isso seria desperdiçar seus talentos e negar o sentimento de obrigação social. Seu idealismo possui fortes raízes morais e éticas e você não se sentirá bem se ignorar esses sentimentos. O ativismo direto pode não ser a forma proferida de envolvimento, mas talvez você possa fazer seu papel transmitindo os fatos relacionados a determinadas questões sociais problemáticas, especialmente através da escrita e da análise.

Você tende a possuir uma inteligência absorvente, que acumula uma considerável quantidade de informação e conhecimento, recurso que você deve utilizar. O nível de imaginação é elevado e ativo, e isso também pode ser utilizado de diversas formas, como uma centelha de vida em suas idéias de desenvolvimento pessoal e social. Você talvez tenha dificuldades para decidir de que maneira utilizar seus recursos, e o ideal seria envolver-se num trabalho que possua uma dimensão social definida. Esse trabalho pode incluir o bem-estar da comunidade, as leis, os serviços sociais, as questões ambientais, as finanças, a administração, os meios de comunicação, o cinema e a fotografia.

Os amigos consideram-no um apoio confiável nos tempos de crise, e você está disposto a ajudá-los quando necessário. Netuno inspira sentimentos compassivos, tanto em relação às pessoas que você conhece, quanto em relação a estranhos.

Se a qualidade espiritual de Netuno estiver ativa (e não tão obscurecida por um Saturno dominante), provavelmente você se sentirá atraído por grupos espirituais ou ocultos, onde seus talentos possam encontrar uma forma de expressão. A meditação e a visualização devem ser intensificadas por Netuno e a fixação das energias em formas adequadas deve ser intensificada por Saturno. Aprendendo a acreditar em sua intuição, irá fazer com que você confie nela cada vez mais, e esse seria um passo vital em direção ao seu desenvolvimento.

QUADRATURA SATURNO-NETUNO

A quadratura indica tensões e frustrações interiores, e é provável que Netuno esteja impedido de se realizar verdadeiramente, limitado à mente inconsciente pelas barreiras formadas pelas restrições de Saturno. Isso fará com que Netuno se agite, estimulando medos inconscientes, ansiedades, fobias, morbidez e sentimentos de culpa, provocados por uma imaginação muito ativa sem ter os canais adequados para uma liberação mais saudável.

As conseqüências dessa pressão e inquietação interiores tendem a criar sentimentos de inferioridade e incompetência. Esses sentimentos em geral são ilusórios e irrealistas, embora exerçam poderosa influência em suas ações e escolhas. À medida que o tempo passa e você perpetua essas tendências, os resultados negativos o convencerão de que esses sentimentos de inferioridade são reais e verdadeiros. Você se torna um derrotista e não confia em suas próprias habilidades. Essa negatividade pode espalhar-se ao ponto de fazê-lo evitar responsabilidades ou desafios; você começará a ter medo até mesmo de tentar. Obviamente, isso começa a inibir severamente suas experiências de vida, pois você fica cada vez mais preso aos parâmetros de suas fobias e da falta de amor e confiança em si mesmo. Se isso continuar, essa forma de aprisionamento só irá aumentar, pois você pode se afastar da riqueza da vida; nesse caso podem surgir alguns tipos de depressão.

Essa situação ocorre quando os bloqueios da energia geram tensões de um comportamento compulsivo que internamente são considerados reais, embora sejam sintomas da negação de aspectos do *self* (simbolizados pelos planetas que estão inibidos); com essa quadratura existe também a probabilidade de uma distorção da atividade de Saturno, excessivamente enfatizada pela construção de limites e restrições exagerados. A tendência à ansiedade e à culpa se autoperpetuam e se expandem, formando uma teia de energia que absorve a liberdade de escolha individual e cria padrões cíclicos de processos de pensamento repetitivos. Há uma agitação emocional muito estimulada por atitudes negativas inerentes, embora, aparentemente, você não tenha a habilidade para lidar com elas. Pode-se esperar insatisfação e confusão, e qualquer impulso para modificar a situação também vai estar inibido.

Até que ponto essa condição psicológica se desenvolve irá depender do resto do mapa; podem existir fatores que amenizam a severidade potencial. Entretanto, determinadas questões estão presentes nos que possuem esse aspecto, e diversos atos corretivos e libertadores ainda poderão ser realizados para impedir que essas tendências se desenvolvam.

É vital aceitar sua própria natureza. A negação de qualquer aspecto conduzirá à supressão da mente inconsciente, onde, provavelmente, irá deteriorar, lançando venenos na personalidade e no nível adequado de afinidade natural, deformando o corpo, as emoções e a mente. A eliminação forçada que uma parte de sua natureza não é sensata e é tão tola quanto amputar um braço porque tem uma mancha feia! Com freqüência, essas tendências à "amputação" são indicadas pelas quadraturas e simbolizam prováveis tensões e bloqueios internos de energia que precisam ser liberados; contudo, ao fazê-lo, eles podem tornar-se "grandes amigos", fornecendo a energia e o poder que lhe permitirão atingir seus objetivos. Eles são as chaves para o verdadeiro desenvolvimento pessoal e o estímulo para a integração necessária.

Ao aceitar sua própria natureza, é preciso perdoar a si mesmo e não se comparar com qualquer ideal ilusório de perfeição. Por que sentir-se culpado por não ser o que considera ideal? Você nunca será, e sua tarefa é ser apenas você mesmo e chegar a um acordo com o que, em si mesmo, é uma grande liberdade e a libertação. Enfrente o medo do fracasso; todos erram de alguma maneira, por que você deveria ser uma exceção? Há os que erram (repetidamente) e mesmo assim continuam, alcançando sucesso à medida que o tempo passa e realizando suas ambições. O sucesso espera por você, mexa-se e vá em frente, e quando chegar lá, verá que é muito doce e você conheceu um valioso segredo! Os talentos estão dentro de você e só se encontram fora da vista; encontre o pote de ouro e, talvez, com algum apoio dos outros, aprenda a utilizá-los. Todas as ilusões interiores, as culpas, os complexos de inferioridade e fobias podem dissipar-se como quimeras. As barreiras auto-impostas de Saturno irão desabar e Netuno fluirá, curando-o e inspirando-o a encontrar um novo caminho. Por que continuar dentro de uma prisão autocriada quando não existe nenhuma porta trancada? Deixe de ser comodista! Siga em frente e entre num novo mundo. Não vale a pena lutar por isso? Lembre-se, sua vida é basicamente aquilo que você faz dela. Não a jogue fora, aproveite-a!

OPOSIÇÃO SATURNO-NETUNO

Nessa oposição ocorre a projeção de atitudes interiores, o que faz com que a vida reflita esse estado interior de volta em você. Geralmente, a oposição inclui elementos de distorção, que com Saturno e Netuno tendem a envolver o medo do fracasso, a desconfiança dos motivos, os julgamentos obscuros, enganos, cautela e precaução. Essas são as qualidades mais negativas das energias planetárias bloqueadas e, no entanto, muitas vezes você não percebe que o mundo, do modo como você o enxerga, é um espelho de suas próprias atitudes. Dê uma outra olhada. O mundo e as pessoas refletem suas próprias opiniões? Eles são pessimistas, talvez ameaçadores e assustadores? Você sente que precisa se proteger? Naturalmente, esses temores podem ser verdadeiros e talvez dependam do ambiente no qual você vive, mas igualmente podem ser ilusórios e autocriados.

O medo e o fracasso é, até certo ponto, inibidor e provavelmente, você irá afastar-se de situações competitivas, refugiando-se em sentimentos de inadequação e imaginando diversos tipos de conspiração que estão sendo tramados secretamente contra você. Realmente não confia nas pessoas e essa atitude é transmitida aos outros, perpetuando um círculo vicioso. Talvez falte profundidade, calor humano e contato real em seus relacionamentos que, muitas vezes, são superficiais, devido ao temor de que os outros se aproveitem de você. O problema é que isso pode acontecer (ou já aconteceu no passado) e por esse motivo você tornou-se bastante cuidadoso e muito consciente de sua vulnerabilidade para arriscar-se em relacionamentos mais profundos. Com certeza você é emocional e financeiramente vulnerável às pessoas, e uma das lições que talvez precise aprender é que deveria olhar mais atentamente a natureza dos outros antes de se envolver.

As barreiras de Saturno são firmemente estabelecidas visando a autoproteção, embora também possam bloquear muitas experiências e oportunidades válidas para o autodesenvolvimento. Netuno continua parcialmente livre, porém propenso a mostrar sua presença através de complexos de perseguição e de mártir/vítima, que podem levá-lo a se isolar, tornando-se solitário e imune em seu casulo aprisionador de autoproteção, talvez sentindo as repercussões de suas escolha através de sentimentos de depressão ou de doenças psicossomáticas.

Você talvez olhe para o mundo e, secretamente, deseje *status* e envolvimento, embora seja auto-restritivo, deixando de tentar realizar essas ambições. Ou talvez recorra a atitudes dissimuladas, subterfúgios e comportamento desonesto, acreditando que é assim que todos conseguem realizar seus desejos.

Sua análise do mundo pode estar incorreta, e aí pode estar a solução para suas energias frustradas. O mundo possui todos os tipos de comportamentos e atitudes, e embora existam muitas pessoas que lhe dêem motivos para ser cauteloso, há também pessoas diferentes. Você precisa encontrar uma ponte para entrar em contato com essas pessoas de boa vontade e então perceber que sua interpretação do mundo é apenas parcialmente correta; os outros possuem a chave para sua transformação. Se puder encontrar um parceiro que não o decepcione e que o apóie, esse ideal frustrado pode renascer e, ao aceitar as pessoas como elas são, você irá descobrir que esse é o caminho para a cura e o amor mútuo. A natureza do relacionamento em sua vida pode ser renovada e novamente percebida através de um olhar mais otimista; Netuno substituiu as barreiras de Saturno.

Algumas vezes, Netuno desempenha um papel mais forte do que Saturno e, se esse for o caso, as inibições e distorções nos relacionamentos serão menos evidente. O foco será transferido para o dever e a obrigação social, onde a lição é a responsabilidade. Você talvez sinta uma "culpa social", a responsabilidade pessoal de consertar os erros sociais, uma cruzada pessoal que deve empreender para absorver para si mesmo esse sentimento de culpa que o persegue. Por algum motivo, você sabe que é esse o seu dever e que é preciso realizar algum tipo de serviço social em resposta a uma compulsão interior. Alguns podem considerar isso como uma "correção de carma", mas, seja como que for, pode ser uma pressão interior e estar relacionada à tendência netuniana para o sacrifício, na esfera social de Saturno. O mundo é considerado um campo de batalha, mas a fonte da batalha está dentro de sua própria natureza. Faça um exame completo antes de sair derrubando moinhos de vento; tente isolar as projeções condicionadoras e descubra contra o que você realmente está lutando. Talvez seja contra seus próprios aspectos não integrados, os ideais netuanianos *versus* as realidades saturninas, e talvez o melhor caminho a seguir seja o do meio, o do equilíbrio sensato.

CONJUNÇÃO URANO-NETUNO

Essa conjunção ocorre muito raramente; a última foi por volta de 1821-1823 e a atual em 1992-1994, admitindo-se uma órbita de dois graus. Os aspectos envolvendo os planetas transpessoais focalizam-se mais nas dimensões sociais relacionadas à geração, onde as atitudes e experiências da pessoa estão intimamente associadas a mudanças sociais.

Nenhum pessoa viva atualmente possui esse aspecto, mas a geração que nasceu no início da década de 90 exibirá essas características quando amadurecer. Haverá um elevado grau de identificação com a mente coletiva e a consciência de grupo que, em alguns casos poderá retornar à forma de fervorosas afinidades nacionalistas em países com fortes estruturas controladoras, sejam elas religiosas, raciais, políticas ou sociais. Contudo, na maioria dos casos, é pouco provável que isso resulte na emergência de demagogos carismáticos, como em rectentes exemplos de manipulação das massas.

Haverá um sentimento norteador de responsabilidade social e a consciência de fazer parte de uma comunidade que se expressarão de formas positivas para o bem de todos. As energias combinadas dessa conjunção inspirarão conceitos de fraternidade que irão refletir os ideais de Urano e Netuno, como uma forma de misticismo revolucionário que emerge de uma aguda sensibilidade mental e emocional, associada à imaginação intuitiva.

As liberdades e os direitos individuais terão prioridade e haverá uma nova percepção de "liderança", que pode desfazer antigos padrões relacionados a um líder poderoso seguido por centenas de "ovelhas". Há uma desconfiança com relação aos líderes, baseada na percepção intuitiva de suas verdadeiras motivações e características que também evoluirá para uma nova compreensão da autoridade e do poder na sociedade. As pessoas nascidas com esse aspecto estarão dispostas a "lutar" pela manutenção das liberdades e direitos individuais quando se sentirem ameçadas pelas decisões dos líderes sociais. Um novo equilíbrio de poder entre o povo e o Estado começará a se formar e deve surgir uma nova política refletindo esse aumento dos direitos e do poder das pessoas. Em geral, esse deve ser um período de desenvolvimento espiritual e científico, com avanços na exploração da natureza e da mente.

Como esses planetas formam conjunção em 1992-1994, época em que está ocorrendo o nascimento de uma geração que se tornará socialmente influente no período em que Plutão estiver em Aquário e Peixes, no final desse trânsito, espera-se que então emerjam sinais que apontem para o novo mundo a ser herdadeo por essa nova geração. As mudanças que se tornarão inevitáveis por volta de 1994 deverão ser consumadas e concretizadas mais plenamente por essa futura geração, imbuída de um espírito mais consciente de unidade e solidariedade humanas.

SEXTIL URANO-NETUNO

A maioria das características dos aspectos entre Urano e Netuno envolvem o elemento de desconfiança nos líderes, nas organizações e nas elites de poder. As pessoas nascidas com o aspecto sextil tendem a se opor ao sigiloso das instituições e à sonegação de informações ao povo e aos eleitores. Consideram essa manipulação de informações uma distorção deliberada da verdade, o que não deveria ser permitido pelos líderes. Essas pessoas geralmente apóiam as causas de "liberdade de informações", acreditando que o Estado deve servir ao povo, e não o contrário.

Há uma atitude antiinstituições, juntamente com uma oposição à autonomia do Estado, em que o indivíduo é esmagado pelo peso da burocracia estatal. Existe uma necessidade de reafirmar o poder individual e a liberdade em relação à interferência do Estado, e essas atitudes muitas vezes vão de encontro às imposições autoritárias. A atração pela revolução social e pela mudança na natureza do controle do Estado pode gerar uma filosofia revolucionária e evolucionária que defende o direito do povo ao poder em sua própria sociedade.

Prevalecerá uma crença otimista nas pessoas e em seus potenciais; alguns podem considerá-la muito ingênua e idealista, mas ela está fundamentada no direito de poder escolher por si mesmo e determinar o próprio estilo de vida sem a inibição das repressões sociais (desde que não prejudique os outros). Essa crença concebe uma sociedade que visa o desenvolvimento e a realização pessoais, por meio da criatividade e da singularidade de cada um, sem condicionar as pessoas ao cumprimento incondicional de papéis econômicos e obediência às convenções sociais.

Em essência, essa concepção afirma o direito à autodeterminação ao invés da submissão cega à orientação de líderes que, muitas vezes, obtêm seus cargos apenas através de dinheiro ou da herança. A participação ativa na tomada de decisões sociais será atraente, principalmente através de formas destinadas a promover o progresso rumo aos ideais de fraternidade que têm um forte apelo emocional e mental para as pessoas com esse aspecto.

Trígono Urano-Netuno

O trígono formou-se aproximadamente durante o período de 1941-1946 e aparece nos mapas natais da geração nascida durante a Segunda Guerra. Isso tende a condicionar a percepção que elas têm da vida e da pessoas que, na verdade, algumas vezes tende ao pessimismo e ao cinismo, principalmente para os nascidos nos primeiros anos do trígono, quando a guerra estava no auge e seu resultado ainda era incerto.

Subjacente a isso, existe ainda o idealismo desses planetas, possivelmente com uma fé pessoal insuficiente em uma manifestação concreta, além da ambigüidade com relação ao papel pessoal e à responsabilidade de cada um na sociedade. Pode haver uma tendência e estabelecer metas pessoais sem levar em consideração as necessidades e obrigações sociais, assim como uma preferência por ganhos e ambições pessoais. Contudo, isso também pode ser fonte de desenvolvimento pessoal, e talvez ainda seja muito cedo para se ter certeza de como essas pessoas irão usar o poder e a influência sociais que possam ter conquistado.

Como o trígono é um fator reconciliador, essa geração pode ser vista como um "grupo de ligação" no qual coexistem as tendências do passado e do futuro, às vezes de forma desconfortável. Essas pessoas cresceram num mundo que se modificava rapidamente, embora o condicionamento da infância ainda reflita atitudes anteriores à guerra; assim, podem servir de mediadoras na sociedade, conhecendo o mundo mais antigo embora suficientemente sintonizadas com o despertar do novo mundo. Deve haver capacidade intelectual para avaliar as implicações das estruturas de crença ideológicas, sem a imposição da autoridade; isso deve resultar no desenvolvimento de opiniões pessoais autênticas, independente de sua natureza e conteúdo. Se, após uma cuidadosa reflexão, elas não se sentirem convencidas da validade de uma idéia ou de uma crença, geralmente serão incapazes de apoiá-la irrestritamente — a não ser que se comprometam visando lucros pessoais.

Elas estão cientes dos perigos da credulidade e da falta de discriminação pública em relação aos líderes — como demonstrou o povo alemão durante a Segunda Guerra Mundial —, porém não se convencem totalmente das intenções de qualquer líder que use a verdade como um expediente a ser utilizado apenas quando lhe convém. Sob muitos aspectos, essa geração enfrenta a necessidade de solucionar certos conflitos interiores e visões opostas do mundo, quase como um "teste" de como a sociedade poderá fazer o mesmo em escala maior. Existem paradoxos nos níveis mental e emocional que precisam ser resolvidos e integrados, porque essas pessoas muitas vezes são vítimas de sua própria indecisão e confusão sobre qual das "faces" mostrar — a face dos velho costumes ou a face que reflete as mudanças emergentes no mundo.

OPOSIÇÃO URANO-NETUNO

Como o aspecto da conjunção, a oposição se forma aproximadamente a cada 171 anos. A última ocorreu no período de 1906 a 1910.

O que parece acontecer com esse aspecto é a submissão da mente consciente a um programa de condicionamento social, que torna o indivíduo e o coletivo menos conscientes do que de fato são na mente coletiva. Os planetas transpessoais estimulam uma agitação no inconsciente, de modo que as áreas que exigem liberação e resolução são reveladas através de crises inesperadas.

É uma fase em que a mente consciente é absorvida pelos *status quo*, firmemente arraigada em sua visão do mundo, ideologias, crenças religiosas e estilos de vida social. Basicamente, a vida segue "trilhas" bem definidas, onde há pouco questionamento ou dissidência; contudo, sob a aparente tranqüilidade, fermenta um turbilhão de energia reprimida e contida que busca liberação e expressão. Sob muitos aspectos, o indivíduo identifica-se muito com grupos coletivos e perde a capacidade de autodeterminação e liberdade de escolha. Isso significa abrir mão da responsabilidade pessoal e transferir o poder coletivo para aqueles que se apresentarem voluntariamente (por diversos motivos) como líderes sociais.

Provavelmente, haverá otimismo e ilusões inadequados com relação ao bem-estar da sociedade, porque a dinâmica da mudança e o esforço para atingir um ideal elevado não estão se expressando plenamente. Internamente, tanto no indivíduo quanto na coletividade há um conflito entre os níveis mental e emocional, onde não existe um verdadeiro entrelaçamento orientado por uma vontade concentrada. É como se fosse estabelecido um padrão confortável, que aceita uma percepção pouco discriminatória. Há tranqüilidade mental, mas isso, de alguma forma, rejeita uma dimensão emocional satisfatória, provocando a deterioração da energia interior. Finalmente, ele irá emergir novamente como uma motivação, criando desejos mentais que, em geral, irão incorporar uma atitude separatista. Foi o que aconteceu com a ganância nacionalista e econômica surgida antes da Primeira Guerra Mundial e que mais tarde repetiu-se na guerra de 1939-1945.

Essa pode ser uma fase confusa, na qual a verdadeira atividade está fervendo sob a superfície, pronta para explodir. A pessoa é arrastada pelas grandes mudanças sociais e terá que fazer escolhas verdadeiras em conseqüência de estar frente a frente com os resultados que emergem dessas tensões interiores. É preciso tomar partido e, em lugar da apatia, pode ocorrer uma luta verdadeira na tentativa de garantir a preservação dos fundamentos do estilo de vida do Estado contra os agressores em potencial, que podem ser interiores ou exteriores. Contudo, a mudança não pode ser ignorada e algum tipo de revolução irá ocorrer. Três exemplos disso são a Revolução Russa e as guerras mundiais que conduziram a uma mudança internacional permanente.

QUADRATURA URANO-NETUNO

O último aspecto da quadratura ocorreu durante o período de 1952 a 1956 e influenciou as pessoas nascidas durante essa fase. Essa foi a segunda fase das crianças do período pós-guerra, nascidas numa época de relativa estabilidade e reconstrução, quando as lembranças da guerra já se diluíam no passado mesmo que a guerra da Coréia reacendesse algumas delas.

Esse grupo recebeu uma impressão psíquica do coletivo, que incorporava uma forma de confusão social predominante e refletia a mente coletiva. A questão era a direção social. A derrota do governo de Churchill após o final da guerra, um governo que parecia representar o passado, e a introdução das políticas reformistas do Partido Trabalhista pareciam anunciar uma nova visão e direção. Porém, o coletivo estava dividido entre os sonhos e os temores de um mundo novo e a rejeição de recentes lembranças dolorosas da falta de humanidade do homem: um choque entre o futuro e o passado, o desconhecido e o conhecido.

Refletindo esse conflito coletivo, as pessoas nascidas nessa época receberam um padrão de rebeldia (Urano) misturado à confusão (Netuno) sobre o que fazer, qual direção seguir, como atingir os objetivos e, até mesmo, quais seriam realmente esses objetivos. O único modelo que poderia ser assimilado era o dos pais e dos companheios que transmitiam mensagens sociais confusas e conflitantes.

Mais tarde, o problema estaria relacionado à ambivalência; elas ficariam divididas entre a necessidade de se revoltar contra a autoridade e o sistema, e a necessidade de se sentirem socialmente seguras. A pureza dos ideais seria um desafio, principalmente quando confrontados com as exigências pragmáticas da vida econômica e familiar.

Como esse aspecto, está presente uma aversão aos líderes que pareciam levar as pessoas a uma atitude de obediência cega e conformismo, o que, para o espírito uraniano, é um anátema e contrário ao princípio de liberdade. As liberdades pessoais são fundamentais e a repressão pode levar à luta para afirmá-las. Contudo, esse grupo acabou se fragmentando em diversos tipos. Alguns eram revolucionários relutantes, que acabaram sendo reabsorvidos pelo modelo social dominante; alguns eram "rebeldes sem causa", desajustados sociais sem rumo, a não ser o da reação agressiva. Os membros desse grupo foram atraídos pela contracultura dos *hippies* e das drogas na última fase, após 1968; outros, tornaram-se os primeiros líderes do movimento *punk* de meados dos anos 70, uma revolta de jovens reacionários e anárquicos contra o conformismo; e significativamente, tornaram-se parte da difusão do movimento da Nova Era que incorpora os atuais grupos políticos ecológicos.

Na realidade, grande parte dos primeiros adeptos dos ideais *hippies* tornaram-se parte da cultura da Nova Era que se expande por toda a sociedade através das terapias alternativas de saúde, treinamento mental, alimentação saudável e a ideologia da totalidade individual e coletiva. É dessa forma que o núcleo básico das pessoas nascidas entre 1952 e 1956 está assumindo o controle da própria vida e influenciando a sociedade.

SEXTIL PLUTÃO-NETUNO

Durante este século, há apenas um aspecto formado entre Netuno e Plutão, e é interessante observar que o sextil foi iniciado na metade da Segunda Guerra Mundial, durante 1942. A influência dessa relação deveria ter um efeito global na geração; como todas as energias de planetas transpessoais, seria uma força diretiva estimulando o desenvolvimento do processo evolucionário no tempo e no espaço.

Netuno estimulará uma exploração quase mística naqueles que são receptivos e, a partir do início do sextil, a ciência reagiu em duas direções distintas e complementares: os esforços se concentraram no desenvolvimento das viagens espaciais e da tecnologia de satélites, explorando o vasto universo exterior através de radiotelescópios, por exemplo; enquanto a pesquisa complementar do espaço interior — investigando e testando os componentes da matéria — e a física quântica emergiram no primeiro plano da investigação científica.

As tentativas para compreender a natureza do universo, sua composição e tamanho, a possível criação do universo e a teoria do *Big Bang* refletem a tradicional maneira ocidental de olhar para o exterior. Paralelamente a essa tendência, houve o nascimento de um movimento oposto entre as pessoas, o da auto-exploração, o caminho interior místico, ocorrido om o movimento da Nova Era, da psicologia junguiana/humanística, das técnicas ocultistas e do renascimento de atitudes mágicas perante a vida. Envolveu também a implantação no Ocidente de muitas atitudes e o conhecimento das filosofias e religiões orientais, uma fusão dos dois hemisférios, uma unificação potencial de estruturas de crenças que refletiam o movimento científico rumo a uma física quântica mais mística.

À medida que o universo exterior se amplia e o universo interior torna-se uma misteriosa vastidão de espaço, o único ponto no qual o exterior e o interior pode reconciliar é o ser humano. Numa época em que o imenso poder de destruição da fissão do átomo pode ser utilizado paraa o suicídio ou genocídio racial, o velho preceito das escolas de Mistério dos antigos é a chave para o futuro: "Homem, conhece a ti mesmo".

As gerações nascidas após o início desse aspecto, ou aqueles especialmente receptivos a sua influência, estão conscientes das tendências básicas que emanam dele. Elas valorizam a vida: a necessidade de proteger o meio ambiente mundial da devastação insensata, a necessidade de ampliar os direitos e liberdades pessoais, de desenvolver a cooperação internacional e ultrapassar o domínio materialista consumista no Ocidente. O reconhecimento de que, potencialmente, pode existir uma qualidade de vida melhor para a maioria das pessoas através do redirecionamento dos recursos (se houver vontade), provocará uma mudança radical.

As energias de transformação estão presentes e dependem muito de como as utilizamos, individual e coletivamente, para obtermos resultados negativos ou positivos. O desafio do "livre-arbítrio" é a natureza da escolha e da decisão que determinam, no presente, a natureza do futuro.

NETUNO EXALTADO EM CÂNCER

Existem diversos signos e planetas relacionados a essa exaltação: Netuno, Júpiter, Vênus, Lua, Peixes e Câncer, e todos enfatizam os aspectos do amor, do coração, da consciência coletiva, das emoções, da humanidade, da Mãe e do plano astral de desejos, imagens e imaginação.

Nos ensinamentos esotéricos, Câncer é a porta de entrada para ocorrer a encarnação coletiva; é interessante observar que Netuno é o planeta mais alinhado com as filosofias políticas e espirituais da unidade do grupo. Esse agrupamento de influências zodiacais mistura-se ao elemento Água, onde Netuno é o deus dos oceanos, regente de Peixes e à vontade no signo aquático de Câncer. O antigo co-regente de Peixes é Júpiter, que também está exaltado no signo de Câncer; atualmente, Netuno é considerado o representante de uma vibração harmoniosa mais elevada da tendência jupiteriana à expansão. Eles exibem características de expansão social e interesses religiosos ou místicos e são as energias da coesão social, com Júpiter particularmente forte nas áreas da família, sociedade e questões religiosas ou éticas.

Câncer está associado aos sentimentos e à sensibilidade profundos, muitas vezes de natureza psíquica e sintonizados com as tendências inconscientes que influenciam um temperamento humano muitas vezes instável. A exaltação de Netuno nesse signo intensifica as emoções, elevando-as a picos de empatia que, para algumas pessoas, podem ser difíceis de controlar e talvez predomine a atração pela reclusão mística ou por um estilo de vida espiritual. Essa sintonia emocional pode criar uma sensibilidade ao sofrimento do mundo, registrando tudo que invade essa consciência sensitiva, sendo facilmente influenciada por outras pessoas ou por motivações interiores, inconscientes, ou mesmo tentando seguir o caminho dos salvadores do mundo, agindo como um canal para energias redentoras.

É através de Peixes que Vênus está exaltado e esses quatro planetas (incluindo Júpiter, Netuno e a Lua) possuem afinidades com as vibrações das energias do amor no universo. Júpiter é a união social e pública; Vênus está relacionado ao amor pessoal, exclusivo, e à polaridade de dualidade sexual; a Lua (regente de Câncer) está relacionada a nossas primeiras experiências com o amor e a ligação à Mãe, formando padrões emocionais, hábitos, necessidades, expectativas e desilusões; e Netuno, em seu aspecto mais elevado, reflete o amor por todos, uma união transcendental com a divindade e a expressão do amor universal. Através de cada um desses canais inter-relacionados surge a influência netuniana, especialmente as qualidades sutis e ilusórias muitas vezes mais aparentes do que as qualidades de vibrações mais elevadas. Apesar da preferência de Câncer e da Lua por hábitos e formação de padrões repetitivos para proporcionar segurança e estabilidade, Netuno constantemente dissolverá todas as estruturas inibidoras, liberando a vida aprisionada e permitindo a renovação da vitalidade em novas formas.

NETUNO COMO REPRESENTATIVO DO ORIENTADOR PRÁTICO

O Representativo do Orientador Prático de um mapa natal é determinado pelo planeta imediatamente anterior à posição natal do Sol, também chamado de planeta de aspecto oriental. Por exemplo, num mapa em que o Sol estiver localizado a dezessete graus de Escorpião, com Netuno a doze graus de Escorpião, como o planeta antecedente mais próximo, Netuno é o Orientador Prático.

Netuno nessa posição tende a intensificar o papel desse planeta na personalidade; muitas vezes o Orientador é um planeta bastante influente em seus aspectos, regências e outros. Nesse caso, as qualidades e talentos associados a Netuno podem estar particularmente direcionados na posição da casa natal e assumirão uma importância e uma necessidade de expressão ainda maiores.

Para a pessoa que tem Netuno desempenhando esse papel no mapa, isso indica um talento especial para uma afinidade espiritual natural e contatos interiores. Os sentimentos intuitivos geralmente são poderosos, potencialmente servindo como meio de contínua direção e orientação de vida, especialmente nas épocas de crise; com freqüência, está registrada uma forte impressão sobre o caminho certo a seguir. As energias pessoais podem facilmente focalizar-se em ambições pessoais relacionadas à evolução espiritual, ao *insight* e à realização, e a probabilidade é de que, até certo ponto, a pessoa sirva de canal transpessoal.

Os interesses provavelmente estarão voltados à criatividade e ao misticismo, mesmo que, como muitas vezes acontece com Netuno, possa haver dificuldade para integrar as percepções netunianas na vida cotidiana e garantir que qualquer avaliação seja antes purificada dos seus encantos e enganos deturpadores. Pode haver dispersão e será preciso concentração para alcançar a expressão plena desses talentos netunianos. Como Netuno tende a afastar as pessoas das realidades convencionais, pode haver um esforço contínuo para encontrar um modo satisfatório de expressão; o choque entre os sonhos de Netuno e qualquer realidade atual é, com freqüência, doloroso e frustrante. Muitas pessoas que reagem profundamente a essa influência planetária podem sentir-se atraídas por estilos de vida mais criativos e artísticos ou pelo crescente movimento da Nova Era, onde podem viver em maior harmonia com suas necessidades interiores e seu espírito.

NETUNO RETRÓGRADO

A posição retrógrada do Netuno natal indica que a pessoa será extremamente sensível à vida interior e às mensagens de sua mente inconsciente e de seu *self* mais elevado. É provável haver uma empatia intuitiva e isso ter dificuldades próprias, assim como bênçãos. Pode haver tendência a determinados tipos de *insights* proféticos e a previsão de acontecimentos futuros.

Haverá um toque de espiritualidade na personalidade, adicionando uma outra dimensão de complexidade, que será desconcertante para as percepções de outras pessoas. Individualmente, pode ser um problema determinar uma direção de vida, porque a imaginação netuniana é uma fonte constante de sonhos e fantasias: a capacidade de escolher um sonho e ser seguido pode ser quase impossível. Para realizar progressos é essencial avaliar com clareza as possibilidades realistas.

Há um dilema relacionado às necessidades interiores e às exigências do mundo exterior, uma vez que a tendência natural é buscar significado e propósito em todos os empreendimentos e na vida cotidiana e, contudo, o mundo exterior pode mostrar-se curiosamente resistente e inibidor dessa necessidade pessoal, especialmente ao oprimir a pessoa com as obrigações da vida social e restrições econômicas. Isso cria atritos e tensão interior, e é preciso estabelecer um equilíbrio cuidadoso para satisfazer tanto as exigências externas quanto as internas. Talvez seja necessária uma adaptação melhor à vida cotidiana e ao plano físico, e existe a constante tentação de querer fugir das exigências da vida para as atraentes terras dos sonhos e fantasias interiores.

Muita coisa depende do nível de desenvolvimento e integração individual no modo como Netuno é tratado e recebido. Com as pessoas mais conscientemente sensíveis a essa vibração superior haverá um grande estímulo do impulso espiritual em direção á unidade com o *self* e a expressar uma vida que está no mundo mas não pertence a ele. Para essas pessoas, as percepções também são recebidas de fontes intangíveis, e para elas são comuns as intuições psíquicas e a empatia com os outros; a sensibilidade torna-se bastante refinada, assim como as reações emocionais à vida.

Ao atender ao chamado netuniano, a pessoa pode libertar-se do estilo de vida convencional e do comportamento ortodoxo, tratando sua vida como uma "criação artística" que se renova e se recria. Os ideais provavelmente proporcionam uma luz orientadora, mas eles também podem ser ilusórios; é preciso muito cuidado para diferenciar a realidade da ilusão, pois Netuno encontra-se numa posição crítica, olhando simultaneamente para os dois caminhos. A fidelidade ao *self* é o caminho que deve ser seguido, porém pode ser muito difícil encontrar equilíbrio e integração na estrada que leva à visão de Netuno; é quase como tentar caminhar sobre as águas. Entretanto, para todas as pessoas não existe, no final, nenhuma outra escolha acessível.

Exemplos de Mapas

MARILYN MONROE

É interessante considerar o mapa de Marilyn Monroe sob a perspectiva de uma poderosa influência de Netuno, pois sua vida tende a incorporar vários dos principais temas associativos desse planeta. Os aspectos astrológicos mais importantes de Netuno são as oposições com a Lua e Júpiter, a quadratura com Saturno e o trígono com Vênus, com Netuno localizado na 1ª casa.

Monroe ainda é uma das "estrelas" imortais de Hollywood e é um símbolo das seduções representadas pelo tipo de adulação pública, muitas vezes dedicada a atores e atrizes de cinema. Ela foi identificada como um símbolo sexual quase arquetípico, oferecendo uma imagem de desejo para os homens e um modelo que provocava inveja em muitas mulheres. Estrelando várias comédias, seus filmes transmitiam a mensagem de ser apenas uma "loira burra".

Sua morte refletiu um padrão netuniano. Em agosto de 1962, ela morreu de *overdose* de barbitúricos e, a partir daí, sua morte tem sido cercada de uma série de mistérios e especulações, principalmente no que diz respeito à sua relação com o presidente americano John F. Kennedy e com seu irmão, Robert Kennedy. Vemos aqui as seduções eternamente fascinantes relacionadas às estrelas de cinema e às figuras políticas poderosas; a partir daí, Marilyn tem sido identificada com os papéis de vítima, de mártir e de sacrifício, dependendo do ponto de vista individual.

Ela conseguiu utilizar seus talentos netunianos para o drama e a expressão pessoal, tornando-se uma estrela internacional e uma personalidade da mídia, apesar do preço ter sido muito alto, pois se tornava uma alma cada vez mais infeliz e atormentada — mesmo no auge de sua fama — e, em sua vida amorosa particular, com freqüência envolveu-se em relacionamentos dolorosos e fracassados com uma série de amantes. Psicológica e emocionalmente, tornou-se mais confusa e fragmentada, sofrendo as tensões da insônia, enquanto sua vida interior começava a desmoronar sob as pressões e tensões de seu elevado perfil público. Fortes depressões eram muito comuns, aliadas a uma suposta tendência suicida que a acompanhou durante muitos anos. Na verdade, a falta de profissionalismo, os atrasos freqüentes e as atitudes extravagantes chegaram ao clímax antes de sua morte, fazendo com que fosse excluída das filmagens de *Something's Got to Give*. sua estrela brilhou muito, imortalizada no cinema para as gerações futuras e, de repente, apagou-se, como Elton John expressou na música *Candle in the Wind*, uma homenagem póstuma.

Astrologicamente, ela tinha o Sol em Gêmeos, o que muitas vezes pode indicar a existência de duas *personas* distintas dentro do indivíduo (refletida pela imagem dos Gêmeos) e que novamente surgia em suas conflitantes realidades, públicas e particular. Publicamente, era uma mulher admirada, uma estrela famosa e bem-sucedida que recebia as projeções da adoração pública; na vida particular, como qualquer mulher que luta com emoções deterioradas depois de uma série de casos amorosos e casamentos fracassados, sentia-se curiosamente isolada das realidades cotidianas e apenas desejava ser amada e amar alguém com quem pudesse relaxar e se firmar — ela precisava de estabilidade e segurança.

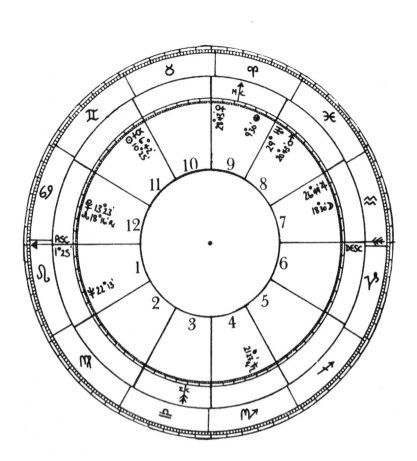

MARILYN MONROE
nascida em 1º.6.1926, Los Angeles, 9:30 h da manhã.

Em seu mapa não havia o elemento Terra, e isso não favoreceu sua necessidade de se sentir material e psicologicamente ancorada.

Os aspectos de oposição com a Lua e Júpiter e a quadratura com Saturno indicam tensões e pressões interiores, nas quais as projeções são dirigidas para o mundo exterior e refletem de volta através das outras pessoas. Como sugere a oposição Netuno-Lua, ela perdeu seu próprio centro individual ao transferi-lo para uma imagem de si mesma como estrela de cinema, eliminando a separação entre realidade e ilusão, verdade e ficção; esses conflitos afetaram sua vida amorosa. Ela procurou uma saída para a perda do *self* abusando das drogas, do sexo e do álcool. Como sugere a oposição Júpiter-Netuno, a escolha dos parceiros pode ser imprudente e, no caso de Marilyn, as projeções do *animus* focalizaram-se em homens inadequados nos quais ela procurava uma espécie de figura paterna sólida e protetora. A quadradura Saturno-Netuno exige níveis de auto-aceitação essenciais para solucionar essa rejeição interior e o bloqueio do fluxo livre de energias; quando, continuamente, reforçam-se tendências interiores negativas, o resultado pode ser a diminuição da autoconfiança, o que leva à sensação de estar preso a neuroses pessoais e à ausência de auto-estima e auto-aceitação. .

Neste caso, o trígono de Netuno e Vênus indica qualidades artísticas e dramáticas a imagem de um símbolo sedutor e sexualmente vibrante de feminilidade ideal, a impressão de sensualidade e fascínio que a tela do cinema aumentou em vez de diminuir. A posição de Netuno na 1ª casa revela o eterno problema de definição da própria identidade, um desafio que ela nunca solucionou e que culminou em tragédia.

Sob diversos aspectos, sua função na vida foi servir de sacrifício netuniano, refletindo as necessidades, atitudes e percepções comuns à síntese ideal de uma estrela de cinema. Ao morrer, ainda jovem e bela, antes que o tempo lhe tirasse o brilho do ouro e da beleza, Marilyn tornou-se um canal público que serviu de imagem para as pessoas, pois grande parte do sacrifício exigido por Netuno era universalizar sua identidade pela renúncia da personalidade distinta e separada, à custa da própria vida.

Para obter uma percepção mais profunda da influência netuniana na psique interior de Marilyn, consulte as seções adequadas sobre os aspectos e as casas.

SIGMUND FREUD

Sigmund Freud foi um dos pioneiros do movimento psicanalítico e suas teorias ainda são a base da escola freudiana de psicologia, extremamente influentes durante este século.

A partir de uma perspectiva contemporânea, as doutrinas psicológicas de Freud com freqüência são consideradas como uma análise parcial da complexa totalidade da psique humana, mas durante sua vida, ele acreditou ter encontrado o caminho para solucionar os mistérios da psique. Na verdade, ele deu um importante passo inicial e abriu o caminho, mas ficou desconcertado quando seus mais importantes ''discípulos'' deixaram-no para liderar movimentos psicanalíticos dissidentes, baseados em teorias e doutrinas próprias. Entre eles estavam Adler, Jung e Assagioli. Jung e Assagioli são atualmente bastante conhecidos nas áreas astrológicas e humanísticas, uma vez que as interfaces entre o trabalho e as técnicas de autodesenvolvimento encontram-se firmemente fundamentadas. Assagioli tornou-se o fundador da *psicossíntese*, uma abordagem psicológica baseada na realidade de um *self* interior e uma dimensão espiritual.

Freud ajudou a introduzir os conhecidos métodos de associação livre de idéias, que utilizou em sua prática psicanalítica, e desenvolveu uma doutrina que afirmava que o impulso sexual é a chave para a compreensão das motivações e reações humanas. Para ele, os fatores determinantes na compreensão da personalidade eram os instintos, o sexo e os acontecimentos passados, especialmente as experiências da infância e o relacionamento com os pais. Ele usou o termo "id" para descrever uma parte da mente totalmente inconsciente, primitiva e impessoal que também incluía os impulsos instintivos herdados pelo indivíduo e estava particularmente associada às lembranças e fantasias criadas durante as experiências da infância. Freud tendia a substituir a imagem de Deus por esses componentes da psique profundamente enraizados e, devido à sua ascendência judaica, quase substituiu seu conceito de id pelo do Jeová hebraico, como um deus tribal. Ele também adotou o uso do termo "ego", significando a parte da mente que é o pensador consciente e organizador, onde é criada a percepção de uma identidade distinta separada. As idéias do complexo de Édipo também vieram dessa escola de pensamento, que se manifestava como uma sexualidade infantil relacionada aos pais, baseada na atração pela mãe e na rejeição e ciúme do pai.

Dentro do contexto de sociedade na época em que as idéias de Freud se tornaram públicas, essas análises psicológicas foram consideradas bastante chocantes; Freud teve de utilizar todo o seu espírito de perseverança e uma atitude inflexível para resistir às duras críticas que lhe foram dirigidas. Devemos lembrar que essas idéias surgiram numa sociedade condicionada por atitudes vitorianas, durante as primeiras fases da era eduardiana na cultura européia; sugerir que o sexo ativo era parte essencial e importante da vida humana normal e qualquer repressão dessas energias era psicologicamente perigosa provocou aversão e desaprovação em muitas pessoas. Discutir o sexo em público não era considerado socialmente adequado.

Contudo, no que diz respeito à sexualidade humana, os *insights* e a persistência de Freud finalmente destruíram as barreiras de pensamento construídas pela sociedade. Seu argumento de que sob o verniz civilizado da cultura e da sofisticação européias havia um nível subconsciente da psique, primal e instintivo, fonte de compulsões caóticas, obsessões e motivações ocultas, de desejos sexuais e energias reprimidas, tornou-se conhecido como a mente inconsciente, esfera que Jung iria explorar sob uma persspectiva diferente, revelando uma estrutura arquetípica oculta. Freud afirmou que existiam implicações pessoais negativas originadas da repressão deliberada e da frustração da energia da libido. Essas atitudes médicas de liberação foram rapidamente aproveitadas pela comunidade artística como uma justificativa para a expressão de suas próprias tendências naturais, que surgiriam durante a década de 20 como um conjunto de atitudes sociais liberadas, onde a sexualidade tornou-se um pouco mais respeitada (embora escritores como D. H. Lawrence ainda encontrassem considerável resistência a alguns de seus temas literários). Atualmente, o sexo ainda é uma questão controvertida.

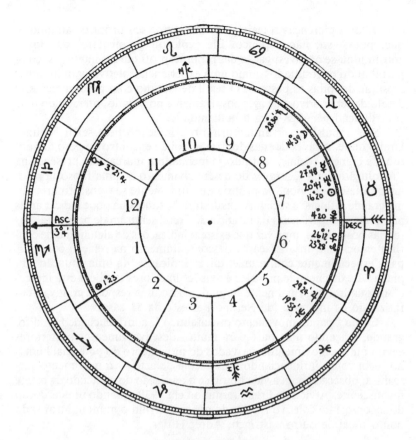

SIGMUND FREUD
nascido em 6.5.1856, Freiburg, Morávia, às 6.30 da tarde.

É como se Freud tivesse recebido de Netuno a missão de transmitir essas doutrinas, porque as profundezas do inconsciente são reinos nos quais Netuno governa e está ativo, associando-os à tendência mítica de Netuno para entregar-se a uma atividade extravagante, assim como às seduções e ilusões. Seu Netuno está localizado em Peixes, uma passagem para a mente inconsciente, e Freud abriu essa porta liberando as comportas de uma repressão coletiva de energias sexuais. A posição natal de Netuno na 5ª casa, enfatiza a criatividade e o amor sexual, e Freud certamente desenvolveu esses temas, dando-lhes importância exagerada devido às seduções associativas relacionadas a eles. Como sugere a análise da 5ª casa, Freud criou uma nova compreensão e redefinição de raízes, bases e família, através de suas doutrinas psicológicas e quase virou de cabeça para baixo a natureza das relações pais-filhos, ao revelar a dimensão sexual oculta. Ele transformou sua própria herança de atitudes, valores e crenças sociais e decidiu seguir seu próprio caminho, o que, por si só, não é pouco. Ele explorou os mistérios da vida e aprofundou-se na investigação das próprias profundezas interiores, compartilhando os resultados como uma experiência coletiva para iluminar a psique de todas as pessoas. O sextil de Netuno com o Sol indica esse desejo de ser criativo e de agir positivamente no mundo, oferecendo uma contribuição benéfica para a humanidade.

Seu impulso a ser antiautoritário é indicado pelo sextil Netuno-Urano onde, através de suas doutrinas, foi de encontro ao peso das atitudes e crenças sociais, sentindo-se inclinado a marcar sua presença na "revolução social", através do desenvolvimento de uma filosofia revolucionária e evolucionária própria que finalmente se transformaria numa grande influência social. A quadratura Netuno-Lua pode indicar áreas nas quais as experiências da infância de Freud serviram de base para suas teorias posteriores, uma vez que existem indicações de algum tipo de conflito emocional, insatisfação e descontentamento na relação com seus pais, especialmente com a mãe, talvez indicativa de uma situação edipiana. A existência de pressões e tensões interiores também está indicada na quadratura, finalmente surgindo como uma resposta criativa e enfatizando os interesses de Netuno-Peixes e da 5ª casa.

Como "pai do movimento psicanalítico", a influência de Freud foi grande, lançando uma base para muitos desenvolvimentos posteriores e para outros movimentos derivados do movimento do potencial humano, bem como influenciando uma escola de arte — o movimento surrealista, obcecado com a vida onírica e a revelação do conteúdo da mente inconsciente. A vida de Freud terminou em 1939, quando uma erupção do inconsciente coletivo reprimido quase destruiu o mundo, através do ponto focal de outro austríaco, Adolf Hitler.

ALICE A. BAILEY

Embora Alice Bailey não tivesse um perfil elevado de personalidade como diversos outros mestres ocultistas, sua influência foi extremamente poderosa no reino dos ensinamentos esotéricos, uma vez que atuou como escriba do Tibetano, uma das fraternidades ocultistas transhimalaianas. Sob diversos aspectos, ela foi o foco para a continuação dos ensinamentos de Madame Blavatsky e precursora da maneira moderna de "canalizar" os ensinamentos espirituais. Contudo, ela afirmava que o Tibetano estava vivo em um convento de lamas no Tibete, antes da invasão chinesa, e não era um comunicador do plano interior desencarnado. Sua canalização fazia-se por comunicação telepática de natureza mais elevada e sua vida foi dedicada ao serviço esotérico e o ancoramento dos ensinamentos visionários e transformadores.

No mapa de Bailey, o sextil Netuno-Mercúrio sugere sua adequação para o papel de amanuense (escriturário). Na análise do aspecto pla-

130

netário, existe a afirmação de que esse sextil ajuda a construir um canal de ligação entre as mentes consciente e inconsciente, pelo qual a informação pode ser transmitida para a mente racional, e a possibilidade de experiências de comunicação telepática. Ela dedicou trinta anos de sua vida ao aprendizado, através da comunicação com o Tibetano.

A quadratura Marte-Netuno e suas expressões inferiores mais negativas parecem ter sido superadas por seu caminho espiritual, embora no início da vida e durante o primeiro casamento algumas dessas áreas de luta emocional e sexual estivessem presentes e ativas. De acordo com sua *Unfinished Autobiography*, foi uma época de testes, para ela e para sua família, e foi preciso enfrentar muitas de suas tendências intrínsecas em situações embaraçosas. Essa fase exigiu o abandono dos conceitos desnecessários de sua educação que refletiam a sociedade vitoriana, mas foi necessária para prepará-la para tarefas posteriores.

É provável que questões particulares sobre sexualidade e emoções a tenham atormentado algumas vezes e, mais tarde, essas tensões foram mais bem integradas, especialmente quando todo seu tempo e energia foram absorvidos pela missão esotérica. Há uma história com relação ao seu segundo marido, Foster Bailey. Quando diziam que eles deveriam se casar, ela respondia que, se o cavalo que estava diante dela balançasse a cabeça afirmativamente, ela se casaria — e foi exatamente o que aconteceu. Entretanto, na ocasião ela estava envolvida em suas tarefas, pois o renascimento indicado por Marte e Netuno fora consumado; ela teve sucesso em suas batalhas interiores e os conflitos desapareceram. Aqui, a implicação é que o casamento realizou o Grande Trabalho e não a mera satisfação das necessidades e desejos pessoais.

O trígono Netuno-Urano ocorreu durante um período anterior ao mencionado na análise do aspecto, embora os temas relacionados à ação como agente de ligação entre o antigo e o novo mundo estejam relacionados, assim como o serviço de serem mediadores na sociedade. O desenvolvimento de uma visão intelectual e um ponto de vista pessoal está realçado, bem como a necessidade de permanecer livre dentro da própria luz e compreensão, em oposição a uma submissão mental e ingenuidade com relação àqueles que se elevam para se tornarem líderes públicos. É essencial existir um espírito de investigação pessoal, principalmente no que se refere à discriminação, quando existe uma ligação com o caminho espiritual; a aceitação passiva desses ensinamentos como verdades absolutas raramente é o caminho para a descoberta da sua verdade — tudo o que você recebe é uma luz refletida que pode, ou não, ser verdadeira para você. Como comentou o Tibetano, "Um Mestre é um florescência rara de uma geração de investigadores". A chave é o questionamento de todos os conceitos e ensinamentos e não assumir que alguma coisa é verdadeira porque Cristo ou Buda supostamente o disseram. Sempre descubra por si mesmo; embora seja um caminho consideravelmente mais difícil!

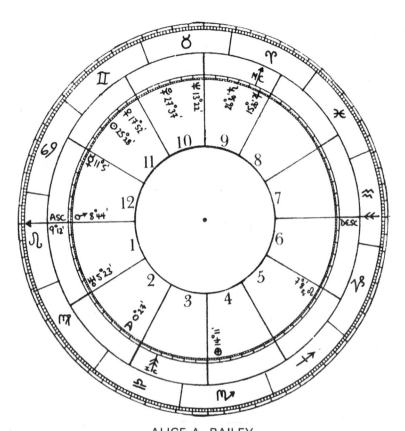

ALICE A. BAILEY
nascida em 16.06.1880, Manchester, Inglaterra, às 7.32 h da manhã.

O Netuno natal de Bailey na 10ª casa mostra que ela foi bem-sucedida no serviço comunitário, visando manifestar a visão utópica idealista netuniana da Nova Era, onde se dedicou à causa dos Mestres e ofereceu a própria vida em sacrifício a sua inspiração. Ela se tornou um canal para aquele algo maior que está além dos parâmetros do *self* separado e tornou-se porta-voz de sua percepção visionária. Bailey conseguiu dar vida ao seu novo *self* (o renascer espiritual), o que significava "um *self* intimamente relacionado ao bem-estar de uma sociedade mais ampla, ligado ao impulso da emergente. Era de Aquário". É interessante observar que cada um de seus planetas transpessoais — Urano, Netuno e Plutão, está localizado em casas de elemento Terra, quase como se insistissem no ancoramento da visão transpessoal no plano material.

A visão Bailey/Tibetano subjaz a grande parte da atual consciência da Nova Era e, como uma das grandes pioneiras ocultistas, seu trabalho mostrou-se inestimável para muitos seguidores; é com freqüência uma importante influência não reconhecida nos ensinamentos modernos, esotéricos e psicológicos, como por exemplo na formação da psicossíntese.

DION FORTUNE

Outra famosa ocultista carismática deste século foi Dion Fortune, pseudônimo de Violet Mary Firth que derivou do lema de sua família: *Deo, non fortuna*, e foi adotado em sua iniciação na famosa Ordem Hermética da Aurora Dourada.

Fortune permanece firme na linha das modernas mulheres ocultistas que, parece, formam um grupo iniciador para a corrente mágica aquariana, embora inicialmente seus interesses se dirigissem para a Tradição do Mistério Ocidental e especialmente para o papel de Suprema Sacerdotisa e dos aspectos do Feminino Divino. Ela era altamente psíquica, mediúnica e mais um canal inicial para as comunicações com guias interiores, como em *The Cosmic Doctrine*. Sua vida foi dedicada à magia e, progressivamente, assumiu aspectos espirituais e *personas* como se, através de sua ascensão aos planos, ela retornasse com as características das formas divinas e dos arquétipos assumidos. Ela própria disse: "Eu tive um sonho com a mágica da lua e os palácios marinhos e, dia após dia, vivi mais em outra dimensão, onde tinha aquilo que sabia jamais ter na terra e era muito feliz". *(Priestess,* Alan Richardson, Aquarian Press).

Fortune desenvolveu diversas partes dos ensinamentos da Aurora Dourada numa tentativa de restabelecer a Tradição do Mistério Ocidental que gradualmente estava desaparecido; grande parte dessa atividade concentrava-se no grupo que formou mais tarde como uma entidade independente, a Fraternidade da Luz Interior, cujas raízes estavam numa casa comunitária em Londres, na ladeira de Glastonbury Tor, em Chalice Orchard. Fortune agiu como o coração e a luz orientadora desse grupo e, cada vez mais, evocou poderes adicionais através de rituais regulares, desempenhando seu papel de mediadora e sacerdotisa. Sob vários aspectos, ela passou a incorporar características de suas deusas favoritas, uma das quais era a egípcia Ísis, e a outra, Morgan le Fey, das lendas de Arthur. Questiona-se o fato de ela ter se identificado demais com essas *personas* arquetípicas, e as evidências sugerem que a protagonista de seus dois romances mais famosos *Moon Magic* e *Sea Priestess* foram versões ligeiramente idealizadas de si mesma. As vidas passadas e o papel da Atlântida eram outros temas nos quais se concentrava; ambos indicam uma influência netuniana em sua psique, assim como suas vestes e representações rituais, bem como sua personalidade dramaticamente exagerada. Como Aleister Crowley, ela foi um espírito de magia elevada, pública e teatralmente.

133

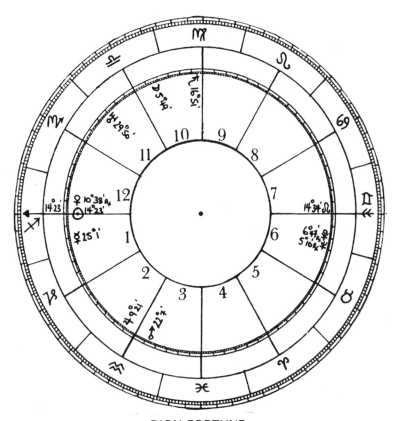

DION FORTUNE
Mapa Solar, nascida em 6.12.1890, em Llandudno,
País de Gales.

    Magicamente, ela considerava como parte de sua missão reinvocar o poder da Grande Deusa e revigorar o adormecido poder espiritual da sagrada Avalon. Com certeza seu trabalho e influência continuam, e são influentes para os que seguem os caminhos tradicionais relacionados. Existem rumores de que depois de sua morte ela continuou guiando o desenvolvimento de seu grupo esotérico durante alguns anos até sua presença começar a inibir as mudanças e, portanto, ser encorajada a soltar os cordões controladores. Como muitos outros ocultistas, ela afirmava ser inspirada pelos comunicadores do plano interior; dizem que até hoje é possível entrar em contato com seus guias interiores.
    Astrologicamente, não se sabe a hora de seu nascimento, e assim foi criado seu mapa solar. O trígono Netuno-Lua mostra os potenciais naturais de criatividade e as tendências psíquicas e proféticas. Sua criatividade está expressada em seus escritos e romances ocultistas; vale a pena

ler os dois romances já mencionados, pois eles oferecem diversas chaves sobre a natureza de suas auto-imagens e compulsões pessoais aplicadas num contexto de trabalho mágico ritual. A oposição entre Netuno e Vênus realça uma personalidade emocional imaginativa e revela tensões interiores ligadas aos seus relacionamentos pessoais e ao casamento com Thomas Penry Evans (''Merlin''), que mesmo bem-sucedido quanto à parceria mágica no começo, seria fonte de sofrimentos posteriores.

Fortune sentia dificuldade para integrar adequadamente sua natureza emocional e sexual e, pelo fato de trazer seu *animus* interior para a psique, era com freqüência considerada surpreendentemente masculina. Assumir formas de deusas em rituais não conseguiu torná-la particularmente feminina; parece que lhe foi exigido sacrificar um relacionamento humano satisfatório em troca do poderoso relacionamento mágico. Nisso, ela não está sozinha, pois outras famosas ocultistas, como Blavastsky, Besant e Bailey, fizeram sacrifícios semelhantes; parcialmente, isso pode ter sido motivado pelo fato de terem se tornado mulheres poderosas e assertivas com a missão de superar as necessidades pessoais em favor do serviço espiritual.

O trígono de Júpiter e Netuno também revela sua atração pelo caminho oculto e os valores da espiritualidade, onde a elevada exaltação emocional conduz a experiências de intensidade incomparável, principalmente através de cerimônias e toques de mistério dramático. Utilizar um elevador na sala de ritual era uma idéia tentadora, pois permitiria que ela se elevasse como Ísis e, assim, fizesse uma aparição dramática. Algumas vezes, os ocultistas podem se tornar impessoais, mas são esses toques excêntricos e humanos que os tornam tão fascinantes e atraentes!

Apesar de seus mantos e de sua preferência por vestes extremamente coloridas e chapéus de abas largas — e por que não? —, Dion Fortune foi uma mágica poderosa e digna de um lugar no panteão dos heróis e das heroínas ocultos.

O aspecto planetário da conjunção entre Netuno e Plutão desempenhou um papel em sua vida e resumiu sua função mágica. Essa é uma conjunção rara que ocorreu pela última vez por volta de 1880-1890; foi uma das vibrações planetárias mais elevadas que, quando integrada, pode proporcionar um elevado senso de compreensão espiritual sobre a natureza e as bases da psique humana. É muito sutil, mas extremamente poderosa, pois destrói antigas atitudes sociais e sistemas de crenças arraigados e ultrapassados, substituindo-os por visões novas e mais adequadas aos próximos passos, muitas vezes indicando um ponto de mutação na ascensão e na queda das nações. Com freqüência, o *status quo* religioso é desafiado por novas abordagens do impulso religioso e pode causar a morte de antigos conceitos; esse é um processo que está incorporado ao trabalho de determinados indivíduos que possuem ''uma elevada missão espiritual''. Dion Fortune foi um deles, e seu trabalho pioneiro no restabelecimento dos Mistérios das Mulheres e do Ocidente provou ser inspirador para muitas pessoas.

ISRAEL

A partir de uma perspectiva netuniana, vale a pena considerar o mapa nacional do Estado de Israel, fundado em 1948 como parte da reconstituição das fronteiras nacionais após a Segunda Guerra Mundial e criado na região anteriormente conhecida como Palestina.

Durante muitos séculos, a reação ao povo hebreu e judeu tem sido opressiva, abrangendo desde a dominação egípcia e romana, até a perseguição e os *pogroms* civis (massacres organizados) em toda a Europa, em diversos países e épocas. O povo judeu, quase tradicionalmente, tem sido uma raça perseguida, acusada de crimes sociais e dissenção, sempre que é preciso encontrar um bode expiatório; o castigo por isso tem sido severo e brutal. É um povo errante desde os tempos bíblicos de Moisés, que os conduziu pelo deserto à procura da Terra Prometida; ser o Povo Escolhido de Deus nunca foi uma cruz fácil de ser carregada.

O moderno Estado de Israel é conseqüência de anos de esforços políticos internacionais feitos pelo movimento sionista, desde 1897, e a realização do grande sonho visionário dos sionistas que concebiam um lar permanente na Terra Prometida, onde finalmente pudessem se estabelecer. Em 1948, após a terrível tentativa de genocídio nazista, muitos judeus decidiram retornar ao novo Estado de Israel para ajudar na construção de uma nova sociedade.

Israel ainda é cenário de tensão e conflitos, com muitos atritos e hostilidade dos palestinos e das nações árabes vizinhas, como a Jordânia, a Síria e o Líbano. A paz ainda não desceu sobre a terra e os israelenses vivem como um povo perseguido por ameaças; defender seus interesses e a terra natal é a principal preocupação; a concepção dos interesses de Estado tende a difundir-se no mundo, com diversos exemplos de interferência em terras estrangeiras.

Astrologicamente, podemos observar as tendências netunianas de vítima, de mártir e de sacrifício, fortemente fixadas nas tradições históricas desse povo e de sua consciência coletiva. É interessante observar que o mapa natal nacional do moderno Estado de Israel tem uma considerável ênfase nos aspectos de Netuno, como uma continuação de um padrão anterior. Netuno forma trígono com Mercúrio, sextis com Saturno e Plutão, quadraturas com Vênus e o Meio do Céu, conjunção com o Ascendente, e está localizado em Libra, na 1ª casa.

A posição na 1ª casa indica conflitos e confusão de identidade nacional, onde a verdadeira natureza e definição do *self* nacional exigem um esclarecimento. Parcialmente isso ocorre devido a visões nacionais diferentes quanto à maneira mais adequada de dar continuidade à criação do Estado de Israel em bases firmes e seu relacionamento com o resto do mundo, particularmente os países vizinhos. Além disso, existem confusões internas relacionadas à herança religiosa, com grupos que representam as antigas tradições e às atitudes hebraicas que se opõem

136

às atitudes seculares contemporâneas de muitos judeus modernos e sofisticados. O fato de ser judeu evoca uma série de reações conflitantes mesmo entre eles, com freqüência há um constrangimento relacionado a essa identidade racial. Freqüentemente, quando uma insegurança interior persiste, ocorrem reações externas exageradas ao menor sinal de ameaça, e Israel é extremamente sensível e agressivo no que diz respeito à invasão de seu território.

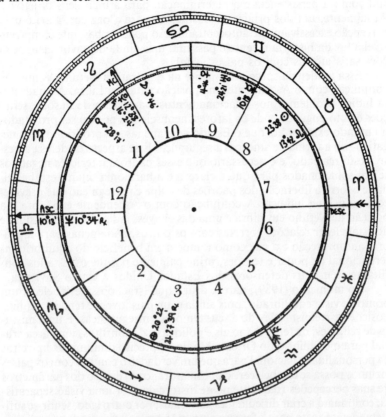

ISRAEL
14.05.1948, Tel Aviv, às 16:30 h.

O trígono Netuno-Mercúrio é expressado pela poderosa defesa de sua posição e dos interesses nacionais, através dos meios de comunicação mundiais. Atualmente, Israel possui um estilo agressivo e direto de afirmação política, demonstrando uma posição clara e defendendo seu solo contra hesitações ou pressões internacionais. Nas nações estrangeiras, existem influentes grupos de judeus que agem como grupos de pressão sobre a opinião dos governos estrangeiros, para garantir que fique clara a posição israelense.

O sextil Netuno-Saturno evoca aquele poderoso senso de responsabilidade social e identidade nacional, onde a construção do Estado (e sua proteção) são consideradas prioridades máximas. Saturno deseja fronteiras fixas e firmes para trabalhar, e assim a questão territorial continuará sendo importante, embora a tendência de Netuno para livrar-se das fronteiras seja problemática nessa área volátil. As habilidades estratégicas e a organização manipuladora de Israel estão indicadas, assim como a persistência e a determinação para atingir seus objetivos. Atualmente, um dos principais obstáculos para a paz em Israel é uma percepção excessivamente autocentrada; isso pode ser bastante compreensível à luz da história recente e passada, mas ainda desfavorece as relações satisfatórias com os países vizinhos.

Essa tendência surge novamente na quadratura Netuno-Vênus, na conjunção com o Ascendente e na posição natal em Libra. A quadratura indica problemas nos relacionamentos e a criação de ilusões, seduções e auto-engano, onde os fatores inconscientes podem ser projetados no mundo exterior até que o Estado veja apenas seu próprio reflexo negativo sob a forma de ameaças à segurança. Esse aspecto de defesa agressiva está realçado, e é necessário que esses padrões interiores negativos sejam solucionados para que a clareza e a harmonia sejam restabelecidas e ocorra a liberação dos padrões de culpa e perseguição que prevalecem na psique judaica. A conjunção com o Ascendente em Libra e a posição de Netuno em Libra é uma das chaves, indicando a necessidade de estabelecer relações corretas com os outros, não apenas para a própria autoproteção e a paz como também em benefício do equilíbrio internacional de poder e tensões, principalmente porque os Estados conflitantes têm seus defensores nos Estados Unidos e União Soviética.

No momento (1989), parece difícil que Israel possa estabelecer um ponto de vista equilibrado, pois ainda é um país jovem e tende a assumir posições extremistas devido a seus temores e inseguranças. É uma mistura de religiões, de tensões raciais e políticas e de conflitos, uma área crucial para o equilíbrio do Oriente Médio. É preciso diminuir as barreiras da personalidade nacional para que um verdadeiro contato com os países vizinhos possa se estabelecer. Continuar trancado dentro dos parâmetros de suas percepções freqüentemente distorcidas por uma visão separatista, continuará a criar dificuldades adicionais; por outro lado, sentir-se suficientemente forte para oferecer uma mão amiga que atravesse as linhas territoriais pode ser o caminho para o próximo estágio da Terra Prometida.

Se isso não acontecer, Israel pode cair ainda mais na armadilha de continuar agindo como seus próprios perseguidores, instituindo a opressão racial, religiosa e territorial de uma minoria sem lar, como os palestinos. O choque libertador para a personalidade nacional israelense poderá vir quando eles perceberem — através da opinião internacional — que estão começando a imitar aqueles que os perseguiram. Isso poderá estimular o processo do auto-exame mais profundo que Netuno oferece de sua posição na 1ª casa, um exame que, caso tenha sucesso, também transformará as relações internacionais e a *persona* de Israel.

CAPÍTULO 5

Netuno nas Casas Natais

A posição de Netuno na casa natal indica, com freqüência, uma das principais áreas para a experiência pessoal da polaridade Saturno-Netuno e é um ponto em que essas energias transpessoais de dissolução podem tocar as estruturas de Saturno da personalidade do ego. A posição na casa dirige a atenção para experiências de vida que podem levar a uma transformação dos limites da personalidade e conduzir a *insights* místicos e transcendentais. Periodicamente, os sussurros do além são emitidos no canal da casa natal — pois os aspectos e trânsitos de Netuno estão ativados —, atormentando e evocando anseios profundos no *self* espiritual, provocando confrontos e mudanças radicais.

É através da posição na casa natal que a mente inconsciente individual (refletida na atuação de Netuno) lentamente se revela através de sonhos, da inspiração criativa, da aspiração e das características mais negativas de sedução e ilusão. A casa mostra o caminho que Netuno irá seguir ao entrar em nossa vida consciente, as áreas que irão nos atrair e em quais encontraremos as sementes de nossa queda transformadora.

A casa de Netuno é considerada o calcanhar-de-aquiles pessoal, um ponto vulnerável na concha do ego, onde a identidade separada pode unir-se à universalidade da vida; Netuno é o planeta dedicado à perda ou à transcendência da identidade inferior através da fusão com o todo maior, dissolvendo os limites na unidade sem forma. É impossível apoderar-se de Netuno, e é na posição da casa que o ego está propenso a se desintegrar, permitindo um renascimento pela receptividade às perspectivas de vida mais amplas.

Uma vez que Netuno pode levar o indivíduo às profundezas e às alturas, a reação pessoal a sua presença varia de pessoa para pessoa, muitas vezes com forte oposição. Alguns preferem reinvocar as barreiras protetoras de Saturno para proteger-se da erosão netuniana, outros parecem ansiosos para seguir as brisas marinhas de Netuno a qualquer lugar. É preciso firmar-se antes de conscientemente abrir a psique para a vibração de Netuno, porque seus efeitos podem ser muito poderosos, mesmo que isso não esteja claro quando experimentamos seu fascínio sedutor pela primeira vez. Suportar qualquer tipo de dissolução da personalidade e da psique pode ser difícil, e muitos entram em pânico à medida que a experiência se intensifica de forma inexorável; isso conduz à associações netunianas, provocando colapsos mentais e emocionais sob tensões internas.

Netuno cria uma indistinção nas áreas da psique que são representadas pelos planetas e signos, e que são tocadas pela atividade de Netuno através do aspecto e dos trânsitos. Essa é sua função e tudo aquilo que Netuno toca lentamente começa a mudar, perdendo a anterior solidez; a segurança e a estabilidade do ego diminuem enquanto os padrões anteriores vão perdendo a coesão e confiabilidade. Através das "lacunas" interiores criadas por esse processo, a mente inconsciente — individual ou coletiva — começa a forçar sua entrada na mente consciente. Existe uma tendência a reprimir essa invasão, estimulando pressões adicionais em vez de um esforço para integrá-la às estruturas mais amplas da personalidade. Um mundo desconhecido é revelado, os sentimentos se intensificam e o mundo adquire um brilho mais misterioso. Alguns reagem contra esse processo ficando aterrorizados, e outros se rendem recebendo-o com alegria, tornando-se mais humanitários e universalizados em suas atitudes e perspectivas. Algumas vezes, receber a graça pode ser uma experiência traumatizante; raramente as pessoas estão preparadas para isso. Entretanto, é por essa posição na casa natal que Netuno nos sintoniza com o potencial para a transcendência, no qual a vida pode ser sentida de modo mais direto e mais intenso, em um nível nunca antes concebido.

Para as pessoas voltadas para o caminho transpessoal, a posição na casa indica caminhos nos quais o indivíduo pode servir a interesses espirituais mais elevados, como formas de se expressar criativamente ou de se transformar pessoalmente. É exigido um serviço impessoal altruísta dirigido à totalidade. Através dessa casa, podemos receber mensagens relacionadas aos nossos propósitos e à direção na vida, através de sonhos, intuições ou visões interiores. O impulso netuniano de expansão pode ser expressado com segurança através da meditação, da visualização, das preces, da criatividade e do serviço aos outros.

Com freqüência, os temas relacionados à vítima, ao mártir e ao sacrifício associados a Netuno, estão particularmente ativados na sua posição na casa e são, inconscientemente, desempenhados nas características apropriadas da casa. É aqui que, inconscientemente, criamos situações em que somos forçados a adotar uma perspectiva mais ampla, talvez em circunstâncias que exigem uma atitude de sacrifício ou em situações que estão além de nosso controle. Podemos facilmente aprender a viver sem que nossas necessidades e desejos pessoais sejam os principais determinantes de nossas escolhas; na verdade, vivemos para o benefício do todo.

Muitas vezes, é na casa de Netuno que construímos nossa utopia imaginária, onde procuramos o Paraíso na Terra, a fonte de uma redenção purificadora. Aqui, pode ser encontrada a necessidade de um salvador pessoal através da busca de um libertador do tipo Zeus-Júpiter. Com freqüência, isso ocorre como resultado de repetidas desilusões e decepções na vida, ambições fracassadas ou relacionamentos que podem estimular a atenção e a direção, quando a pessoa se volta para dentro. Em alguns casos, a absorção e a atuação da energia de Netuno transformam as vidas das pessoas numa demonstração grupal de um ideal ou de uma imagem incorporados, ou do desejo de realização coletiva, como nos exemplos de "superestrelas", dos bodes expiatórios sociais, das representações arquetípicas e dos mitos de "deusas e deuses" do cinema.

Para muitos, Netuno age de modo puramente inconsciente. A casa natal age como uma esfera de confusão, profundo desconforto e, muitas vezes, esconde uma área problemática intrínseca na psique individual, que exige resolução. As reações contra Netuno são comuns e, com freqüência, tenta-se fugir para evitar sua presença e evitar qualquer confronto. Podem surgir profundos temores relacionados a atitudes irrealistas, aos sonhos e às autoprojeções, onde as fantasias particulares são preferidas em vez da dura realidade. A evasão leva à atração pelas drogas, o álcool e a atividade sexual, que prometem a ilusão de uma vida satisfatória ou diminuir o tédio. A responsabilidade pessoal é muitas vezes rejeitada e, às vezes prefere-se que a mente coletiva substitua o pensamento individual — absorvendo as atitudes e valores sociais anteriormente formados —, pela rendição passiva às estruturas de crenças religiosas ou políticas. Geralmente, a raiz de uma crise ou problema pessoal é indicada pelo significado subjacente do signo natal de Netuno, e o quadrante do círculo da casa revela o tipo de crescimento que o coletivo exige daquela pessoa: sua direção básica na vida.

Netuno Natal na 1ª Casa

Com Netuno nessa posição, pode haver um desafio relacionado à natureza e à definição da própria identidade. A dificuldade encontra-se na qualidade de dissolução de Netuno, que afetará a percepção de uma identidade única e separada, dificultando o estabelecimento de qualquer tipo de centro fixo na estrutura da personalidade. Essa necessidade pode se manifestar na procura do *self* e, finalmente, conduzi-lo a uma jornada religiosa ou espiritual, com a qual você espera solucionar seu dilema e sua sensação de desconforto.

Muitas vezes, será difícil perceber a própria natureza, pois sempre que você tenta examiná-la, parecem surgir novas paisagens interiores, refletindo de volta uma nova combinação de *selves* interiores. Suas atitudes, crenças, valores e emoções podem se modificar com regularidade

— como se estivessem sobre areias movediças —, e desse modo, é perturbador avaliar a própria singularidade, sem mencionar as tentativas de compreender essa complexidade sempre variável. Talvez você comece a perceber que essas mudanças interiores são parcialmente estimuladas por influências externas, pois é possível que você seja bastante impressionável às expressões pessoais de outras pessoas e, com freqüência, absorve suas atitudes, crenças e opiniões, refletindo-as externamente como se fossem suas.

Sua personalidade é bastante reflexiva, quase como a imagem refletida em águas paradas, emergindo como imitação inconsciente de outras pessoas, uma vez que você asssume suas características. Sua *persona* (ou máscara social) geralmente é moldada por influências e associações atuais e talvez mostre-se aos outros sob o disfarce de uma personalidade camaleônica, inconsciente e de difícil compreensão. Talvez você tente ser todas as coisas para todos os homens, formando a identidade ao redor das necessidades e desejos alheios, mudando sempre seu jeito de ser. Há uma tendência a ultrapassar os limites, pois sua percepção individual de uma identidade separada torna-se extremamente difusa e começa a se tornar mais abrangente, embora de modo diferente da atitude mística; talvez isso se expresse na sua dependência e confiança nas outras pessoas. Às vezes, por ser tão sensível às necessidades dos outros, você se sacrifica na tentativa de satisfazê-los deslocando sua identidade, perdendo seu propósito e sua direção.

Com freqüência, você reage às influências mais sutis e psíquicas e pode ser bastante afetado pelo tom e pela qualidade de seu ambiente e suas companhias, no lar, no trabalho ou na sociedade. Com freqüência, você registra realidades e motivações ocultas, podendo criar um pouco de confusão, principalmente se uma pessoa estiver enviando mensagens conflitantes de uma percepção interior, diferentes de sua expressão social. Você aprende a confiar nas "vibrações" e acredita nelas. Devido a essa sensibilidade elevada, pode agir como um canal para energias espirituais e curativas, e sua empatia ajudará a criar uma ligação com os outros permitindo a cura.

Pode haver habilidades artísticas e a necessidade de ser criativo, seja como uma forma de auto-afirmação, seja para expressar e libertar todas as impressões que o afetam. Isso poderia agir como um espelho das necessidades, visões, atitudes e percepções coletivas, onde qualquer criação "fala para muitos" como uma experiência comum; os músicos podem penetrar nessa área de experiência humana universal e refletir, de forma lírica, emoções e sentimentos extremamente ressonantes. Você poderia ser um agente transmissor criativo — como um canal aberto —, servindo de voz para as pessoas, porque grande parte do sacrifício que Netuno exige é universalizar sua própria identidade, e por essa razão pode ser tão difícil manter uma personalidade única e separada.

Um difícil desafio a ser superado é o compromisso e a persistência, pois você tem dificuldade para estabeler uma direção e concentrar suas energias, até atingir o sucesso. Como muitas vezes existe uma confusão aliada à insegurança e às ilusões interiores, seus objetivos são indefinidos e propensos a variações regulares. Talvez seja preciso lutar para criar um grau maior de determinação em seus empreendimentos, mas isso será parcialmente formado através de uma identidade mais definida e fixa. Contudo, a maneira de se conseguir não é simplesmente refletindo o que estiver ao seu redor, mas tornando-se mais receptivo para se tornar um canal de atuação de um impulso mais elevado, permitindo que a natureza visionária brilhe e inspire.

Provavelmente você consegue evitar o uso das drogas e do álcool, principalmente as tendências ao excesso, pois isso serviria apenas para fragmentar uma identidade já frágil e estimular a manifestação da face negativa de Netuno. Você pode ser muito carismático, com uma *persona* enigmática e misteriosa (devido a sua aparente profundidade e natureza reflexiva), despertando a curiosidade de muitos que desejam conhecer seus segredos. Isso pode levá-lo a relacionamentos incomuns, que podem ser bastante influentes — positiva ou negativamente; talvez seja mais sensato exercitar sua capacidade de discriminação nessa esfera, especialmente porque seu julgamento nem sempre é muito preciso. Algumas pessoas podem se aproveitar de sua mutabilidade procurando moldá-lo na forma que elas preferem. Se você permitir que isso aconteça, vai sentir as tendências netunianas de vítima e mártir. O verdadeiro caminho é dirigir-se para o todo, e não ficar perdido refletindo apenas partes da vida.

NETUNO NATAL NA 2ª CASA

Nessa posição de Netuno as questões giram em torno de assuntos de dinheiro, dos recursos e das posses, consideradas fundamentais no moderno capitalismo ocidental e no raciocínio consumista.

Com freqüência, o dinheiro é o principal símbolo de sucesso no mundo; muitas das atividades humanas destinam-se a gerar esse produto, seja para as necessidades fundamentais de sobrevivência, como alimentação e moradia, seja para a satisfação de desejos, como ter uma vida luxuosa e extravagante, maior segurança e acumular bens.

Netuno pode estimular atitudes contraditórias com relação ao dinheiro e aos recursos, mas uma linha comum de pensamento subjacente a elas é a necessidade de desenvolver uma nova compreensão da importância que têm em sua vida, uma percepção mais profunda de seu sentido e significado.

Alguns podem se preocupar com dinheiro, recursos e posses, elevando-os a uma posição de suprema importância e dedicando-se a ter cada vez mais. Aqui, existe uma tendência ao consumo excessivo, à extravagância, à necessidade de se sentir seguro cercando-se de bens materiais e às exibições de riqueza. Há um contínuo descontentamento que só pode ser satisfeito através do consumo: ter mais carros, aparelhos de televisão, casas maiores, casas de campo, etc., o que resulta em falta de apreço e valorização. Alguns podem ter aquela "aptidão financeira" e, como Midas, transformam em ouro tudo aquilo que tocam, acumulando dinheiro sem esforço pela perspicácia nos negócios.

Outra tendência pode ser a falta de percepção financeira; o dinheiro é desperdiçado em esquemas pouco práticos e sonhos tolos, pela falta de determinação suficiente para garantir o sucesso de um projeto potencialmente viável. Pode-se fazer especulações erradas e perder dinheiro pela dependência dos outros, seja por agir de modo desonesto ou por confiar irrealisticamente.

Alguns podem acreditar que a vida deve satisfazer todas as necessidades sem ter que dar nada em troca, tornando-se parasitas sociais e dependentes da generosidade do Estado sem razão nenhuma que não seja a preguiça.

Outros, podem revestir a questão relacionada aos recursos de uma visão idealista, como se o excesso de dinheiro e de bens pudesse ser compartilhado num contexto social, talvez através de doações a causas preferidas e obras de caridade, ou oferecendo os bens supérfluos às pessoas necessitadas, criando, assim, um fluxo mais livre da energia contida no dinheiro. Algumas vezes, isso pode ser expressado como um sentimento de "culpa na mente do liberal bem-sucedido", mas é uma advertência para a responsabilidade social.

Netuno pede-lhe que reconsidere suas atitudes com relação ao dinheiro. É ele que condiciona sua vida, tornando o resto secundário? Você realmente aprecia e valoriza aquilo que possui agora? Alguns bens poderiam ser cedidos para ajudar pessoas que precisam mais do que você? Você é irresponsável e desperdiça dinheiro? Os bens acumulados proporcionam-lhe um senso de valor e identidade, agindo como um indicador de *status*? O que é realmente importante para você? Essa busca por mais dinheiro é simplesmente um substituto para algo que está lhe faltando?

Netuno pode destruir todas as formas de segurança exterior, se for essa a lição exigida. É preciso fazer uma reavaliação interior, onde as posses e os substitutos imateriais adquiram valor, onde as qualidades pessoais e recursos interiores sejam utilizados corretamente, assim como os dons e os talentos, enriquecendo a vida de modo criativo. Muitas atitudes e crenças pessoais são refletidas em nossa atitude com relação ao dinheiro e, ao modificá-la, outras atitudes serão modificadas, como no caso em que a insegurança precisa de bens exteriores para se fortalecer, ou quando a estabilidade depende da quantidade de tijolos e argamassa. Para muitos, grande parte da identidade pessoal apóia-se na condição social, como podemos observar nas atitudes de superioridade exibidas por muitos empresários, mesmo que, na verdade, as pessoas hierarquicamente inferiores freqüentemente sejam melhores, menos obsessivas e menos desequilibradas!

É grande o poder do dinhero é considerável e profunda sua influência nas opções contemporâneas. A transformação social está igualmente relacionada às mudanças em nossas atitudes pessoais e coletivas com relação ao dinheiro e aos recursos, e aí está uma das chaves para o futuro bem-estar do planeta. O sonhador visionário de Netuno pode nos ajudar a escolher nossas atitudes sensatamente, com equilíbrio, discriminação e com a consciência das repercussões globais. É uma reavaliação que deve ser feita por todos os envolvidos no ideal da Nova Era.

NETUNO NATAL NA 3ª CASA

As questões associadas à 3ª casa envolvem a mente e a comunicação e podem se manifestar de diversas maneiras.

Netuno pode interferir na habilidade mental, afetando principalmente a concentração, a focalização e a racionalidade, criando uma mente sonhadora, absorvida em fantasias criativas, distraída e voltada para dentro sem um centro coeso e consistente, tornando-se vaga e pouco prática. Observa-se um certo grau de distanciamento da vida cotidiana, pois os sonhos interiores são muito mais atraentes e absorventes; desse modo, o estudo e a aprendizagem, são freqüentemente dificultados pela incapacidade de concentração.

Pode haver dificuldade para encontrar formas adequadas de expressão pessoal, onde os tradicionais meios verbais e literários são inadequados e talvez muito toscos para revelar as nuanças sutis que são igualmente importantes. Isso pode gerar problemas de associação, pois a sintonia psíquica da vibração de Netuno pode entrar em conflito com o desafio do nível físico de perceber a parte dentro do todo, ou por retornar à tendência da 3ª casa para analisar e separar. Uma outra abordagem seria descobrir outros caminhos de comunicação mais adequados, talvez através dos canais artísticos netunianos: cinema, fotografia, teatro, arte e dança.

Talvez você descubra que Netuno atua como uma qualidade extremamente receptiva em sua mente, tornando-a muito sensível a todas as influências, de modo que a natureza refletida torna-se fundamental fazendo-o refletir facilmente todas as impressões dominantes que recebe de fora. Na pior das hipóteses, isso pode significar que você não possui pensamentos próprios, apenas os de seus amigos, as atitudes e as crenças coletivas. As subcorrentes da vida serão registradas, embora não seja fácil definir como você reage a elas e de que maneira são interpretadas.

Às vezes, pode ser difícil tomar decisões, pois você enxerga tantas opções e ângulos em suas possíveis escolhas que dificulta o julgamento. Previna-se contra a possível distorção de Netuno, pois existe uma preferência a enxergar apenas o belo, e essa seleção mental condicionadora pode inibir uma análise mais realista. Pode haver grande atração pelo estudo e o conhecimento, baseada na esperança de que, ao adquirir mais informações, você compreenderá melhor o mundo e a si mesmo. Isso pode ajudar, mas a verdadeira percepção e o *insight* não se apóiam totalmente no conhecimento; na realidade, uma mente repleta de informações pode bloquear a verdadeira compreensão. Entre as pessoas que estão na busca espiritual, há os que não vivenciam uma verdadeira transformação espiritual por acreditarem que já conhecem as "respostas" vindas — invariavelmente — de fontes indiretas aprendidas nos livros.

Talvez a reavaliação de sua mente seja o ideal para onde Netuno está tentando levá-lo, de modo que você se torne um canal por onde a inspiração coletiva possa fluir. O conhecimento pode ser transmitido aos outros e talvez exista uma ligação aos meios de comunicação de massa uma forma de compartilhar. O enfoque estará relacionado à ligação das partes com o todo, estabelecendo algum tipo de contexto unificador na percepção mental, onde os significados ocultos e os padrões de vida sejam iluminados. Provavelmente você tem uma boa capacidade para formar imagens e receptividade telepática ou empática que poderiam criar alguns problemas de integração e compreensão daquilo que está recebendo. A exploração dessas dimensões da existência irá conduzi-lo ao ocultismo e à vida espiritual, mesmo que a princípio aconteça sob uma perspectiva intelectual ou científica. Essa utilização positiva da energia netuniana pode ser particularmente benéfica para os artistas, os escritores, os produtores de cinema e as pessoas místicas ou criativas.

NETUNO NATAL NA 4ª CASA

Essa posição de Netuno enfatiza as raízes pessoais e as bases da vida, e muitas vezes pode indicar profundas ligações inconscientes com a família, os pais e as tradições sociais, bem como uma necessidade de segurança e estabilidade que são contrariadas pela tendência netuniana à dissolução e expansão.

Motivações, atitudes, crenças, estruturas de valores e identidade pessoal têm suas bases na fase inicial da vida. A influência dos pais é considerável e muitas das associações emocionais condicionadoras estarão intimamente entrelaçadas ao relacionamento parental e à infância. Provavelmente existe um certo grau de idealismo e distorção em suas lembranças e ligações familiares, e é possível que você sinta o desejo de voltar para o seio da família que, como um útero, oferecia segurança e proteção.

Porém, suas experiências iniciais podem ter sido insatisfatórias e frustrantes, e a vida familiar, perturbada e instável, fazendo-o levar esse padrão para a vida adulta. O pai está associado à 4ª casa e parte dessa insegurança poderia estar ligada ao papel que ele desempenhou em sua vida. As projeções idealistas infantis com relação ao pai podem tê-lo decepcionado; talvez ele tenha sido distante e oferecido pouco apoio emocional, ou tenha abandonado o lar e raramente estivesse presente quando você precisou dele. Essa colocação de Netuno indica algum tipo de relacionamento desequilibrado e, em muitos casos, uma situação conjugal dividida ou um lar desfeito.

Netuno oferece grande sensibilidade emocional, e você provavelmente absorveu na mente inconsciente a maior parte das correntes psíquicas subjacentes a sua vida familiar. Essas correntes podem ser frustrações familiares com um casamento infeliz, a negação de ambições ou de sonhos relacionados ao futuro dos filhos. Quaisquer que tenham sido, tiveram forte impacto, pois você recebia aquele "clima" em sua natureza em desenvolvimento. Um dos pais pode ter sido muito dominador, tanto que o modo como ele percebeia a vida jamais o abandonou, dificultando sua libertação da proteção dos pais e do cordão umbilical para se tornar um indivíduo livre e independente. Ou talvez você tenha recebido "traços familiares", ilusões e desafios transmitidos pela linhagem genética, por intermédio de padrões repetitivos de atitudes e comportamentos, como uma devoção familiar ao condicionamento religioso ou a crenças políticas.

Muitos dos temas que estarão realçados em sua vida adulta têm raízes na infância. É bastante provável que, de algum modo, você esteja propenso a repetir caminhos e padrões semelhantes presentes na vida de seus pais. O desafio é transformá-los, rompendo a repetição inconsciente e evitando tornar-se vítima dessas tendências. O casamento e a vida familiar poderiam ser a esfera dessa repetição. Quando Netuno está envolvido, freqüentemente encontramos a necessidade do sacrifício, assim como os temas da vítima e do mártir. Talvez seja preciso verificar se você está inconscientemente reproduzindo as tendências e os fracassos de seus pais, porque eles foram seus primeiros modelos de comportamento. Talvez seja exigido um sacrifício no relacionamento doméstico, quem sabe pela doença de um filho ou do parceiro, ou em conseqüência da necessidade do parceiro de realizar suas ambições, para quem, geralmente, você está disposto a ser uma figura paterna protetora.

É exigida uma nova compreensão e redefinição da família, das raízes e bases da vida. Netuno talvez lhe peça para desistir da família, possivelmente pela dissolução de um casamento ou apenas pela transformação de suas atitudes, crenças e valores herdados, para que você permaneça livre em sua própria luz e siga seu próprio caminho. A necessidade de estabilidade, segurança e raízes precisa ser ampliada para que a confiança numa concepção limitada seja transcendida e Netuno possa revelar um espaço mais amplo a ser explorado. Para os que se sentem atraídos pela dimensão espiritual e a busca de raízes universais e eternas, o desafio pode ser confiar na benevolência do universo, ter fé em sua orientação e abandonar qualquer dependência do pensamento racional e da proteção do eu limitado. Isso pode evoluir para uma exploração dos mistérios da vida e de si mesmo e penetrar cada vez mais nas profundezas interiores. Não aceitar esse desafio de reavaliação e transformação pode provocar doenças psicossomáticas e uma repetição regressiva e estática de padrões recebidos na infância. Também pode haver um afastamento das atividades sociais e a preferência pela privacidade, principalmente se a vida familiar for insatisfatória e você se refugiar num mundo de sonhos idealistas, onde a vida seria como você imagina.

NETUNO NATAL NA 5ª CASA

Essa posição de Netuno está intimamente relacionada à criatividade pessoal, ao romance, à alegria de viver e aos filhos.

Os romances e casos amorosos provavelmente serão bastante influentes em sua vida e você talvez precise ter cuidado com a fachada de ilusão e sedução que Netuno pode lançar sobre as outras pessoas e sobre sua própria percepção. Essa fachada brilha e reluz, mas as coisas podem não ser o que parecem; no que se refere a Netuno, fique sempre de olho aberto para as imagens de ilusão. Os romances serão tingidos pelo idealismo e pela busca de perfeição que evoca a presença de projeções da *anima* e do *animus* da mente inconsciente, revestindo a verdadeira realidade de um parceiro.

Provavelmente, você sentirá atração por pessoas que possuam uma aura de mistério, que intriga e fascina; isso pode ser real, mas talvez você as veja assim porque suas projeções internas foram ativadas. A fascinação por relacionamentos ilícitos e secretos é muito forte, assim como qualquer um que prometa uma certa sedução, talvez por associações com pessoas ricas ou um estilo de vida elegante. Você aprecia situações em que possa ter a chance de ficar em evidência e, algumas vezes, recorre a jogos que o tornam pouco confiável. Contudo, sob essa atitude existe alguém que realmente deseja ser amado e valorizado, embora, muitas vezes, aja já forma a impedir que isso aconteça. Muito irá depender da natureza dos aspectos formados com o Netuno natal.

Os romances talvez não transcorram suavemente e é possível que uma sucessão de casos amorosos fracassados possa gerar problemas adicionais em sua vida, talvez por intermédio dos filhos ou das ligações emocionais mal resolvidas. Os filhos podem ser um ponto fraco, e Netuno talvez exija algum sacrifício nessa área, antes que ocorram mudanças em sua vida. É necessário maior clareza nessa esfera; para realizar seus verdadeiros desejos de parceria, você precisa resistir à atração de melodias encantadoras tocadas por amantes sedutores. Tente não colocar os amantes sobre pedestais irrealistas, ou perseguir aqueles que não estão disponíveis; esses esforços são inúteis e talvez dramáticos, mas sempre frustrantes, a não ser que você queira se tornar o *artista* emocionalmente torturado!

Como nos casos amorosos, sua criatividade também pode estar bloqueada. Netuno lhe dará uma imaginação fértil que pode ser utilizada de várias formas, mas talvez seja preciso encontrar um modo de liberá-la antes de abrir as comportas. Pode haver talentos naturais para a música, o teatro e a arte, cuja fonte de inspiração são as musas, e certamente você se sentirá mais completo sendo criativo e expressando-se, liberando suas energias emocionais e criativas no mundo. Isso pode ser a chave para superar qualquer bloqueio. Netuno talvez queira que você vá para um local mais elevado e dê menos importância à criatividade puramente pessoal com objetivos egoístas; a nova percepção deve estar a serviço da comunidade. Até você seguir essa direção, seus objetivos podem ser frustrados. Oferecendo algo de valor para os outros, você poderá oferecer, simultaneamente, um sacrifício aos deuses interiores e ser recompensado à maneira deles — pela sua transformação e seu renascimento num "caminhante intramundos".

NETUNO NATAL NA 6ª CASA

A influência de Netuno nessa casa natal está relacionada aos temas de trabalho, serviço e saúde, e existem diversos ajustes pessoais que provavelmente serão exigidos antes que você possa experimentar a dimensão positiva de Netuno.

A natureza de quaisquer aspectos formados com o Netuno natal será um importante indicador de como seu Netuno irá sentir-se nessa posição, que é um ponto de detrimento e, portanto, pode ser desconfortável e difícil expressar a natureza planetária através de você.

O trabalho será uma esfera de desafios e provavelmente será essencial encontrar um que seja satisfatório; do contrário, essa pode ser uma área de conflitos internos, principalmente se os aspectos forem quadraturas e oposições. Você pode descobrir que não gosta do que faz, que a natureza repetitiva de seu trabalho o deixa irritado e entediado, que seu potencial não é liberado mas constantemente reprimido e que você só continua nele porque parece ter poucas opções. Netuno intensificará sua sensibilidade natural, e você descobrirá que está sintonizado com a atmosfera reinante no ambiente de trabalho, o que talvez não lhe permita apreciar o que faz porque, invariavelmente, a maioria das pessoas gostariam de estar em algum outro lugar, pois existe uma corrente constante de tensões e pressões subjacentes no ar.

Talvez o trabalho não lhe dê as recompensas que acredita merecer e, como investiu muito tempo e esforço, sente-se quase traído quando algum "jovem ambicioso" é promovido. Você se "culpa" quando as coisas não dão certo no trabalho, e as pessoas o culpam pela própria ineficiência — o aspecto vítima de Netuno. Você pode ser despedido e atravessar um período de desemprego, suportando as tensões que isso provoca nas finanças e na vida doméstica. Com certeza, a esfera do trabalho será uma importante chave em sua experiência, importante para seu desenvolvimento e propensa a passar por periódicas interrupções provocadas por um Netuno bloqueado.

Se Netuno formar aspectos favoráveis, é mais provável que você encontre um emprego adequado, que lhe ofereça uma atividade razoavelmente interessante e bons relacionamentos. Os tipos de trabalho que podem atraí-lo e que poderiam preencher essa energia de Netuno incluem os trabalhos criativos e aqueles que envolvem o serviço e a ajuda a outras pessoas.

Caso sua experiência profissional seja insatisfatória, Netuno o fará enfrentar o problema da mudança. Como você pode se libertar de uma situação aprisionadora? Qual o tipo de trabalho que realmente deseja fazer? Você é capaz de fazê-lo? Precisa de mais estudo e qualificações? Quais são suas principais obrigações familiares? Você pode tomar providências para realizar seus sonhos? Quais os recursos que possui e que podem ser utilizados? Quais os talentos pessoais que podem ser explorados? Como pode ganhar a vida de modo mais satisfatório, beneficiando também as outras pessoas? Talvez seja preciso considerar essas questões antes de realizar mudanças em sua vida; sempre existem alternativas. Entretanto, muitas vezes somos condicionados a acreditar que não existe nenhuma opção e, assim, insistimos em nos aprisionar desnecessariamente.

Existe um lado mais humanitário, altruísta e prestativo na atuação ética de Netuno nessa casa e, sob vários aspectos, ajuda a expressar essa energia mais completamente. Isso envolve uma devoção ao desenvolvimento da comunidade, a cura do indivíduo e da sociedade, mais agradável às pessoas tocadas pela visão da Nova Era. Isso pode incluir uma atitude mais *karma ioga*, onde a vida espiritual está totalmente integrada ao mundo cotidiano e toda experiência é percebida como uma constante "escola de Mistério", todo trabalho é considerado uma oferta ao divino e parte da fixação do Reino de Deus bíblico.

O poder de uma visão espiritual na Terra está indicado na expressão do *Satyagraha*, de Gandhi, em sua filosofia da não violência, na utilização do poder e da força da Verdade e nas modificações sociais que isso pode estimular. Agindo a partir de uma perspectiva espiritual, o trabalho se transforma e passa a ter um significado e importância mais profundos para o indivíduo.

Se você conseguir liberar a energia de Netuno, pode descobrir uma habilidade natural para a cura, que pode ser oferecida como um serviço e um meio de vida. As terapias alternativas podem fasciná-lo, e a filosofia do corpo como um templo vivo de Deus irá revelar uma nova dimensão de vida a ser explorada. Você se tornará consciente da influência dos estados interiores sobre a saúde do corpo e investigará os efeitos psi-cossomáticos de atitudes, crenças e emoções separatistas e não integra-das, tentando desenvolver um trabalho de terapia holística.

Você poderia abordar conceitos alternativos de saúde pelas próprias doenças pessoais, pois elas oferecem uma forma mais satisfatória de au-tocura e Netuno talvez siga esse caminho para conduzi-lo a uma trans-formação pessoal. Você pode perceber que as emoções reprimidas estão provocando as doenças físicas e que o trabalho interior pode ser tera-pêutico, permitindo uma liberação catártica que liberta as energias blo-queadas.

Para obter o melhor de Netuno na 6.ª casa, é preciso estabelecer um delicado equilíbrio, porque existem tendências inatas conflitantes em atuação. Netuno prefere expandir e ultrapassar barreiras, e a 6.ª casa, de Virgem, prefere definir, impor limites e ordem. Assumir uma atitude espiritual e transformar sua vida e seu trabalho no contexto de mudan-ça social, pode ser a resposta ideal.

NETUNO NATAL NA 7.ª CASA

Nessa posição, Netuno indica que as questões de relacionamentos e parcerias irão desempenhar um importante papel em sua vida. Além disso, também indica que talvez exista uma série de projeções interiores e seduções ao redor esses temas.

Provavelmente, você terá uma percepção idealizada do amor, em que o parceiro é visto por lentes cor-de-rosa e colocado sobre um pedes-tal romântico: você acredita que ele é tudo aquilo que sonhou — o par-ceiro perfeito. Isso pode ser verdade, mas as probabilidades indicam que talvez não seja uma percepção real; sua clareza está ofuscada por aque-les sonhos e ilusões interiores ativos, pois você enxerga a figura dos so-nhos e não o ser humano real. Essas são as projeções da *anima-animus* da mente inconsciente, que de várias maneiras podem afetar sua per-cepção e seus relacionamentos.

Se Netuno formar aspectos desafiadores com outros planetas, essa esfera de relacionamento pode provocar dificuldades pessoais através de uniões inadequadas, enganos, traumas emocionais e incertezas, onde as seduções ofuscantes irão atraí-lo até que a realidade se imponha e des-trua as ilusões, deixando em seu despertar um relacionamento insatisfa-tório. A insegurança pessoal pode criar uma relação de dependência; de-vido à confusão emocional, você prefere apoiar-se na presença e na for-ça de seu amante: o perigo está na provável irresponsabilidade do par-ceiro, que talvez aja como um espelho, refletindo de volta o padrão ne-tuniano de engano, que visa encorajá-lo a ser mais autoconfiante. Pro-curar as qualidades que você busca através da união com outra pessoa não é o caminho certo para continuar essa tarefa; essas qualidades pre-cisam ser evocadas em sua própria natureza.

As tendências netunianas ao sacríficio e a sentir-se vítima e mártir provavelmente estarão mais ativas com aspectos desafiadores e, assim, talvez seja preciso sacrificar alguma coisa pelo parceiro. Essa é uma situação da qual muitos podem se aproveitar. A vida está repleta de exemplos de sacrifícios passivos dirigidos a um parceiro indiferente e malagradecido. Aqui, está ativado o impulso para ser absorvido por alguma coisa maior de que o eu limitado, o anseio de render-se para ser transformado. Com freqüência, o parceiro é elevado a uma posição quase divina, onde é percebido como um deus ou deusa e na qual, através da magia criada pelas projeções interiores, é idealizado e adorado como intermediário para aquele "algo maior", tão evocativo dos padrões de Netuno.

Pode existir um ideal condicionador de amor altruista que, muitas vezes, levará à procura de parceiros ideais inatingíveis, fazendo com que o amor nunca se realize plenamente e a adoração seja feita a distância; a devoção obsessiva por estrelas de cinema é um dos sintomas, embora essas fascinações possam ser igualmente projetadas em colegas de trabalho ou amigos. Netuno sente uma atração especial pela dor e pelo prazer no amor, e o principal desejo é a intensidade de sentimentos. Esse aspecto de mártir pode apreciar as emoções intensas do amor torturado, enxergando-o como um caminho para a redenção e a cura através do sofrimento. O prazer pode ser elevado a êxtases místicos, beleza universal e bondade, um vislumbre do que se encontra do outro lado. Alguns podem preferir a jornada do salvador e sentir-se atraídos por pessoas problemáticas, acreditanto que, através de seu apoio e ajuda, o outro poderá alcançar a salvação. Esse caminho realmente proporciona significado, propósito e direção, podendo ser extremamente útil para melhorar o destino de outras pessoas mas, igualmente, pode estar cercado de muitos enganos e ser uma espada suspensa sobre nossa cabeça.

Com os aspectos mais harmoniosos formados com o Netuno natal é mais provável a existência de um relacionamento satisfatório, mesmo que os padrões netunianos ainda estejam ativos. É provável que as parcerias incluam uma dimensão criativa e espiritual cuidadosamente definida, onde os elevados valores do relacionamento mútuo serão utilizados do modo mais eficaz possível, transformando-o numa oportunidade de crescimento e desenvolvimento espiritual. Nessa parceria podem estar em jogo elementos complexos, e as fases de contínua transformação irão caracterizar sua natureza para ambos os participantes. A continuidade do relacionamento íntimo dependerá do abandono mútuo de ilusões e seduções e do reconhecimento da realidade de cada um, bem como da igualdade entre os parceiros.

Como Netuno está na 7.ª casa, é importante a compreensão realista dos relacionamentos para que eles sejam satisfatórios, e também ver o que atrai suas tendências inatas — sacrifício, mártir, vítima ou salvador —, bem como suas fantasias interiores e seduções. Talvez seja difícil limitar seu afeto a um único parceiro, e isso poderá criar alguns problemas, pois suas projeções serão inevitavelmente projetadas em alguém que lhe pareça misterioso, e não na pessoa com quem você convive há anos. Talvez seja necessário um equilíbrio no relacionamento para evitar que você queira possuir o parceiro ou ser possuído por ele; nenhuma dessas situações é harmoniosa e talvez seja necessário tomar providências para criar um relacionamento benéfico para ambas as partes. Isso pode incluir a integração de novos ideais de relacionamento que se encontram presentes na visão da Nova Era. O serviço à comunidade pode ajudar a canalizar um pouco da energia positiva da parceria e satisfazer seu espírito altruísta, bem como ampliar a influência e os parâmetros de um bom relacionamento.

NETUNO NATAL NA 8ª CASA

Nessa posição, Netuno irá colocá-lo diante de questões de identidade e atividade sexual, o que provavelmente está relacionado ao impulso para transcender os limites que separam o eu e o corpo do reino místico e ocultista, também enfatizados nessa posição.

Se Netuno formar aspectos planetários desafiadores, quadraturas ou oposições, talvez até a conjunção, pode haver o medo de perder o controle na intimidade sexual, um bloqueio que impede o eu de se abandonar à paixão e à atividade sexual. Essa inibição interior pode causar desilusões nessa forma de comportamento sexual, onde o fascínio social e a ênfase no sexo criam uma expectativa que raramente é satisfeita. Ou talvez exista alguma confusão relacionada a sua própria natureza sexual, a falta de confiança ou de experiência, a falta de conhecimento e compreensão de suas próprias preferências e escolhas sexuais, e da integração desse poderoso aspecto de sua natureza em sua auto-imagem.

Muitas pessoas mantêm a sexualidade reprimida, permitindo que ela se manifeste apenas em circunstâncias estritamente adequadas e nunca reconhecem essa dimensão de sua existência; isso acontece quando fortes condicionamentos psicológicos influenciaram o desenvolvimento inicial, como ensinamentos religiosos ou morais de que "o sexo é sujo e animal". Netuno certamente não facilita a definição de sentimentos e atrações sexuais; é muito fluido e mutável, capaz de uma série de expressões e adaptações diferentes, por isso o modo como agimos com um parceiro pode ser completamente diferente de como agimos com outro. A intimidade afeta diferentes "pontos interiores", evocando reações muito variadas que muitas vezes surpreendem os participantes. Parte do desafio enfrentado por qualquer pessoa com essa posição é começar a compreender o que realmente esperam dos relacionamentos sexuais.

Isso pode ser ainda mais dificultado pela ativação da imaginação de Netuno em questões de sexualidade, morte, mistérios ocultos ou devoções místicas, que podem acrescentar profundas tendências ocultas à intimidade sexual. A procura de experiências máximas e de intensidade total (caso sejam permitidas) pode levar à insatisfação, pois você acha que sempre existem experiências maiores se puder encontrar o parceiro certo. Isso pode criar promiscuidade sexual ou o impulso para o sexo sacrifical, entregando-se de forma descontrolada: também pode juntar-se à necessidade de perder-se no momento de êxtase e esquecer-se das limitações da vida cotidiana.

A sexualidade humana é um tema complexo que reflete uma série de possíveis padrões psicológicos; quando Netuno está envolvido, é virtualmente impossível prever com precisão de que forma irá se manifestar. Os padrões também podem ser modificados com o tempo, um dominando depois outro, dependendo do que for despertado pelo parceiro sexual. Pode predominar o desejo de ser possuído e se perder em si mesmo, ou talvez o desejo de possuir e controlar o outro. Ser ofuscado por uma "força maior" e envolver-se em uma dimensão mística pode ser a fascinação em atividade, quando o sexo é percebido como a busca mística da união, como nas tradições tântricas, ou nos aspectos do Santo Graal e dos Mistérios Arthurianos. Outro extremo poderia ser a renúncia consciente à atividade sexual, como nas posturas celibatárias ou monásticas, em que a intimidade sexual é oferecida em sacrifício a um ideal de recompensa pela purificação e redenção, que será recebida como uma transformação. Certamente é essencial que haja uma certa compreensão e integração de Netuno nessa casa para adquirir bem-estar pessoal e a cura psicológica.

O ocultimo provavelmente o atrairá e talvez exista em você uma poderosa natureza psíquica acessível, cujas informações serão dadas por um guia interior. Psiquicamente, você pode ser muito receptivo, o que pode provocar alguns problemas de absorção de energias e impressões do meio ambiente, mas que podem ser filtradas pelas ações psíquicas protetoras. Pode ocorrer uma perda dos limites divisores, pois a consciência individual funde-se com a universal, principalmente se você estiver seguindo um caminho de desenvolvimento consciente através da meditação e da experimentação oculta. Os vislumbres de algo diferente que está além do mundo material serão comuns, mas você precisa ter cuidado com as ilusões e as seduções ocultas que o conduzem a um falso paraíso e à percepção inflada do ego. Nessa busca interior, a discriminação e o senso de humor — que é limitado — são vitais, assim como a falta de arrogância e a tendência à auto-exaltação!

A morte pode exercer um fascínio particular, assim como as áreas mais proibidas da vida, podendo também existir tendências autodestrutivas, bastante comuns nos estranhos mundos dos místicos e ocultistas, como parte do impulso para a transcendência e experimentar viver intensamente "o maior número possível de vidas em uma só vida". A atração pelo proibido pode ser resumida desta forma: "Se alguém me disser para não olhar alguma coisa, serei o primeiro da fila e não sairei dali até saciar minha sede pelo proibido''.

O dinheiro e as heranças também podem estar refletidos nessa posição do Netuno natal e pode haver distorções, questões litigiosas e enganos associados a ela, ou simplesmente uma incapacidade para enxergar com clareza seus próprios valores pessoais com relação ao dinheiro e ao nível material de existência. Talvez sejam necessários uma clareza e cuidado maiores para manter bons relacionamentos familiares, caso houver disputas de herança.

NETUNO NATAL NA 9ª CASA

Nessa posição, Netuno está ativo no nível mental, especialmente nas áreas de filosofia, religião, moral, ética e ensinamentos espirituais. Você considera importantes os sistemas de crenças e precisa sentir-se seguro naquele que adotou como guia; ou, alternativamente, está procurando um sistema que possa dar respostas satisfatórias a essas veementes perguntas interiores.

É provável que sinta necessidade de se apoiar em algum tipo de ensinamento externo, envolvendo-se com grupos religiosos, cultos místicos ou gurus. Como sua mente é bastante receptiva e impressionável, influenciada pela imaginação netuniana, sua clareza com relação a esses grupos pode ser distorcida pelo desejo de uma salvação redentora através da associação com uma estrutura de crenças que prometa respostas universais.

Isso pode resultar numa forma negativa de rendição, onde suas fantasias, julgamentos e desejos nebulosos o estimulam a submeter-se a uma autoridade externa ou aceitar um sistema de crenças imposto, criando uma situação em que você se sente isento da necessidade de pensar por si mesmo, pois todas as respostas lhe foram oferecidas. Essa atitude é uma anulação da verdadeira responsabilidade e nenhum mestre verdadeiro deveria exigir a aceitação absoluta de seus ensinamentos ou atacar aqueles que discordam ou decidem abandonar o grupo. Os perigos envolvidos nesse caminho incluem o orgulho espiritual e enganos, a imitação de gurus, a crença obsessiva em estar ''certo'' em suas opiniões e visão de mundo.

Netuno pode conduzi-lo para esse campo filosófico minado em conseqüência de sua própria confusão e falta de direção e pela necessidade de algum tipo de busca espiritual para obter um conhecimento unificador mais elevado. O propósito oculto pode ser confrontá-lo com a decepção nessa procura por respostas exteriores, forçando-o a voltar-se para dentro e descobrir que o que você está realmente procurando oculta-se em sua própria natureza.

As filosofias, religiões ou estruturas de crenças que mais lhe agradarão incluem os temas de sacrifício, redenção, purificação, martírio e autotranscendência: os temas de Netuno. Será preciso utilizar uma discriminação incisiva ao seguir esse caminho, pois você está propenso a refletir inconscientemente esses padrões netunianos em suas escolhas. Pode ser extremamente difícil diferenciar o real do falso e as tendências naturais não integradas irão atraí-lo para o misterioso e sedutor mas, como você deve saber, nem tudo o que reluz é ouro.

A sua aspiração espiritual é poderosa e provavelmente você tem emoções místicas refinadas, que anseiam alcançar um estado de existência uno, transcendental e envolvente. Por razões semelhantes, pode sentir-se atraído por drogas psicodélicas como um meio de abrir as portas a realidades alternativas mas quando Netuno está envolvido, é preciso muito cuidado, pois a mistura de drogas com técnicas de desenvolvimento espiritual é insensata. A meditação, a contemplação, a ioga e o desenvolvimento psíquico são prováveis caminhos que irão interessá-lo, além dos sistemas ocultos mais intelectualizados como a Cabala e os Sete Raios, que oferecem um campo importante de fascinação mental. Embora você tenha a tendência a sonhar acordado e fantasiar, esse voltar-se para dentro pode torná-lo mais receptivo à orientação interior e à intuição e, em alguns casos, transformá-lo num canal transmissor de ensinamentos inspiradores. Atualmente, existem muitos desses canais, bem como uma grande mistura de qualidades, refletindo a natureza mediúnica e mediadora de Netuno de visões elevadas e espirituais, mas também ilusórias e inferiores que são apresentadas a um público ávido.

Parte de seu desafio é descobrir o próprio caminho, confiando em seu próprio *insight* e compreensão, e tornar-se capaz de definir sua própria direção e explorar o potencial latente. A criatividade através da expressão artística pode ser útil, especialmente se refletir os valores espirituais e a visão da vida cotidiana. O verdadeiro caminho espiritual não é o escapismo, embora talvez você seja tentado a segui-lo através de viagens, peregrinações ou pela rendição a uma autoridade temporal mais elevada, como um guru. Netuno pode levá-lo a vôos mais altos de consciência, ou confiná-lo dentro de reinos ilusórios; pode haver uma estreita linha divisória entre os dois. Um importante objetivo a ser buscado é manter os pés firmes no chão.

NETUNO NATAL NA 10ª CASA

Os temas indicados por essa posição incluem a condição social e a influência, a carreiras e a liderança. A forma de Netuno influenciá-lo no que se refere à vida pública e comunitária pode variar, e talvez seja refletida pela natureza dos aspectos planetários formados com o Netuno natal.

Os aspectos mais negativos incluem a ausência de realização, de reconhecimento e *status*. Isso pode ser conseqüência da falta de habilidade para determinar a direção a seguir, da confusão e indecisão netunianas e do ambiente de trabalho que, por algum motivo, não o satisfaz. Talvez sua vida profissional seja frustrada pela falta de uma ambição definida ou de insistência para atingir metas, ou ainda pela não manifestação de algum talento ou interesse. Você pode ser pouco prático ou apenas excêntrico e pouco confiável em seus esforços, pois você muda segundo as oscilantes marés interiores de Netuno, sendo incoerente no trabalho e também nos relacionamentos com colegas de profissão. As tentativas de manipulação e fraudes podem trabalhar contra você; um nítido egocentrismo talvez limite suas oportunidades, e talvez haja escândalos e insinuações de falta de decência, manchando sua reputação por associação ou envolvimento.

Os aspectos positivos podem incluir uma carreira a serviço da comunidade, na qual você será respeitado e valorizado por seus esforços e contribuição social; essa é a expressão de uma consciência social netuniana buscando a visão utópica ideal. Você pode devotar-se a uma causa, algum tipo de movimento social idealista e dedicar seu tempo para que se desenvolva. Isso pode servir como um sacrifício a um ideal inspirador, pois você se oferece para ser um canal desse "algo maior" que está além do eu separado. Dessa forma, pode tornar-se porta-voz de uma percepção visionária de conteúdo espiritual, ecológico, humanista e altruísta. Para alguns, isso acontece através da incorporação dessas questões em criações artísticas, musicais ou literárias, transmitindo-as para os outros como um canal de inspiração. A dificuldade pode estar em encontrar uma forma adequada para essa mensagem e, ao encontrá-la, pode envolver-se num caminho próprio de transformação.

O poder e a influência social podem ser papéis desafiadores; talvez seja necessário compreender a dinâmica dessa posição e os conceitos de poder pessoal para certificar-se de que não irá abusar de qualquer influência que possa ter adquirido. Lembre-se de que a influência de Netuno pode distorcer as percepções, por isso mantenha sempre a espada da discriminação pronta para ser usada.

Essa posição também pode indicar uma ressonância interior com a figura da Mãe, a verdadeira ou a arquetípica. Associados a isso estão os temas típicos de Netuno, relacionados ao sacrifício, à vítima e ao mártir, pois é possível que sua mãe tenha desistido de muitos desejos pessoais em favor da família. Muitos adultos não têm consciência dos sacrifícios e das exigências da paternidade até eles próprios se tornarem pais; só então as percepções começam a surgir e despertam a compreensão e a valorização dos próprios pais. Provavelmente, é necessário fazer alguns ajustes nessa imagem ideal de mãe, principalmente para perceber seus próprios instintos de nutrição e proteção, e harmonizar suas emoções de forma mais eficiente. Pode também refletir a necessidade de dar à luz (mãe) um novo *self* que esteja intimamente relacionado ao bem-estar da sociedade mais ampla e ao impulso da Era de Aquário.

Netuno Natal na 11ª Casa

Essa posição indica uma ênfase na esfera das amizades, às associações de grupo e ambições sociais idealistas, e é provável que o espírito humanitário compassivo de Netuno seja muito influente na formação de sua atividade social.

Netuno o estimulará a construir elevados ideais sociais, essencialmente utópicos, nos quais seus sonhos envolvem apenas o belo, o bom e o verdadeiro. Provavelmente você sente empatia pela vida na Terra e está preocupado com o bem-estar e a continuidade da mesma; isso pode levá-lo a juntar-se a grupos que também se preocupam em promover visões idealistas semelhantes.

É importante envolver-se nesses esforços sociais, que dão expressão ao sentimento de relação com seus semelhantes e outros reinos da natureza. A partir dessa projeção sensível e altruísta, você tenta desenvolver os conceitos de fraternidade que são bastante predominantes nessa casa e relacionados ao emergente impulso aquariano, embora você possa disfarçar sua compaixão ocultando-a atrás de uma expressão intelectual ou abstrata; mesmo assim, sua indignação moral com as tolices e o raciocínio separatista dos homens ainda irá brilhar. Isso indica uma receptividade à natureza espiritual e, caso ela se torne mais forte dentro de você, irá levá-lo a um modo de vida socialmente influente, que serve como um transmissor de valores e visão espirituais. Essa sensibilidade às necessidades planetárias também irá atrair a amizades de pessoas que pensam como você, baseada na afinidade com uma visão idealista de mundo. Alguns podem envolver-se com grupos místicos ou ocultistas, especialmente em busca de um treinamento adicional em determinadas técnicas transformadoras.

Se Netuno for mais expressivo artisticamente, talvez não escolha trabalhar nessa linha, utilizando a arte, a música e a literatura como meios de comunicação para as suas preocupações sociais. O tema da cura pode tornar-se importante, talvez através do estudo de técnicas de cura holística, como as atuais terapias alternativas e complementares de saúde, ou de um conceito unificador que resuma sua atividade social: a cura do *self* e da sociedade.

Se os aspectos planetários formados com Netuno forem mais desafiadores, então, apesar de esses temas estarem presentes, provavelmente haverá distorções. Os ideais podem ser pouco práticos e muito utópicos para ter qualquer chance de ser manifestarem no momento. Esses ideais podem agir como um impulso evolucionário para a humanidade e, com freqüência, são impostos à mente coletiva ou dominam servindo para inspirar a humanidade a progredir em determinadas direções. Infelizmente, o obstáculo a sua concretização é a raça humana, que se recusa a mudar ou somente o faz de modo lento e difícil, em conseqüência da abstenção anterior. Talvez você precise lutar com as questões das boas intenções e dos fracassos para concretizar esses sonhos românticos. Serão exigidos clareza e esforços para a realização de qualquer coisa, do contrário seus sonhos impossíveis irão desintegrar-se como quimeras no ar, totalmente insubstanciais.

Determinar a direção escolhida pode ser igualmente problemático; talvez seja difícil determinar uma direção em que deseja viajar e, embora você tenha uma boa perspectiva visionária, talvez precise de alguém mais pragmático para refrear seus vôos fantasiosos e guiá-lo na tarefa de realizar esses sonhos.

Os grupos podem atraí-lo apenas por motivos como sacrifício e fuga, onde os padrões interiores de Netuno procuram uma forma de se libertar e você acredita que pode se entregar a essas associações e encontrar significado e propósito na vida. É melhor ter cuidado quando procurar um grupo que promete a salvação e a redenção porque, se você realmente precisa disso, vai estar vulnerável à influência psicológica desse grupo. O poder das religiões apóia-se nessa necessidade humana, embora exista um preço a ser pago pela "salvação redentora"; esse preço geralmente envolve tendências à culpa e à restrição do livre pensamento. A necessidade de obter respostas para as perguntas da vida é compreensível, mas preencher um vazio doloroso com uma estrutura de crença de um grupo pode agir como uma panacéia e raramente transformar o indivíduo para que descubra sua própria luz. Muitos grupos da Nova Era ainda perpetuam antigos padrões da necessidade humana de encontrar respostas, persuadindo as pessoas a depender psicologicamente e a absorver sem questionar uma série de "ensinamentos espirituais". A flexibilidade na visão de mundo, geralmente é mais saudável e libera a mente inquiridora receptiva.

Além do envolvimento com esses grupos, as amizades também podem ser distorcidas se Netuno formar aspectos desafiadores. A discriminação é sempre exigida, pois você é muito suscetível às influências poderosas; se escolher amizades inadequadas pode tornar direções erradas e acabar em becos sem saída. Tenha cautela com os possíveis enganos e evite a atração por comportamentos viciosos.

NETUNO NATAL NA 12ª CASA

A 12ª casa é considerada a casa própria de Netuno e, por isso, nessa posição natal são encontradas tanto as qualidades positivas quanto as negativas. A influência da mente inconsciente é particularmente forte e seus efeitos podem depender do resto do mapa e do tipo de aspectos formados com Netuno.

Para os indivíduos relativamente não integrados, ou que não têm um caminho espiritual e um autodesenvolvimento efetivo, Netuno pode estimular uma considerável inquietação nessa esfera. Existem inquietantes tendências ocultas, medos irracionais, fobias, compulsões e obsessões que podem vir à tona. A imaginação é extremamente ativa e a natureza sentimental-emocional é bastante estimulada e propensa a influências e mudanças de humor. As lembranças do passado ainda podem trazer energias bloqueadas ou conter "assuntos não resolvidos" que afetam o presente; uma visão de vida geralmente negativa, insegura e instável pode ser dominante. A confusão pode dificultar as decisões, e a passividade e sensação de falta de controle impedem que a vida seja plenamente vivida.

O senso de identidade pessoal parece corroído e dissolvido, e não existe nenhum centro interior firme em que se apoiar; isso reduz a capacidade de utilizar a vontade para atingir os objetivos. Pode haver uma falta de responsabilidade, a tendência a se afastar da vida e uma estranha sobreposição da realidade externa, podendo ocorrer intromissões da mente inconsciente. Isso pode criar confusão na interpretação da realidade, pois a recepção de "mensagens" é conflitante; e é intensificado pela sensibilidade psíquica ativada por Netuno, onde as sensações intangíveis também são registradas como coexistentes na realidade humana.

Embora você possa ser extremamente sensível ao impacto do ambiente e das pessoas e preferir viver um estilo de vida belo e harmonioso, mesmo assim deseja escapar e refugiar-se nos seus mundos interiores que você tenta preencher de imagens de segurança, estabilidade e proteção. Você reconhece que o mundo nunca irá completá-lo e, com certeza, jamais se encaixará em sua visão utópica; por isso você se refugia em sonhos e fantasias como uma forma de recompensa. Pode entregar-se às impressões de vidas anteriores, principalmente se estiver familiarizado com as teorias da reencarnação, e ficar curioso e fascinado pelos trabalhos do carma, tentando descobrir o que o levou até esse ponto, cuidando para não gerar mais carmas negativos criados por atos insensatos. Essa pode ser uma outra forma de inibir sua experiência de vida.

Uma integração mais positiva de Netuno na psique, promovida por aspectos favoráveis, revela a dimensão positiva dessa esfera, onde podem ser adquiridas formas de canalização da sabedoria oculta e *insights*. A sensibilidade psíquica pode destruir uma vida mas também enriquecê-la; depende da reação individual à sua influência e do grau de equilíbrio e integração. O acesso intuitivo às reservas interiores de conhecimento está voltando a ser popular, e com freqüência pode ser bastante inspirador, embora seja preciso muito cuidado ao abrir canais interiores porque a energia e as experiências que podem ser desencadeadas são extremamente poderosas e transformadoras, e muitos tornam-se vítimas de suas mentes inconscientes reprimidas que, como o rompimento de uma represa, inundam a personalidade separada e dissolvem as barreiras protetoras.

Provavelmente, com essa posição de Netuno haverá atrações religiosas e místicas distintas, possivelmente um tipo de impulso monástico, onde a idéia de isolamento do mundo ou de um relativo afastamento seja muito atraente. Um isolamento periódico pode ser benéfico, principalmente quando é realizado como uma forma de purificação interior e destinado a dar novos poderes ao *self*. A compaixão será uma tendência motivadora; os que têm essa posição dedicam-se a uma vida de serviço e cuidados com os menos afortunados, os doentes e socialmente rejeitados. Algum tipo de serviço para o mundo é, provavelmente, a maneira mais eficaz de liberar essa energia e purificar quaisquer padrões inconscientes que, de outro modo, podem afetar a vida consciente; o serviço altruísta pode ser bastante purificador, oferecendo significado e propósito na vida. Para aqueles que possuem essa posição natal de Netuno, essa pode ser a melhor direção. Com certeza, aprender a aceitar a vida com suas coisas boas e más, sua luz e escuridão, e chegar a um acordo com os conflitos interiores e as decepções do mundo são passos cruciais a serem dados, pois ajudam a restabelecer o equilíbrio e uma percepção mais nítida. Continuar angustiado porque o mundo não atende às suas expectativas é uma perda de tempo e de energia, bem como uma tarefa inútil. Descobrir como utilizar seus talentos para ajudar o mundo a seguir sua visão poderia ser sua contribuição mais valiosa.

CAPÍTULO 6

Trânsitos de Netuno pelas Casas e Signos

Netuno leva 167 anos e cinco meses e meio para realizar um trânsito completo pelos signos e casas; é o segundo trânsito planetário mais longo, depois do de Plutão. Netuno leva quase catorze anos para transitar em cada um dos signos, e por isso as diferenças entre os signos são mais importantes quando se considera a influência de Netuno sobre a sociedade e as gerações, e não sobre o indivíduo. A cada ano, Netuno realiza um movimento direto de sete meses de duração, seguido por um movimento retrógrado que dura cinco meses.

A maior parte das pessoas vivencia, no máximo, a metade do ciclo total de Netuno que, mesmo assim, demora 84 anos para se completar; o efeito do trânsito de Netuno abrangerá apenas seis casas a partir de sua posição natal.

Grande parte desse efeito irá depender da posição natal de Netuno em relação aos outros planetas no mapa, quanto aos futuros trânsitos que serão formados. É provável que as conjunções se formem uma vez com cada planeta durante o período em que os planetas estão localizados no espaço compreendido pelas seis casas após Netuno; igualmente, as oposições serão formadas uma vez, com planetas localizados nas seis casas seguintes. As quadraturas, trígonos e sextis provavelmente serão formados uma ou duas vezes com cada planeta, mas dependerá da posição natal de Netuno com relação aos planetas que se encontram nas seis primeiras casas após Netuno.

Qualquer aspecto planetário formado próximo à mudança de posição, geralmente repete-se três ou cinco vezes num determinado período de tempo, à medida que o trânsito passar do movimento direto para o retrógrado. Durante esse período de mudança de posição, Netuno pode formar aspectos com um planeta três vezes durante um ano, ou cinco vezes em dois anos. Esses aspectos são influentes a partir do contato inicial até o final do último aspecto repetido, e portanto devem ser cuidadosamente considerados quanto aos seus prováveis impactos sobre a pessoa. Quando Netuno está transitando em sua velocidade máxima, há um período de dois meses de influência de um aspecto planetário, quando há um ajustamento um afastamento, ambos de um grau. Durante a mudança de posição o movimento diminui e o tempo da órbita aumenta aproximadamente quatro meses. Muitas vezes, quando existem aspectos com quaisquer planetas, e Netuno em trânsito está em movimento direto, ele influencia mais um planeta natal direto; quando Netuno em trânsito está retrógrado, influencia mais um planeta natal retrógrado.

As fases importantes no ciclo individual de vida relacionadas a Netuno em trânsito, são: 28 anos de idade, Netuno em trânsito forma sextil com o Netuno natal; 44 anos, Netuno em trânsito forma quadratura com o Netuno natal; 56 anos, Netuno em trânsito forma trígono com o Netuno natal; e 84 anos, Netuno em trânsito forma oposição com o Netuno natal. Aos 14 anos, uma idade associada à puberdade e ao início da adolescência, forma-se um semi-sextil.

O impacto sobre o indivíduo de Netuno em trânsito através das casas ou pela formação de aspectos planetários pode ser bastante variável e muitas vezes depende da sintonia individual com as dimensões mais sutis da vida e do grau de flexibilidade da estrutura da personalidade. As reações pessoais aos trânsitos e seu registro na consciência variam consideravelmente. Algumas pessoas muito sintonizadas com as próprias correntes de vida interior podem registrar um aspecto que está se formando lentamente, apesar de ele se encontrar alguns graus aquém de sua formação exata, talvez até um ano; outras, cujas preocupações são mais materialistas, vão só começar a registrar uma pequena inquietação a um ou dois graus da formação exata do aspecto, talvez até dois meses antes. Essa sensibilidade — ou falta dela — muitas vezes também pode estar fundamentada nas afinidades individuais com determinados planetas que desempenham um papel mais importante na vida e no mapa natal da pessoa. Para aquelas envolvidas em buscas espirituais, qualquer aspecto formado com um dos outros planetas transpessoais pode ser importante e poderoso. Qualquer trânsito planetário formado com o Netuno natal é importante para os que se encontram em jornadas espirituais, pois Netuno pode representar um estado de aceitação passiva que vai exigir o despertar por intermédio de outro estímulo planetário.

É difícil identificar com precisão as datas das influências dos trânsitos de Netuno. Obviamente, podemos definir épocas e fases de aspectos planetários, assim como trânsitos pelas casas e a passagem pelos ângulos, mas além disso e dos prováveis efeitos na personalidade, a maioria das influências netunianas são mais sutis, profundas e abrangentes do que se possa imaginar. Como Plutão, Netuno movimenta-se com tanta lentidão que é difícil definir um efeito netuniano, pois é toda uma fase da vida que é afetada durante o trânsito por um quadrante, ou a metade de um mapa.

Quais são as crises de Netuno? E como podem afetar as pessoas?

Diferente do impacto de Urano, com sua tendência a surgir de repente, muitas vezes com efeito surpreendente, traumatizante e dramático, virando a vida de ponta-cabeça e deixando a pessoa atordoada procurando assimilar o que a atingiu, Netuno surge sob um disfarce mais suave, penetrando lentamente na consciência interior, sua natureza aquática infiltrando-se pelas fendas, que são como rachaduras na superfície da mente. As mudanças provocadas por Netuno são lentas e profundas, muitas vezes associadas à sensação de que "alguma coisa está acontecendo", uma perplexidade e confusão; são sombras na mente que escapam a qualquer tentativa de compreendê-las, névoas sutis e indefiníveis que desaparecem quando a atenção volta-se para elas. Netuno prepara a pessoa para um renascimento plutônico, através de um lento processo de dissolução de padrões familiares de personalidade e expressão, substituindo-os a princípio por um cenário pouco familiar, formado por sentimentos e relações com outras pessoas e qualquer estrutura de vida já estabelecida. É desconcertante sentir a base antes sólida do *self* e da vida dissolver-se, ainda mais porque é impossível saber exatamente o que desencadeou esse processo, e grande parte da vida permanecer, apenas superficialmente, a mesma que era antes. Pode ser como um colapso interior desproporcional diante de qualquer influência externa e, invariavelmente, estará relacionado àquele nível de emoções, sentimentos e valores muitas vezes utilizados para definir os limites da identidade separada.

O que tende a mudar é a percepção pessoal e o relacionamento com uma situação externa ou um parceiro, e uma vez iniciado o processo não se pode fazer muita coisa para fugir aos seus efeitos inevitáveis. Algumas pessoas tendem a projetar externamente as causas dessa crise, culpando outro por seus próprios sentimentos; com freqüência, são os indivíduos que possuem um foco exterior, talvez indicado por aspectos planetários natais, casas, tendências e outros. Algumas pessoas são naturalmente mais introvertidas, mantendo essas mudanças profundamente encerradas em si mesmas, talvez se afastando por incerteza e vulnerabilidade. Certamente, tudo o que Netuno toca é vitalizado, sensibilizado e revelado — os trânsitos pelas casas ou planetas. Isso acontece porque o solvente universal destrói quaisquer padrões fixos e inibidores de pensamento, comportamento, atitudes e modo da vida. Para aqueles que se encontram mais sintonizados com as esferas transpessoais de vida, intensifica-se a consciência interior dos reinos intangíveis; embora esse possa ser o objetivo de muitas pessoas que procuram descobrir o caminho da espiritualidade, da mesma maneira pode ser desconcertante iniciar realmente uma fase de percepção modificada, em vez de simplesmente imaginar e sonhar como "deve ser". Aprender a atuar a partir de uma consciência transformada é, num estágio inicial, uma experiência extremamente sensível e vulnerável; o tempo e a familiaridade realizarão os ajustes apropriados.

É, ao mesmo tempo, excitante e assustador perceber uma súbita modificação de uma esfera de vida que se revela para receber um novo impulso de Netuno em trânsito. A área de vida representada por cada uma das casas é, muitas vezes, um padrão estabelecido na vida adulta, e por isso, as mudanças nele estimuladas por Netuno são, freqüentemente, tão mal recebidas quanto bem aceitas. Inicialmente, a necessidade de mudança está indicada por sentimentos de insatisfação, confusão, incerteza e desejo de evitar tudo que nos oprime ou que seja fonte de sofrimento na vida. A clareza é a primeira casualidade da influência de Netuno, e a irracionalidade é a reação da mente aos sinais conflitantes e confusos de sentimentos e emoções perturbadas. As pessoas repressivas e muito controladas podem se dissolver em fragmentos psicológicos, enquanto a imaginação e a mente saem fora do controle e giram em novas órbitas, demonstrando falta de percepção, atenção e praticidade. Com freqüência, essas sensações indicam aspectos de Netuno em trânsito formados com Mercúrio, Marte e Saturno natais. Com Mercúrio natal, os antigos padrões da mente começam a ser derrubados; a mente se abre para novas experiências e formas de percepção e interpretação, e a confiança nas velhas bases desaparece. Com Vênus natal, a influência de Netuno em trânsito pode concentrar-se na esfera das parcerias e dos relacionamentos amorosos, onde as ilusões vão se dissolver e revelar a verdadeira realidade do parceiro, ou onde há uma oportunidade de se ter uma visão mais profunda e realista do amor. Os aspectos formados com Sol natal podem ser mais poderosos, principalmente na esfera da identidade pessoal, que poderia se tornar extremamente frágil em algumas pessoas e exaltada em outras, de modo realista ou não. A natureza do planeta com o qual Netuno forma trânsito irá evocar as tendências apropriadas purificando-as, para que se possa experimentar mais sensibilidade e valorização, dissolvendo as antigas formas indicadas pela natureza do planeta que está sendo transitado.

Para a maioria das pessoas é mais difícil lidar com a conjunção, a quadratura e a oposição formadas por Netuno por terem um impacto mais poderoso, principalmente quando formam aspecto com qualquer um dos planetas pessoais ou com o Ascendente. O grau mais forte de impacto e influência de um aspecto ocorre quando ele está se ajustando (aproximando-se do ponto de um aspecto exato), pois há um confronto inicial com aquilo que é novo; à medida que prossegue a separação do aspecto (afastando-se do aspecto exato), é exigida a assimilação.

Como acontece com os trânsitos dos outros dois planetas transpessoais, Urano e Plutão, os efeitos mais desafiadores de Netuno são os primeiros a ser experimentados pela maioria das pessoas. Isso, provavelmente, é inevitável e ocorre porque elas estabelecem uma *persona* bastante rígida e um modo de vida fixo, baseado em atitudes, valores, crenças e desejos pessoais. O sofrimento e a confusão que podem resultar desses movimentos interiores de Netuno são sintomas da resistência às mudanças necessárias e das tentativas de abandonar padrões de comportamento superados. As sensações de "dispersão" muitas vezes são comuns com os efeitos de um Netuno ativado, assim como a ausência de foco e de um centro interior.

Algumas pessoas reagem à influência de Netuno mergulhando em "sonhos e fantasias"; fantasmas de desejos são criados como substitutos para as expectativas frustradas na vida cotidiana, e por isso elas preferem continuar com seus sonhos em vez de se arriscar a vivenciá-los. Em alguns casos, isso pode ser pessoal e socialmente benéfico, embora sempre exista o perigo que esses sonhos frustrados se tornem obsessivos em escala individual e coletiva. Há uma estreita linha divisória entre o reconhecimento de que as fantasias pessoais são compensatórias; o fracasso para manter linha demarcartória faz com que as fantasias degenerem em ilusões, auto-enganos, confusão e vícios, pois perde-se a discriminação e a capacidade de enfrentar a verdadeira realidade. Podem ocorrer divisões na personalidade, quando os aspectos inaceitáveis da vida são rejeitados e substituídos por fantasias ofuscantes, ao ponto de tornar inevitável a distorção. Essas fantasias podem tornar-se excessivamente dominantes, aos poucos provocando uma degeneração da personalidade à medida que a motivação criada por elas reforça o desejo de experimentá-las.

Uma reação negativa a Netuno sempre tem o efeito de exclusão, onde alguns aspectos do *self* e da vida são negados e rejeitados e o ego separado resiste ao impulso de viver segundo os valores mais universais e compassivos que Netuno simboliza; uma resposta positiva a Netuno envolve a tendência a ser universalmente inclusivo. Para que Netuno seja positivo no indivíduo, é preciso perceber conscientemente que fazemos parte de um todo mais amplo, permitindo que a tendência abrangente nos leve a uma identificação intensificada com a vida. Algumas pessoas ampliam o sentimento de compaixão e identificação com o sofrimento desnecessário de outras pessoas, em seu país e internacionalmente. Como um progresso da evolução humana, esse tem sido o avanço mais notável desde a descoberta de Netuno, em 1846. Baseado nessa percepção de abrangência, Netuno intensifica a busca de uma ação coletiva e uma consciência de grupo, onde as necessidades do todo são fundamentais.

Netuno foi denominado "planeta da obrigação social", e é um importante indicador de como o indivíduo sente e reage ao grupo social e coletivo. Quando Netuno está realçado num mapa, a vida pessoal geralmente encontra-se intimamente associada à vida coletiva, talvez negativamente, como vítima, mártir ou por um sacrifício, e positivamente, como um agente da transformação netuniana, através de uma visão mais abrangente, artística e espiritual. Todos os planetas transpessoais trabalham em conjunto em harmonia interior; a visão intelectual e intuitiva de uma vida maior de Urano é complementada pela fé e o sentimento de união e inter-relação de Netuno, como passos preparatórios para o renascimento transformador de Plutão.

Netuno é a principal influência sobre a natureza emocional e sentimental. O trânsito tende a afetar as reações emocionais e os valores motivadores, dissolvendo gradativamente a antiga ordem restritiva para que o próximo passo possa ser dado (como é muitas vezes indicado pela visão uraniana). A consciência do próximo passo exige confiança e fé em sua concretização, a contribuição netuniana, uma vez que dissolve as limitações saturninas em nossa personalidade. Por medo e insegurança, com freqüência deixamos de perceber as oportunidades ou correr os riscos para concretizar algum antigo sonho ou desejo. Unir Urano e Netuno em harmonia pode nos proporcionar o momento para a transformação. Se esse ato intencional não for realizado pelo domínio de nossos medos e inseguranças pessoais, a capacidade para atuar como um indivíduo integrado diminuirá progressivamente. Essa é uma das conseqüências negativas de nos tornarmos muito influenciados e confiantes nas atitudes, crenças e valores coletivos, transformando-nos em escravos da consciência coletiva, incapazes de pensar e agir por nós mesmos.

A dimensão positiva dos trânsitos de Netuno é o caminho que revela novas oportunidades, principalmente pelo reconhecimento de que os reinos intangíveis existem e que as atitudes e valores atuais podem ser refinados com sucesso e feitas tentativas para concretizar os ideais. Com freqüência, surgem experiências que englobam "lições universais", de modo que o que é aprendido, reconhecido e compreendido pode ser utilizado numa esfera mais ampla da vida e ter uma profunda influência na vida futura. Para aqueles que possuem tendências místicas ou artísticas, os trânsitos de Netuno podem ser uma fonte de inspiração e criatividade, abrindo as portas e revelando os tesouros ocultos que podem ser utilizados de maneira positiva.

Os desafios mais comuns apresentados ao indivíduo por Netuno em trânsito, incluem:

1. Aprender a aceitar a dissolução de sentimentos e emoções ultrapassados, talvez a substituição de antigos valores por percepções novas e mais abrangentes, o abandono de antigos relacionamentos atrofiados de modo a criar um espaço para novas relações.

2. Aprender a dominar as marés de confusão, insegurança e "dispersão", e ter paciência de esperar de que o novo se torne mais definido.

3. Aprender a utilizar o potencial criativo inato, manifestá-lo de alguma forma e permitir que a imaginação permeie sua vida. Nossas opções são severamente limitadas por nossa capacidade de imaginar alternativas, e a sociedade não estimula nem incentiva as mudanças contínuas. Essencialmente, procure caminhos em que a vida possa ser mais vigorosa e enriquecedora.

4. Aprender a viver sob a perspectiva de um coração compassivo, aquela estimulante sensação de união com as pessoas e com a totalidade da vida, assumindo uma atitude de doação e serviço em vez de uma atitude separatista e egoísta.

5. Aprender a usar a imaginação de maneira positiva e a recriar construtivamente a própria vida e a personalidade em um padrão mais harmonioso e satisfatório.

6. Aprender a não usar a imaginação, de modo inadequado, desperdiçando a energia em fantasias distorcidas e seduções pessoais de se perder e satisfazer-se em um mundo particular de sonhos que é imune e inacessível ao mundo real.

7. Aprender a confiar que a luz irá se revelar quando tudo estiver desmoronando ao seu redor, quando as ilusões se dispersarem e os valores, os ideais e as crenças parecem inadequados ou muito restritivos mas você não sabe com que preencher o vazio interior.

8. Aprender a deixar que seus sentimentos fluam sem repressão, ao mesmo tempo protegendo-se da negatividade de determinados aspectos da vida, bem como da hipersensibilidade.

9. Aprender a guiar sua vida pela luz dos ideais abrangentes e de uma visão global, colaborando com o *self* superior.

Essas são as lições desafiadoras que talvez Netuno lhe peça para aprender durante suas fases de trânsito, esperando que você incorpore essas dimensões positivas da sua vibração. Isso transformaria sua vida.

NETUNO EM TRÂNSITO NA 1ª CASA

Quando o trânsito de Netuno cruza o Ascendente, inicia-se um novo ciclo na influência desse planeta em sua vida. É provável que seja um período de perturbações interiores; os sentimentos de inquietação e ansiedade começarão a surgir, mesmo que você não consiga definir exatamente o que está provocando essas sensações de desconforto. Quando Netuno tiver cruzado seu Ascendente, ativando o signo correspondente, e se posicionar na casa da identidade consciente pessoal, há uma correspondente agitação nas profundezas da sua psique. São as mudanças em suas subcorrentes psicológicas — reminiscentes das correntes marinhas — que estão estimulando essa inquietação. As bases da personalidade e as estruturas fixas de padrões de pensamento, que são a essência do eu separado, estão sendo lentamente dissolvidas. Você pode sentir uma estranha ameaça, possivelmente projetando esses sentimentos nos outros, e enxergando-os como causas de sua agitação.

Nessa época, pode ser difícil perceber a si mesmo, o relacionamentos e sua vida com clareza realista, principalmente na fase de dissolução que antecede o estágio seguinte de reintegração. A influência de Netuno no eu separado estimula tendências a criar fantasias, encorajando-o a mergulhar em sonhos de natureza escapista e irreal. Entretanto, nas mãos de uma pessoa treinada e competente, Netuno pode ser utilizado de forma muito positiva, mas para a maioria sua

168

influência tende a parecer negativa. As mudanças que Netuno tenta promover não são reconhecidas ou são repelidas, estimulando mais agitação e rupturas na vida interior, em vez de serem reconhecidas e auxiliadas como parte do contínuo processo cíclico da vida da pessoa.

Durante os impactos iniciais de Netuno entrando na 1a. casa emergirá com mais clareza o reconhecimento de um impulso que, lentamente, está se formando e se desenvolvendo, pedindo que você descubra uma nova maneira de viver e experimentar sua vida. Psicologicamente, você ainda estará olhando para trás, através das lentes estabelecidas pela personalidade e dos padrões atuais de pensamento. Mas agora é preciso reorientar-se para esse novo ciclo que foi iniciado. Surgirão questões relacionadas a sua natureza e identidade pessoal, e é provável que sua confiança na capacidade de lidar com a vida pareça estar desaparecendo. De repente, a vida pode começar a revelar dimensões e sutilezas cuja existência não era antes reconhecida. A percepção e sensibilidade podem ser reveladas causando problemas, ao sintonizá-lo com freqüências vibratórias associadas a aptidões psíquicas. Seu antigo mundo familiar, sólido e previsível, pode tremer e se desfazer, enquanto uma dimensão desconhecida o espreita e começa a interpenetrar sua realidade estabelecida.

Mas, qual é essa "nova maneira de viver", e que parece ser a intenção desse trânsito? A reação inicial a essa inquietação provavelmente pode atraí-lo em direção a alguma coisa que pareça oferecer estabilidade. Isso poderia incluir relacionamentos, principalmente no contexto da dependência do outro, mas a principal esfera ressaltada é a dos agrupamentos sociais e a das crenças, atitudes, formas de pensamento e modo de vida coletivos. Esses agrupamentos sociais oferecem — à sua maneira — a sensação de estar seguro e de pertencer a alguma coisa, que são duas necessidades relacionadas à sua atual vida interior. Ser parte de uma tradição social com freqüência é o caminho mais fácil para se criar uma âncora na vida, provavelmente oferecendo "respostas" que você absorve como verdadeiras, livrando-o do esforço de procurar sua própria luz e fazendo-o confiar em atitudes que sugerem que, se milhões de pessoas acreditam nas mesmas tradições ou no mesmo estilo de vida social, é uma garantia de que a tradição está certa. Esse é o caminho da maioria das pessoas.

À medida que Netuno atua através do canal da mente coletiva, esses impactos iniciais irão influenciá-lo a procurar os valores, as atitudes e as crenças coletivas predominantes que servem de modelos para a maioria das pessoas. Eles podem não estar relacionados exclusivamente à sociedade a que você pertence, mas ao subgrupo com o qual esteja envolvido, seja ele político, racial ou religioso. Basicamente, sua identidade pessoal tende a ser receptiva a essas influências dos grupos sociais mais amplos. Você precisa tomar cuidado para não interpretar erroneamente essas poderosas influências, para não absorvê-las sem uma avaliação consciente e uma discriminação da verdade que elas pregam, devido à forte necessidade que você tem de encontrar uma âncora e um porto seguro que o protejam dos turbulentos mares interiores.

Através da interpretação e das seduções intrínsecas, podem surgir ilusões relacionadas a ideais, crenças, atitudes, valores e tradições; essencialmente, você não desejará enxergar a verdade que elas podem ocultar e, igualmente, não é capaz de enxergá-la. Mesmo que você se afaste das tradições socialmente aceitas, voltando-se para as da Nova Era, pode ter o mesmo problema. Como muitas abordagens espirituais da Nova Era são tão dogmáticas em suas apresentações da "verdade espiritual", as seduções e ilusões ainda estão muito presentes. Somente absorver as idéias da Nova Era não transforma um indivíduo.

A inspiração de muitas crenças é sempre mais pura do que sua real expressão na vida. Como Netuno é um planeta inspirador, você estará interiormente inflamado por sua presença ativa. Contudo, estar inflamado pelo fervor espiritual ou ideológico nem sempre conduz à clareza mental. Provavelmente você achará difícil perceber e avaliar o seu próprio valor durante esse trânsito, e isso pode provocar um complexo de superioridade estimulado pela descoberta "do caminho a ser seguido por todos", ou de inferioridade, caso você continue perdido e confuso. A verdade é que não é nem superior nem inferior; essencialmente, ainda é a mesma pessoa que atravessa um período de mudanças! Você sentirá uma insatisfação consigo mesmo e com o mundo, e muitas vezes ficará confuso e indeciso quanto ao que fazer com esses sentimentos. Geralmente, demonstrará indecisão e compromissos excêntricos, a menos que a sensação de estar perdido seja tão grande que, num esforço para aliviá-la, dedique-se a uma grande causa para esquecer os próprios problemas.

Uma fase em que se dissolvem as antigas estruturas nunca é fácil, e Netuno raramente enfeitiça quando emerge uma clareza cristalina. Com freqüência, é difícil compreender o que está acontecendo, pois há uma ausência nítida de percepção. É possível que pela discriminação e auto-percepção você consiga atravessar essa fase, tendo um importante *insight* de si mesmo, da natureza da sociedade e suas tradições. Esse pode ser um período de libertação em que você será capaz de aproveitar as oportunidades que surgirão. Você se sentirá atraído por algumas formas de visão social de natureza humanitária ou mística que irão desafiá-lo a olhar para si mesmo e para os outros. Suas tendências idealistas serão estimuladas, embora seja preciso moderá-las com uma abordagem prática. Se conseguir manter uma abordagem positiva e atenta durante esse trânsito, haverá menos probabilidade de ser enfeitiçado por qualquer estrutura alternativa restritiva de condicionamento mental. Tornar-se consciente das formas de experimentar as névoas marinhas de Netuno pode ser a chave para trabalhar com essa energia de modo positivo e construtivo.

Netuno em Trânsito na 2ª Casa

Para os que vivem em sociedades ocidentais capitalistas e materialistas, o principal estímulo do condicionamento social sobre nosso estilo e direção de vida está relacionado às posses e à exploração de recursos, principalmente os externos. Somos estimulados a consumir, a perseguir bens atraentes e símbolos de *status* que representam sucesso e realização. O acúmulo de riquezas e os gastos elevados nos são apresentados como uma meta significativa para a vida. A maioria das pessoas vive numa rotina materialista sempre crescente, esforçando-se para adquirir cada vez mais bens e, assim, dar um significado a sua vida. A questão é: será que esse caminho é realmente satisfatório? Será que encontramos a segurança e o significado em casas maiores, mais carros, uma conta bancária cada vez maior, móveis caros e férias exóticas?

Obviamente, o bom padrão de vida e o conforto são objetivos que devemos procurar alcançar e, na verdade, o movimento espiritual aquariano está emergindo de um amplo grupo mundial formado por pessoas que vivem relativamente bem e que têm tempo e liberdade suficientes para não se preocuparem com questões de sobrevivência. Nós não passamos fome ou frio, nem sofremos com catástrofes naturais. Essa relativa liberdade de necessidades físicas essenciais nos dá a oportunidade e a responsabilidade de utilizar essas vantagens de forma mais positiva, em favor de nosso desenvolvimento e o de outras pessoas, ajudando-as a ter um nível melhor de vida.

O trânsito de Netuno na 2ª casa pode confrontá-lo com questões relativas ao seu sistema de valores, pessoal e social, assim como as atitudes e filosofias deles resultantes. Pode desafiá-lo a questionar sua direção de vida, principalmente no contexto de seus objetivos materiais e de suas atitudes com relação ao dinheiro e aos recursos, seja num sentido pessoal, seja numa relação global mais ampla. Isso envolve as questões do investimento de bens externos que representam segurança e significado pessoal, bem como a transferência de sua identidade para objetos que conferem *status*. Ao colocar a "segurança" em objetos externos, você corre o risco de se tornar inseguro, caso esse objeto seja danificado, roubado ou perdido. Netuno pretende confrontá-lo com as conseqüências de seu sistema de valores, com a influência condicionadora desse sistema sobre suas decisões e opções de vida; ele está pedindo que você reveja e de alguma maneira, modifique seus valores. Talvez até mais do que pedindo, Netuno esteja forçando-o a reconsiderar, dissolvendo essas falsas identificações externas e desafiando a perspectiva de que o valor de um homem é medido por seus bens materiais.

Através das imagens e atitudes sociais que condicionam o Ocidente e a divulgação das mesmas pelos meios de comunicação, somos encorajados a desejar mais, a nos sentir insatisfeitos com aquilo que possuímos; sempre existe um modelo melhor para ser adquirido, novos avanços tecnológicos nos carros, nos vídeos, nos computadores, nos aparelhos de som. Somos estimulados a desejar cada vez mais, a substituir, a enjoar rapidamente de nossos móveis, a trocar de carro; no final das contas, somos levados a acreditar que o consumo é a finalidade da vida, certo?

O consumo, em si, não tem nada errado. O problema começa quando o consideramos uma forma significativa de viver, cujo foco está sempre voltado para o exterior. O vazio interior é preenchido com objetos e bens; se estiver insatisfeito, "compre mais"; esse é o mantra sussurrado por nossa sociedade. Na posse está a realização.

Os recursos não são apenas exteriores; todas as pessoas possuem recursos e talentos interiores. Externamente, todos concordam com isso mas nossa sociedade não estimula esse desenvolvimento como um estilo de vida e de descoberta individual, pois a criação de uma sociedade de pessoas autônomas, criativas, conscientes e assertivas pode perturbar o *status quo*. Assim, com freqüência, o desenvolvimento restringe-se a determinados canais que podem ser facilmente absorvidos e manipulados pelas poderosas elites no poder. A maioria das pessoas sente-se insegura com relação ao seu valor e importância pessoal, raramente reconhecendo seus dons e potenciais ocultos. Uma das mensagens mais importante da visão aquariana é a do potencial pessoal e a liberação de técnicas para a descoberta e a utilização desse potencial latente.

Netuno agirá como um estimulante nessa questão das posses, buscando a reorientação para um foco mais interior, de modo que você comece a "possuir" as qualidades que existem dentro de sua própria natureza. Isso pode ser criado através de dificuldades externas ligadas à dependência que você tem de posses. Podem ocorrer perdas financeiras por negócios ou decisões relacionadas a um divórcio; decisões financeiras imprudentes poderiam levar empresas à falência, com os resultados conseqüentes. Certamente, você deve ficar alerta, ser prático e cuidadoso naquilo que diz respeito a suas finanças e posses materiais, caso contrário a má administração poderá lhe criar problemas futuros.

Dependendo da natureza da lição que necessitar, você pode exibir dois extremos em suas atitudes relacionadas aos valores materiais, dinheiro e posses. Pode tornar-se mais ligado a eles do que antes, intensificando seus sonhos e sentindo-se fortemente motivado a ganhar o máximo de dinheiro possível, considerando-o como a realização em si mesmo e, possivelmente, ignorando a ética e as questões sociais em sua busca. Ou, alternativamente, rejeitar as questões materialistas, ou perder o interesse pelo consumo como uma luz orientadora e motivadora, considerando essas preocupações insignificantes. Nesse caso, o foco pode voltar-se para o interior. Muita coisa depende do equilíbrio de cada pessoa e da distância que o pêndulo dos valores tem que percorrer para criar um confronto adequado com as lições indicadas para cada um. Não devemos permanecer em nenhuma dessas atitudes extremas, pois ambas podem causar problemas; nenhuma delas é realmente saudável e sensível para o mundo real; o caminho do meio oferece a visão mais nítida, pois não é seduzida por nenhum estado de desequilíbrio. Entretanto, Netuno tem um efeito que distorce nossas percepções e valores e portanto, a clareza talvez leve algum tempo para surgir.

Nessa época, talvez seja imprudente tentar manter algum nível de *status* social, principalmente se estiver começando a se sentir tenso com relação às finanças, pois a avaliação de sua situação financeira também pode ser vítima da distorção netuniana. Igualmente, sua percepção sobre a viabilidade de um negócio potencial também pode estar menos aguçada devido à supervalorização de sua perspicácia para os negócios. Seria melhor procurar a ajuda de profissionais independentes e consultores financeiros para fazer uma avaliação objetiva. E mais, você talvez descubra que é incapaz de aproveitar suas vantagens pela ausência de um objetivo nítido; não force nenhuma ação nem tome decisões irrevogáveis a menos que se sinta realmente seguro daquilo que pretende fazer.

Acima de tudo, aprenda a procurar em sua própria natureza a segurança que está projetando no mundo exterior. Desenterre seus próprios tesouros ocultos e descobrirá que nos mundos interiores existem riquezas que estão além dos sonhos de avareza e que nesse depósito de riquezas está a sua própria herança esperando para ser reivindicada por seu legítimo dono — você!

NETUNO EM TRÂNSITO NA 3ª CASA

Durante esse trânsito, provavelmente você observará que suas atitudes intelectuais e mentais estão sendo fortemente influenciadas por valores e questões sociais. Você está mais consciente dos relacionamentos intrínsecos com a sociedade e de seu papel e responsabilidades com relação à humanidade.

Isso pode levar a um maior envolvimento com outras pessoas que estão ativamente voltadas ou apenas influenciam as causas que beneficiam a humanidade. É um passo para afirmar sua influência social mais ampla e a atividade e eficiência das pessoas. Sob diversos aspectos, reflete a afirmação de que "o pessoal é o político", que as escolhas e decisões pessoais refletem uma atitude e simpatia política subjacentes e que é possível influenciar as atitudes coletivas. Esse pode ser um interesse novo por essas questões e, embora Netuno não esteja associado à mente e ao intelecto, reflete um sonho social visionário de uma vida utópica.

Talvez seja preciso ter cuidado para não perder a perspectiva e a proporção da vida cotidiana, ou incorporar enganos e distorções em seu raciocínio intelectual em conseqüência da influência de poderosas questões sociais. Pode ser bastante enriquecedor e valioso participar de causas nacionais ou internacionais que buscam mudanças sociais, ser muito excitante estar envolvido com algo necessário ao bem-estar das pessoas; a satisfação pode ser emocional e intelectual. Contudo, as mudanças fundamentais não acontecem da noite para o dia; as pessoas envolvidas nesses movimentos sabem que têm à frente uma tarefa longa e difícil, portanto é preciso "calma" pois ninguém pode mudar o mundo imediatamente! Há épocas em que as pessoas vão para a frente de batalha e outras em que é preciso se afastar um pouco para recarregar as baterias interiores.

Sob a influência netuniana de sonhos utópicos, pode estar oculto o perigo de perder a capacidade de ser um pensador livre e independente na análise que faz das necessidades e ações, principalmente quando se unir a grupos dedicados a causas específicas. Essa minoria ou grupos de pressão, pode desempenhar um papel valioso no despertar da atenção pública para regiões do mundo, ou para a ignorância e omissão governamental; grupos ecológicos como os Amigos da Terra e o Greenpeace têm sido extremamente eficientes, alertando o mundo para as ameaças ambientais. Contudo, "tudo o que você pensa" pode estar sendo realizado para você, e o seu papel se torna mais passivo, apenas refletindo essa "política". Alguns grupos mais espirituais ou ocultos podem refletir essa tendência. Seja sempre você mesmo e pense por si mesmo — isso é fácil de dizer e aconselhar, mas na prática muito difícil e virtualmente impossível! Mas o esforço vale a pena.

Entretanto, nessa época, quando a explosão inicial de entusiasmo e direção já tiver diminuído um pouco, talvez você perceba que a verdadeira qualidade de pensamento é extravagante, variando de um pensamento ocasionalmente inspirador a outro confuso e contraditório, exibindo mesmo subcorrentes de medo e ansiedade. Netuno ainda está tentando provocar mudanças mais sutis em você; a transformação social em sua vida está apenas se iniciando...

Talvez seja preciso ter cuidado com a tendência ao proselitismo, especialmente se tiver sido "mordido pelo bicho" da transformação social pela primeira vez. Geralmente, as pessoas passam por essa fase de manifestação ostensiva da devoção recém-descoberta a uma causa e interesse vitais — enquanto os integram mais profundamente em suas próprias vidas —, mas você pode descobrir que essa atitude tende a afastar os amigos e familiares, caso sua expressão se torne exagerada!

Na vida cotidiana, talvez comece a assumir novos deveres e responsabilidades — sejam eles ativamente procurados ou não —, e provavelmente descobrirá que os outros começam a fazer mais exigências; talvez seja preciso diferenciar entre obrigação e imposição. Em alguns casos, essa nova responsabilidade pode envolver os filhos e surgir conflitos entre essa visão social e as exigências familiares. Mudar a sociedade e o mundo não é apenas uma tarefa a ser realizada "lá fora"; ela também pode ser desempenhada dentro da família e pela da vida de nossos filhos. Existem muitas maneiras de participar da revolução aquariana; sacrificar a família e a vida no lar não precisa ser uma delas.

174

Netuno em Trânsito na 4ª Casa

À medida que Netuno se movimenta pela 4ª casa, haverá a dissolução da sensação de permanência e confiança nas raízes profundas de sua identidade pessoal. Essas bases firmes, construídas durante anos — e nas quais você confia e se apóia em busca de estabilidade e segurança — começarão a desmoronar, enquanto sua coesão cristalizada se desintegra sob o impacto netuniano.

Será uma dissolução dos "padrões familiares" estabelecidos em sua personalidade; são as atitudes, as crenças, as motivações e a visão de mundo que o programaram pelo condicionamento social e familiar. É provável que alguma experiência ou acontecimento em sua vida seja o gatilho para o início desse processo. Em alguns casos, pode ser uma crise (ponto de mutação, momento de decisão) no ambiente doméstico, no casamento ou na família, conforme indicado pelos conceitos de raízes e fundações. Em outros casos, isso pode ser estimulado por algum contato com um poderoso ideal ou idéia que abala os padrões existentes, ou pelo contato com uma pessoa fascinante que revela uma abordagem mais abrangente à rica experiência da vida e, ao fazê-lo, deixa-o insatisfeito com sua experiência atual.

A dissolução desses padrões arraigados pode ser muito difícil. Você pode começar a perder o próprio senso de identidade; os antigos impulsos motivadores perdem a vitalidade e você se sente como uma concha sem um centro coeso. Podem surgir sentimentos de incerteza interior, medos nebulosos, ansiedades e revoluções emocionais, enquanto você é fustigado pela liberação das tempestades interiores de Netuno; seu humor irá oscilar sem nenhum motivo óbvio e podem ocorrer depressões enquanto você afunda cada vez mais em estruturas fragmentadas. Para alguns, toda a vida pode parecer estar se desintegrando; os edifícios do *self* e o estilo de vida, cuidadosamente erguidos, dissolvem-se e parecem sonhos distantes. Porém, esse é apenas o estágio preparatório da transformação netuniana. É a parte de desintegração do processo alquímico e, por mais doloroso que possa ser, é necessário para que "o chumbo se transforme em ouro".

Resistir à morte do antigo *self* e de padrões de vida familiares é uma reação compreensível, principalmente se a pessoa que passa por esse processo não tiver consciência da mudança psicológica. Entretanto, é um ato basicamente inútil; resistir à intenção dos deuses planetários interiores é um ato corajoso, porém imprudente. Netuno apenas irá agitar ainda mais os oceanos, provocando uma tempestade mais violenta que arremessa o barco do *self* em ondas maiores e mergulhando-o nas depressões das ondas. Enquanto esses "padrões familiares" se dissolvem, talvez você descubra que começou a fantasiar o desejo de voltar a alguma raiz idealizada de sua vida passada, talvez a infância, quando a vida parecia dourada e plena de promessas e não existiam cuidados ou responsabilidades.

É uma fase em que você percebe que as antigas bases do eu e da identidade não são mais adequadas; elas são insuficientes para proporcionar um senso de significado e objetivo vital em sua vida. A influência de Netuno vai revelar essa consciência com inevitável nitidez e lançar as novas bases para a identidade potencialmente emergente e mais inclusiva, capaz de manifestar e experimentar um significado e um propósito mais profundos como parte integral da vida. Essa fase agirá como um estímulo para que você amplie seus interesses, acrescentando profundidade e dimensões maiores à sua vida, enquanto começa a reconstrução de si mesmo. A liberdade de padrões de pensamentos e atitudes impostos pode ser inicialmente desconcertante, mas essa liberação oferece-lhe a oportunidade de se tornar mais completo e integrado.

Talvez você comece a procurar novos caminhos. Existem inúmeros que podem ser explorados; é espantoso perceber quanto nos limitamos a maior parte de nossa vida. Muitas vezes, escolhemos viver como mendigos num mundo repleto de riquezas. Esperemos, então, que você esteja preparado para receber novas influências e encontrar novas direções. Manter a independência de pensamentos deve ser agora uma prioridade, depois de retirar as dez mil cabeças que estavam sobre a sua. Procure resistir à tentação de absorver a primeira influência que tiver um impacto favorável, só para preencher um doloroso vazio interior. Mergulhe os pés em águas diferentes e examine-as bem antes de molhar mais; lembre-se de que um dos efeitos da vibração netuniana pode ser obscurecer a clareza de percepção.

As mensagens da mente inconsciente podem ser oferecidas durante esse trânsito, com o papel de apontar caminhos futuros. Podem surgir sonhos interessantes e evocativos e símbolos importantes, indicando áreas que exigem resolução ou direções a seguir. As indicações estarão presentes, mas você deve estar alerta para reconhecê-las.

Ser mais receptivo às qualidades netunianas de abrangência e compaixão pode ajudá-lo a determinar o caminho futuro. As expressões intangíveis da vida representadas pelo espiritualismo, a astrologia e o misticismo podem atraí-lo. Voltar-se totalmente para dentro e preocupar-se excessivamente com seus problemas pode criar um afastamento da atividade social, embora isso seja benéfico para descobrir as novas bases e a nova direção.

NETUNO EM TRÂNSITO NA 5.ª CASA

A ênfase da influência netuniana durante esse trânsito provavelmente será sentida nas esferas da emoção, dos relacionamentos e da criatividade. Podem surgir distorções e ilusões em seus relacionamentos emocionais e na vida amorosa; sua atitude com relação aos relacionamentos íntimos talvez precise ser transformada.

A 5ª casa muitas vezes está associada aos casos amorosos e prazeres hedonísticos e autocentrados, e talvez a atração por essas experiências seja intensificada. A presença de Netuno nessa casa tenderá a dissolver padrões de comportamento já existentes e pode fazê-lo sentir-se cada vez mais insatisfeito e descontente. Netuno irá lançar essa teia de sedução, permeando suas experiências emocionais e sexuais, dando a elas um toque peculiar. Podem surgir paixões repentinas, obsessões ou fantasias interiores, os arquétipos interiores da *anima-animus* podem ser ativados e projetados na pessoa adequada que, então, começa a enfeitiçá-lo. Através dos olhos e do corpo do outro brilha um outro mundo acenando para você, armando uma cilada com a teia de desejos e paixões. Como se atraído por um forte ímã, você pode sentir que não lhe resta outra escolha que não seja segui-lo. Netuno lança um feitiço estonteante.

Se estiver vivendo uma relação estável, talvez sinta uma profunda receptividade em suas emoções; uma nova dimensão de profundidade pode ser percebida e novos desejos e necessidades despertados. As tendências a ser excessivamente possessivo com um parceiro talvez devam ser abandonadas para que haja liberdade mútua no relacionamento. Um dos efeitos colaterais da influência netuniana pode ser a reação de dominar o parceiro, usando-o como âncora para se proteger das oscilantes marés interiores. É possível resistir e desempenhar um papel na sutil estratégia de Netuno.

Talvez seja difícil definir e compreender as emoções, que podem mudar constantemente sob as pressões e confusões interiores. Pode haver uma sensação subjacente de inquietação e insatisfação que fará você voltar atenção para o atual relacionamento e reavaliá-lo. Parte disso pode ocorrer devido à necessidade de um relacionamento idealista e perfeito; às vezes, Netuno pode estimular sonhos quase impossíveis nesse nível, sonhos que provavelmente você não realizará porque são irrealistas, embora o fascinem e afastem suas emoções de um compromisso real com o outro, pois você espera encontrar sua realização logo ali na esquina.

Talvez você perceba que está deixando de apreciar e valorizar aquilo que já tem, e certamente não está se entregando totalmente ao seu parceiro. Entretanto, você sente um profundo desejo de ser amado, mas pode ter medo de revelar esse fato até ter segurança de que seu amor será aceito e devidamente valorizado. De certo modo, você espera do outro aquilo que não está dando a ele. É você quem precisa aprender a incorporar essa forma de amor altruísta que espera e exige de um parceiro.

Durante essa fase é provável que existam ilusões nas suas percepções dos relacionamentos. As avaliações e decisões ligadas às suas necessidades reais podem estar distorcidas; procure examinar cuidadosamente qualquer expectativa irreal e excessiva, pois elas podem arruinar suas oportunidades de manter um relacionamento bem-sucedido. Potencialmente, Netuno está lhe dando a chance de transformar sua vida emocional e suas experiências através da purificação das atitudes e dos valores das ilusões, oferecendo-lhe a oportunidade de aproveitar relacionamentos mais saudáveis e intimamente satisfatórios que podem ser encontrados na vida real.

Durante esse trânsito, você pode se sentir particularmente atraído por expressões muito netunianas — música, teatro, cinema, misticismo, astrologia, romances ideais — e tentado a experimentar os prazeres sensuais das drogas e outros estimulantes. Cada um deles é como uma porta de entrada para "mundos alternativos", com o potencial para fazer esquecer ou enriquecê-lo interpenetração desses pitorescos reinos de fantasia em sua realidade. A influência ambivalente desses interesses depende do indivíduo; muitos podem usá-los como uma forma de evitar um confronto com as áreas de carências em suas vidas, preenchendo-as com ricas imagens e sonhos criativos. Alguns se perdem no uso excessivo de drogas, onde buscam o esquecimento e se afogam nas profundezas de seus próprios oceanos interiores, tornando-se vítimas das águas netunianas. Alguns conseguem integrar a cor e a vitalidade da imaginação criativa e transformá-la num caminho de autodesenvolvimento, através de rituais mágicos. Como todas as dádivas dos deuses, o potencial para o bem é igual às suas qualidades destrutivas, quando ele é mal compreendido e mal utilizado. Com freqüência, a humanidade só aprende quando queima os dedos.

Netuno em Trânsito na 6ª Casa

Netuno não se sente particularmente confortável movimentando-se pela 6ª casa, pois a ênfase dessa esfera está profundamente enraizada nas tarefas mundanas. O papel da 6ª casa está relacionado à atuação individual no meio ambiente e no mundo. Diferente da 5ª casa, mais pessoal, autocentrada e criativa, ou da 7ª casa, que focaliza as parcerias íntimas nos relacionamentos, a 6ª casa refere-se às obrigações sociais de serviço e trabalho. Ela pode ser realista demais para que o temperamento netuniano flua com facilidade.

Embora esse trânsito continue o processo de transformação de sua natureza emocional, Netuno está agora procurando destruir as atitudes mais egoístas relacionadas ao trabalho e ao serviço à a sociedade como um todo. Podem surgir experiências que irão exigir que você atenda às necessidades fundamentais de outras pessoas. Você deverá enxergar além de suas próprias necessidades e desejos, estabelecer uma conexão com aqueles que talvez necessitem seu apoio. Isso pode acontecer dentro de sua família, onde as obrigações familiares e a responsabilidade mútua compartilhada pedirão que você cuide de alguém que ficou doente, talvez um parceiro ou um pai idoso. Como muitas vezes Netuno exige algum tipo de sacrifício como parte do processo de transformação, pode exigir esse compromisso, que consome tempo e energia, apesar de seus desejos pessoais.

Netuno não está sintonizado com a 6ª casa virginiana e irá entrar em conflito com as suas características naturais. A tendência de Netuno é dissolver para reintegrar, embora a 6ª casa mostre a tendência a impor estruturas e classificações mais fixas em todas as coisas, definindo a vida em compartimentos separados, através de uma atitude analítica. Provavelmente, você irá sentir esse conflito dentro de si mesmo: uma parte luta para fugir das exigências das disciplinas mundanas, buscando algum reino de liberdade indefinido e nebuloso, outra parte busca criar a estabilidade em estruturas firmes, no conformismo e na previsibilidade do estilo de vida. O pêndulo interior vai oscilar de acordo com a afinidade total em seu mapa. A maioria das pessoas que reage à visão aquariana muitas vezes prefere seguir os sussurros aquáticos de Netuno, para fugir das amarras das exigências materiais.

Talvez esse atrito interior resulte em fases de má saúde, em conseqüência de reações psicossomáticas às tensões criadas pelo movimento de Netuno nessa esfera. Talvez você talvez precise cuidar da saúde, do bem-estar e integração do complexo formado pelo corpo, as emoções e a mente, possivelmente através de uma reorientação de suas atitudes relacionadas ao trabalho e ao serviço. Nessa época, sua relação com um emprego pode ser abalada por decisões "exteriores" como uma demissão, a dissolução de uma empresa, uma promoção que não acontece e resulta na perda de incentivo e motivação; ou a perda de interesse no trabalho, quando, interiormente, "o trabalho morre" e a ligação parece prejudicada. Isso pode deixá-lo com a sensação de estar encalhado, jogado numa terra estranha, de estar no lugar errado sem saber como será resgatado. Talvez você queira mudar de emprego ou decida iniciar uma nova carreira. Com certeza, a esfera do trabalho será profundamente afetada, pois Netuno destrói as ligações fixas.

Outra forma pode estar dirigida ao serviço altruísta, possivelmente o trabalho dedicado a metas espirituais. O serviço pode ser oferecido através da realização de tarefas mundanas, porém essenciais, no lar ou no trabalho, sem visar recompensas tangíveis. Por exemplo, sob a influência netuniana, você poderia sentir-se muito mais feliz desempenhando um trabalho repetitivo para uma obra de caridade internacional em vez de fazer o mesmo trabalho para uma empresa de engenharia: a diferença está no ideal visionário de caridade, que satisfaz as qualidades compassivas de Netuno, fazendo-o sentir o trabalho como valioso, importante e pessoalmente significativo.

Podem ocorrer mudanças para que se obtenha satisfação pela ajuda aos outros e pela dedicação a uma tarefa sempre que for necessário agir. Movimentando-se nessa direção, você pode descobrir que determinadas atitudes antigas estão sendo transformadas e que a influência netuniana lentamente está conduzindo-o a uma atitude mais tolerante e compassiva. Talvez comecem a emergir aspectos diferentes de sua natureza, qualidades que podem enriquecer a vida de outras pessoas, talentos que podem ser úteis; e desde que você não crie ilusões sobre a sua capacidade e vontade de ajudar — que poderiam surgir de um ponto de vista egoísta —, poderá dar outro passo para incorporar seus ideais pessoais. Essa é a direção mais satisfatória a seguir.

NETUNO EM TRÂNSITO NA 7ª CASA

À medida que Netuno se movimenta pela 7ª casa, há uma necessidade de ligar-se novamente às outras pessoas através de relacionamentos sociais e íntimos. Se o trânsito na 6ª casa estava relacionado ao nascimento de um nível mais impessoal de serviço social, este trânsito está mais preocupado com as questões de qualidade e valor em seus relacionamentos, principalmente com o sucesso na incorporação de seus ideais netunianos. Isso envolve uma intensificação e aprofundamento de sua percepção sobre as outras pessoas, tanto nas parcerias íntimas do casamento e da família, quanto na complexidade da humanidade. Como você se relaciona com as pessoas? Quais são as atitudes condicionadoras? São racistas, condenatórias, antagônicas e anti-sociais, ou unificadoras, colaboradoras, amigáveis e positivamente construtivas?

Num contexto mais imediato, provavelmente irão surgir situações e circunstâncias que atrairão sua atenção para o modo de se relacionar com os outros. Isso o encoraja a olhar melhor e avaliar seus relacionamentos em termos de satisfação, questionando se eles preenchem seus objetivos, imaginando se determinadas mudanças poderiam melhorá-los e tentando determinar se as mudanças em sua abordagem produziriam resultados mais positivos e benéficos a todos os envolvidos. É raro existir alguém que possa afirmar honestamente que não há o que melhorar em seu relacionamento; seus ouvintes se mostrariam céticos e com razão!

O fato de examinar os relacionamentos sob essa forte luz indica que você já possui algum *insight* sobre as razões e limites de cada relacionamento e é capaz de avaliá-los imparcialmente. Obviamente, isso pode ser difícil, pois as percepções autocentradas irão se intrometer e a influência netuniana vai distorcer a clareza. Talvez ocorram circunstâncias que irão forçá-lo a observar melhor sua parceria íntima, talvez através da insatisfação netuniana ou pelo enfraquecimento de sua ligação com um parceiro, uma vez que a paixão e a atração mútua podem desaparecer aos poucos. Entretanto, embora esse processo de análise possa parecer um pouco impessoal, se for corretamente realizado, pode ser valioso para que você obtenha maior clareza e *insight* sobre seu significado pessoal, seu propósito e sua direção de vida.

Netuno tende a reativar seu nobre ideal interior em relação ao amor, o romance perfeito e totalmente satisfatório nos níveis sexual, emocional e mental, e possivelmente também no espiritual. Há uma boa chance de que seu relacionamento atual não combine com essa idéia, e por isso pareça ser um fracasso relativo, o que também é ilusório. É um engano acreditar que a grama é sempre mais verde do outro lado da cerca. Sem dúvida, todo relacionamento pode ser melhorado. Por que não tentar você mesmo melhorá-lo? Faça com que ele se aproxime o máximo possível do ideal, mas também atenda às necessidades de seu parceiro. Procure mudar a si mesmo em vez de insistir que seu parceiro mude!

Existem sentimentos subjacentes de incerteza e confusão em seus relacionamentos, principalmente se você já tiver projetado aspectos de si mesmo no parceiro, partes que não foram integradas ou aceitas em sua própria natureza. Isso vai torná-lo dependente de um parceiro para obter força ou segurança, às vezes pode criar confusão quanto às intenções dele, porque você perceberá uma estranha mistura dos aspectos de ambos, projetados e não integrados, refletidos de volta para você. É preciso reabsorver e desenvolver em si mesmo esses aspectos projetados e tornar-se mais inteiro.

Podem ocorrer desentendimentos mútuos e talvez você sinta que alguma coisa está mudando no seu relacionamento íntimo, ou que uma mudança precisa ocorrer para que o relacionamento sobreviva. Como Netuno está dissolvendo antigos padrões para criar novos, as abordagens revitalizadas para a busca de um processo de análise e avaliação podem ser positivas, pois você é forçado a observar mais profundamente os seus relacionamentos, criando um contexto para adquirir maior significado, direção e clareza. Se isso for realizado, você será capaz de aproveitar ao máximo as oportunidades que surgirem, beneficiando a si aos outros. Potencialmente, durante esse trânsito, é preciso ocorrer uma mudança radical em suas atitudes e nas expressões de seus relacionamentos. Se essa mudança for positiva e criativamente orientada, poderá lhe dar uma nova dimensão de vida, pois os relacionamentos estão sendo abertos para que você os explore, os aproveite e aprecie.

Num contexto social mais amplo, talvez você precise ter cuidado com os sócios, pois Netuno pode deixá-lo vulnerável às promessas e às falsas aparências, tornando-o vítima de enganos em resultado da falta de percepção, pela qual você aceita a trama da ilusão. Fique alerta contra qualquer tendência a ser enganado pela sedução, do contrário descobrirá que há um preço a ser pago por sua falta de *insight*.

Netuno pode inspirá-lo a sacrificar a si mesmo. Existem muitas pessoas extremamente propensas a se aproveitar dessas tendências em outras. Embora você deva oferecer apoio e ajuda quando for necessário, certifique-se de não estar se tornando um escravo passivo e vulnerável à exploração pela submissão sacrifical. Essa situação não beneficia ninguém, embora se possa ajudar os outros para que eles próprios se ajudem; todos têm lições a aprender na vida e, algumas vezes, se oferecermos demais, podemos impedi-los de aprender por eles mesmos. Resgatar pessoas pode tornar-se uma tarefa interminável e, com certeza, vai deixá-lo esgotado. Ajudar os outros a se ajudarem é uma abordagem mais lenta, porém mais eficiente. Lembre-se que a clareza nos relacionamentos é uma das intenções de Netuno durante esse trânsito. Perderse nas profundezas dos sofrimentos do mundo não é bom para ninguém; entretanto, a clareza vai ajudar a mostrar a forma mais positiva e criativa de se relacionar, o que é potencialmente curativo e benéfico para todos os envolvidos.

NETUNO EM TRÂNSITO NA 8ª CASA

Durante esse trânsito, Netuno estará se movimentando por uma esfera profundamente associada à sexualidade, à morte e ao renascimento, tocando em forças extremamente poderosas que são intrínsecas à vida e sua própria natureza. Muitas pessoas consideram difícil integrar plenamente a sexualidade e a morte — dois pólos da energia da existência — como aspectos essenciais da vida. Esses aspectos carregam uma desconfortável qualidade "proibida": o sexo, através de uma preocupação social não integrada, e a morte, como um fato quase inaceitável e embaraçoso da decadência humana. O conceito de renascimento não é socialmente reconhecido no Ocidente, embora em muitos países orientais a filosofia da reencarnação seja predominante e tenha sido utilizada como meio de controle social durante centenas de anos. Talvez seja melhor considerar o renascimento potencial da 8ª casa não como uma vida após a outra, mas como uma vida de mudança e crescimento pessoal ("renascimento"), agora. Afinal, essa é a única vida da qual podemos ter certeza; a filosofia que prega "Hoje não tem geléia, mas prometemos que amanhã terá" não satisfaz. No fim, percebemos que o amanhã nunca chega; é sempre hoje. Contudo, o adiamento pode manter as pessoas felizes, sonhando com o amanhã melhor que as espera, desde que não causem problemas pela insatisfação, acumulando, assim, mais "carma negativo".

O estilo de Netuno é libertar-se das fronteiras e limitações, destruindo aquela sensação aprisionadora de separação. Nessa 8ª casa, a atividade sexual pode ser um dos canais escolhidos, uma vez que se pode experimentar a união e a fusão com outro ser humano, um parceiro sexual. Às vezes, é somente através do sexo que as pessoas experimentam a perda de controle, o abandono apaixonado à intensidade do momento, e entram em contato com as energias poderosas associadas à sexualidade. Entretanto, a atividade física envolve um complexo conjunto de reações pessoais em diversos níveis do ser: o emocional, o físico, e o mental, nas inúmeras necessidades e desejos individuais e nos padrões obsessivos de comportamento.

Para alguns, a necessidade de Netuno de transpor as restrições pode provocar a intensificação do impulso sexual, dominando a personalidade e orientando a escolha de estilos de vida, talvez através de múltiplos parceiros ou pelo esforço para abandonar-se em uma intensidade sexual ainda maior. Para outros, Netuno pode começar a confundir a própria natureza sexual da pessoa, uma vez que o foco está voltado para dentro, provocando uma reavaliação da identidade sexual e, em alguns casos, a crescente reação contra qualquer necessidade de sexo, principalmente se determinados ideais religiosos forem influentes.

Com certeza, haverá confusão e enganos em seus relacionamentos mais íntimos e, nessa época, você pode sentir-se mais vulnerável às suas emoções, especialmente se Netuno estiver transitando numa casa de Água. Talvez você tenha tendência a esperar muito de seus relacionamentos e a exigir uma submissão a algum tipo de estado ideal. Se você esperar que o parceiro satisfaça a suas expectativas e se for muito passivo e não aplicar nenhuma energia para que o relacionamento funcione, em breve poderá enfrentar uma forte rejeição.

Netuno pretende que você descubra mais a respeito de sua natureza sexual, integrando-a em sua natureza total em vez de mantê-la a distância, expressando-a apenas periodicamente. A integração dessa energia pode impregnar todo o seu ser com poder pessoal, sensibilizando cada nível, imbuindo-o com uma experiência sensual da vida e conferindo-lhe vitalidade e saúde intensificadas. Netuno irá mostrar as outras dimensões e profundezas nas quais você poderá entrar através de sua natureza sexual, talvez refinando-a para registrar os níveis de vibração superior mais sutis.

A morte é um fato da vida. Esse é um fato que preferimos evitar o máximo possível, pois é o final da existência e de nossos sonhos ou, pelo menos; da única vida que realmente conhecemos. Um confronto com a morte pode ocorrer durante esse trânsito. Você pode ter que chegar a um acordo com o inevitável. Vivenciar a perda das fronteiras separativas e ingressar no reino netuniano é uma experiência muito real e poderosa de "morte em plena vida". Enquanto vivos, passamos por inúmeros finais e inícios, que são mortes e renascimentos menores, como deixar a escola e ingressar no mundo adulto, terminar casamentos e iniciar novos. Como Netuno deseja experimentar a vida maior através da dissolução de barreiras inibidoras, a morte pode ser uma passagem para a libertação. Aceitar a morte pode intensificar uma vida pessoal, afastando todas as coisas desnecessárias, o desperdício de tempo e estimulando uma transformação totalmente nova e radical na natureza e no estilo de vida de uma pessoa. Esses podem ser os resultados da integração positiva. Uma resposta negativa às mudanças e às pressões interiores pode ser o desenvolvimento de fantasias autodestrutivas, a reimposição de barreiras e a negação de uma vida maior. Uma depressão mórbida pode se instalar e a pessoa mergulhar cada vez mais nas águas interiores, oferecendo-se em sacrifício a Netuno. Pode-se esperar algum tipo de sacrifício pelo deus, mas nunca o auto-sacrifício; isso é interpretar mal a natureza da morte exigida. Seguindo por esse caminho, o indivíduo pode sentir-se atraído pelo álcool e pelas drogas como um meio de fuga, uma atitude que o consome e o conduz ao declínio e ao sofrimento mais profundos.

A 8ª casa também está associada ao dinheiro, às finanças e às heranças. Talvez seja necessário você ser cauteloso na maneira de utilizar o dinheiro em seus compromissos financeiros, pois pode ser enganado e seduzido, ou calcular mal sua posição. Algumas pessoas se envolvem em questões legais que podem, de algum modo, estar relacionadas a heranças. É possível obter alguns benefícios através de heranças, através de propriedades ou dinheiro, ou pela promessa de que isso aconteça no futuro. Talvez seja necessário permanecer alerta e ser claro em suas idéias e valores, especialmente relacionados a negócios e relacionamentos; você deveria buscar maior produtividade em todas as parcerias. Evite ser excessivamente ingênuo e examine realisticamente seus relacionamentos, principalmente as expectativas que tem em relação às pessoas. Tente assegurar-se de que seu casamento e relacionamentos íntimos são baseados no amor e na verdadeira comunicação, ou descobrirá que essas questões legais e os problemas financeiros são conseqüências de um relacionamento que está se dissolvendo.

NETUNO EM TRÂNSITO NA 9ª CASA

Durante essa fase, você provavelmente irá sentir a influência netuniana afetando seu intelecto e suas estruturas de crenças, destruindo a solidez anterior. É provável que você se sinta mais confuso e incerto sobre a validade de suas crenças e atitudes, seus valores pessoais e religiosos, principalmente os que foram inconscientemente absorvidos e aceitos por condicionamento familiar e social. Netuno irá lançar dúvidas em sua mente; isso pode ser desencadeado por algum acontecimento no mundo exterior que tenha um forte impacto sobre você. A intenção de Netuno é que, ao iniciar um processo de questionamento interno, você consiga ampliar seu *insight* e sua percepção das profundezas da vida. É assim que atua o efeito netuniano de dissolução de barreiras fixas, e isso é bom, porque a mente tem a tendência a fixar-se em determinadas formas de atuação, realizando o mesmo programa interminavelmente como um padrão de hábito e, finalmente, provocando a estagnação intelectual. Netuno irá minar sua confiança nas "coisas bem solucionadas" e estimulará a insatisfação, evocando preocupações vagas e sonhos confusos só para deixá-lo menos seguro e confortável.

Sua percepção da importância pessoal na vida e do valor de seus relacionamentos pode ser intensificada, exigindo uma visão e abordagem novas especialmente quanto à utilização de seus ideais no contato verdadeiro com as pessoas. Sua capacidade de julgamento pode ser afetada, provavelmente porque você está indeciso ou por buscar apoio em atitudes sociais e nas crenças religiosas e morais. Você tende a não decidir por si mesmo, mas refletir uma atitude estabelecida pelo grupo. Como essa é uma área transformada por Netuno, pode ser inadequado recuar aos padrões existentes numa situação em recente modificação. Talvez você precise ser cauteloso com essa tendência, pois uma atitude rígida pode ser inadequada a muitas situações e criar problemas ainda maiores.

Quando sentir-se pronto para mudar ou reconhecer uma exigência interior para realizar a mudança, você pensará que a redenção e a salvação se encontram em sistemas de crença. Tenderá a buscar uma filosofia, uma religião ou um caminho espiritual ideal, pelo qual possa se unir a algo maior. Talvez sinta o desejo de sacrificar-se por um ideal. Inversamente, pode ocorrer a destruição de antigos ideais, pois Netuno destrói os padrões de ligação a uma religião ou a um ideal através de profundas decepções, retirando seus apoios e deixando-o indefeso; você vai sentir necessidade de encontrar sua própria luz, pois não poderá mais encontrar o calor na luz refletida pela crença de um grupo.

Você pode se sentir atraído por teorias, atitudes, valores e idéias mais inclusivos, bem como por fenômenos incomuns e psíquicos. O que está ocorrendo é a ampliação de sua percepção da vida, libertando-o de uma abordagem intelectual básica. Finalmente, você observará que ocorreram desenvolvimentos que utilizaram seu antigo padrão como base, mas que lhe revelaram novos horizontes mais inclusivos, pessoais e enriquecedores.

Talvez você decida se dedicar algum estudo, mesmo que sua meta ainda não esteja claramente definida. Os horizontes físicos podem se expandir com viagens ao exterior, que podem abrir sua mente e seus olhos para diferentes culturas e atitudes sociais e eliminar qualquer provincianismo. Ou talvez você conheça e se associe a pessoas que expressam idéias estranhas e incomuns que contribuam para a direção e a reconstrução de sua visão pessoal do mundo.

Potencialmente, essa pode ser uma fase muito positiva, pois assenta novas bases para a exploração e descobertas futuras em sua vida. Trata-se de uma fase que pode torná-lo mentalmente mais livre, diferente da tendência comum de refletir e imitar atitudes e valores sociais estabelecidos, sem ter nenhuma consciência e avaliação individual.

NETUNO EM TRÂNSITO NA 10ª CASA

O trânsito de Netuno pela 10ª casa da carreira, do prestígio público e do valor social será parcialmente um reflexo do sucesso obtido no aprendizado das lições netunianas das fases anteriores. Provavelmente você irá perceber resultados externos que indicam seu "valor" pessoal no contexto da comunidade social mais ampla. É o auge dos esforços anteriores e um confronto com as conseqüências de suas escolhas, decisões e ações.

Isso pode envolvê-lo no crescimento de sua influência através de um papel público ou profissional; você pode emergir como um porta-voz de alguma causa ou interesse público, ou de grupo de pressão nas esferas social, política e religiosa. Isso pode depender de seu progresso, de suas realizações anteriores e do grau de percepção de seu próprio valor e capacidade.

Caso haja essas ilusões, é provável que durante esse trânsito ocorram circunstâncias que irão revelá-las. Pode ser difícil perceber e avaliar corretamente seu valor individual na sociedade e, muitas vezes, a tendência natural é exagerar ou negar o potencial pessoal de contribuição. O exagero leva a um ego inflado, pois todos podem ser suscetíveis à sua influência, em diferentes graus. A questão é saber quanto tempo isso dura, pois em geral é evidente, e as pessoas o reconhecem, mas tende a se tornar um ponto cego em nossa autopercepção.

Esse trânsito irá intensificar o desenvolvimento de "seu valor e sua importância" revelando situações que permitem um rápido progresso, ou irá frustrar o avanço com situações que o colocarão diante de uma parede de tijolos. Com certeza, o foco na carreira pessoal ou em interesses significativos em sua vida será dominante. Se houver avanço, talvez você precise certificar-se rapidamente de um senso de perspectiva e proporção corretos, para não sofrer a correspondente inflação do ego e transformar um passo positivo num efeito negativo, para você e para os outros. Se ocorrer um aparente fracasso e você se confrontar com aquela parede de tijolos, aceite e enxergue as lições indicadas, principalmente se até esse momento ainda cultivava um ego inflado pelos sucessos anteriores.

Sob diversos aspectos, isso pode ser um fracasso muito positivo, pois você foi encorajado a olhar para si e para as suas ilusões e avaliar as atitudes, os valores e a direção de sua vida. Esse processo pode provocar mudanças consideráveis e até o início de uma nova vida. Se o sucesso vier ainda durante esse trânsito — como resultado dessa reavaliação —, então você estará mais bem preparado para lidar com ele, de modo mais maduro e realista.

Pode haver um confronto com sua carreira e direção de vida atuais, e decepções com o trabalho ou com o *status* social. Netuno pode estimulá-lo a buscar a salvação na descoberta de um trabalho mais adequado, ou no desejo de "servir" à comunidade. Encontrar a expressão correta para suas necessidades e talentos reais pode ser essencial durante essa fase, como parte crucial de sua contínua reintegração. Algumas pessoas sentem-se atraídas pela devoção a um ideal maior, um sacrifício voluntário da identidade separada diante de uma visão mais elevada, na tentativa de incorporar princípios pessoalmente significativos e importantes. Outras, que estão explorando algum poder social, podem se sobrecarregar e chamar a atenção dos deuses para suas atitudes arrogantes, e talvez, através de escândalos e evitáveis indiscrições, provocar crises que as derrubarão, despindo-as do poder e da aprovação social.

Tente evitar qualquer tentação de se afastar dos problemas pelas ilusões e pelos idealismo utópicos, pois isso pode impedi-lo de enfrentar os desafios de sucesso ou fracasso.

Sua vida interior será dominada por aqueles conceitos de sucesso e fracasso social. Você pode ter perseguido coisas na vida que acreditava serem cruciais — bens, empregos, relacionamentos —, porque são esses os sonhos que a sociedade nos estimula a ter. Pode acontecer que, ao atingir um dos objetivos, ele perca seu encanto e se torne insignificante e desinteressante. Muitas vezes, o sucesso pode transformar-se numa experiência de fracasso interior, quando no momento de realização o ouro transforma-se em poeira e percebemos que não valeu a pena o tempo e o esforço despendidos. O fracasso pode transformar-se em sucesso pelas lições aprendidas com relação ao que é pessoalmente essencial, verdadeiro e significativo. Tudo é relativo; pode-se sugerir que uma das lições pretendidas por Netuno durante esse trânsito é que isso seja compreendido. Abandonar um ponto de vista egoísta para assumir outro mais altruísta é a transformação mais viável e valiosa para a comunidade.

NETUNO EM TRÂNSITO NA 11ª CASA

Os temas do trânsito na 10ª casa tornam-se mais realçados durante a passagem de Netuno pela casa da fraternidade social e da atividade de grupo. Provavelmente haverá uma atração por uma participação maior nas atividades sociais, talvez através dos encantos de uma vida social agitada ou o envolvimento com grupos idealistas. Em alguns casos, esse turbilhão pode esconder uma insegurança interior relacionada ao propósito e à direção, principalmente se você for propenso a participar dos aspectos mais leves e frívolos da vida social. Isso não significa negar seu valor como diversão e relaxamento, mas eles também podem agir como uma distração e impedir que você enfrente determinados problemas pessoais. Netuno pode distorcer sua percepção; as experiências e aparências nem sempre são aquilo que parecem. Você também tem propensão a deixar-se influenciar por tendências e modismos.

Netuno pretende abrir seu coração compassivo para os outros, de modo que a fraternidade não seja apenas uma idéia intelectual ou um belo ideal, mas sim uma reação sincera a todos os homens e mulheres. Contudo, você pode descobrir que seus relacionamentos estão atravessando uma fase insatisfatória, de muita confusão, que talvez o leve a questionar o propósito desses relacionamentos e o valor de sua interação social. Você pode se ver tentado a permitir que alguns contatos sociais desapareçam, achando que o objetivo desses relacionamentos não existe mais, ou que seus amigos estão contra você. Netuno espera que você comece a se dirigir para seu caminho futuro rumo à consciência e dependa menos do apoio das outras pessoas. Determinados aspectos de sua vida social estão sendo destruídos para encorajá-lo a criar uma expressão social renovada e mais ampla. Seu atual padrão social pode ser restritivo e limitador, e é hora de descobrir uma esfera de ação e horizontes mais amplos dentro de sua própria natureza e da sociedade.

Isso pode ser desconfortável de diversas maneiras, embora o desconforto possa ser aproveitado em favor próprio, principalmente se você ampliar e enriquecer a tempo sua percepção de vida e se permitir estabelecer valores mais humanos e compassivos. Netuno está sugerindo que o serviço à humanidade gera um poderoso significado para a vida. Esse altruísmo e a visão utópica das causas sociais e humanitárias criam uma expansão inclusiva e espiritual do *self*.

Isso pode levá-lo a ter uma participação mais profunda em idéias ou em grupos dedicados a indicar os próximos passos para o futuro da humanidade, que são inspirações para estimular e criar mudanças sociais construtivas. Não é importante saber qual é o aspecto desse movimento internacional que irá atraí-lo, mas como todos eles visam a criação de uma vida melhor na Terra, você estará sendo convidado a participar com sua contribuição única e pessoal. Netuno o influenciará a abandonar uma vida autocentrada em favor do objetivo do grupo; essa atividade oferece um profundo senso de propósito, de significado e direção na vida e, se puder evitar qualquer tendência a superestimar seu envolvimento, será uma saída criativa e satisfatória para suas energias.

Netuno em Trânsito na 12ª Casa

Essa é a última fase do atual trânsito de Netuno pelo círculo das casas. Representa uma dissolução do passado e aponta em direção ao próximo ciclo. Ao passar pela 12ª casa pisciana, de Água, Netuno está no auge de sua influência e sutil desintegração. É provável que não seja uma experiência fácil, pois desafia suas ligações aos ideais e às atividades sociais existentes, estimulando determinadas dúvidas e temores com relação à eficiência pessoal e intensificando a insegurança interior, uma tendência que irá surgir novamente durante o novo trânsito na 1ª casa.

Embora você possa se sentir atraído por um processo de afastamento de algumas de suas atividades sociais para voltar aos seus sonhos e ilusões preferidos, Netuno está indicando que você faça um exame mais completo de si mesmo e da vida. Idealmente, você deverá abandonar quaisquer aspectos que forem claramente ilusórios; do contrário, continuando sob sua influência, somente irá criar problemas adicionais. É inevitável que todas as pessoas tenham algumas ilusões na vida; a ilusão mais difícil de abandonar é a do eu separado, e cada um dos planetas transpessoais dedica-se a destruir essa ilusão. Podem existir partes não integradas de sua natureza que agem como aspectos da Sombra para as quais você prefere não olhar muito; são aspectos de relacionamentos que não são satisfatórios, mas que também não são ignorados. Entretanto, abordar diretamente essas áreas problemáticas com um espírito criativo positivo pode operar milagres. A luz recai em áreas escuras, e o simples fato de reconhecer a existência do problema já é o primeiro passo para a sua resolução e liberação. Nesse estágio final do ciclo de Netuno, esse processo pode ser extremamente benéfico e sintonizado com as energias redentoras dessa casa; esperemos que ele possa pôr um fim nos antigos problemas e criar a oportunidade de iniciar o novo ciclo na 1ª casa, sem que sua influência negativa permeie sua vida.

Esteja preparado para enfrentar as conseqüências dos ciclos de trânsitos anteriores de Netuno. Talvez ocorra uma crise, pois você enfrenta o acúmulo de escolhas e decisões. Algumas pessoas consideram essa crise como o peso do carma, que exige equilíbrio através de atos de restituição. Talvez você comece a perceber que não aproveitou ao máximo o seu potencial, ou passe a questionar suas verdadeiras aptidões; talvez sinta que sua contribuição pessoal nos relacionamentos não tenha sido tão honesta ou comprometida como deveria. Qualquer uma das partes de sua vida que você acha que poderia ter sido mais satisfatória — especialmente aquelas em que é responsável pela ineficiência — deve ser aceita sem culpa ou remorso desnecessários, desde que você esteja seriamente decidido a utilizar suas energias de forma mais consciente no futuro.

Algumas pessoas podem ficar sensíveis às correntes psíquicas na vida, as intuições intangíveis que revelam profundezas e sutilezas insuspeitas. Algumas vão se sentir quase engolidas pelos sentimentos e pela agitação subterrânea das profundezas oceânicas na mente inconsciente. Poucos perceberão Netuno destruindo todos os limites do ego, dissolvendo separação ilusória e abrindo a porta de um reino interior que dá acesso à sabedoria e à orientação interior. Outros, na tentativa de fugir, podem provocar um colapso nervoso pelo esforço para reprimir as pressões, os movimentos e os desafios interiores, com medo da escuridão que jorra de dentro delas. De modo semelhante a cada movimento e ativação dos planetas transpessoais, Urano, Netuno e Plutão, seu impacto pode ser negativo ou positivo, dependendo de como o indivíduo lida com as vibrações transformadoras e reage às exigências de mudança pessoal.

Lembre-se de que o caminho escolhido para lidar com essa fase final condicionará o próximo ciclo de Netuno; dessa maneira, o tempo gasto para avaliar sua vida, as necessidades, as intenções, os valores e as atitudes, pode render benefícios positivos. Sempre existem áreas para serem melhoradas pelo esforço consciente, em que o prazer pode ser intensificado e a vida tornar-se mais dirigida e criada por nós mesmos. Esse é o potencial que Netuno oferece, caso você decida segurar na mão do deus e escutar sua orientação sussurrada.

NETUNO TRANSITANDO NOS SIGNOS

A passagem dos planetas transpessoais pelos signos tem um impacto sobre a geração nascida nessa época e influencia as mudanças e o progresso necessários nas culturas, sociedades e civilizações, para que estruturas sociais limitadoras e ultrapassadas, bem como as formas de pensar, as atitudes, os valores e as crenças estabelecidas possam ser transformados e não estagnar. O ciclo do trânsito de Netuno por dois signos (28 anos) e Plutão (entre doze e trinta anos para cada signo) abrange o surgimento de uma geração que desempenhará um novo papel coletivo no padrão evolucionário.

Toda geração tem as possíveis soluções para os desafios sociais anteriormente criados, e lança desafios futuros para as que virão depois. Muitas vezes, esses desafios indicam as qualidades inferiores e mais negativas de um planeta transmitidas como "destinos" inconscientes espalhados pelo coletivo social; indicam também as qualidades mais elevadas e positivas transmitidas por pequenos grupos mais sensíveis que servem para o ancoramento de um novo impulso visionário no mundo. Esses grupos incluem artistas de diversas áreas, cientistas, planejadores sociais, ocultistas, alguns políticos e grupos radicais de pressão.

Os signos nos quais se encontram Plutão e Netuno em trânsito indicarão de que modo a geração nascida na época — e os adultos receptivos às energias mais elevadas — irão tentar solucionar os problemas sociais. Com freqüência, isso é revelado nos indivíduos que apresentam um conjunto de idéias heréticas, pioneiras e polêmicas, para solucionar questões sociais que são rejeitadas na época em que se expressam; quando essa geração estiver madura, essas idéias estarão absorvidas pelo pensamento coletivo. O trabalho social de Annie Beasant ligado à necessidade do controle da natalidade e aos direitos das mulheres é um exemplo. Apesar de caluniada na época em que expressou seus ideais sociais, ao ponto de ser levada aos tribunais por ter publicado seus escritos, o tempo mostrou que sua visão fazia parte do espírito da vanguarda social evolucionária.

NETUNO EM ÁRIES 1861/2-1874/5

Esse é o início do atual ciclo de trânsito de Netuno, que lentamente começa a dissolver o arraigado sistema social nas nações ocidentais. Os conceitos de Estado e monarquia vêm desaparecendo desde o surgimento de Urano no século anterior; a descoberta de Netuno em 1846 está acelerando essas mudanças. Descobrir um planeta é como ativar um arquétipo correspondente na psique individual e coletiva, cuja influência pode levar algum tempo para se tornar aparente. Netuno possui uma natureza particularmente enganosa, mas tem uma vibração tão potente e sutil que as fundações são destruídas antes que a consciência reconheça que alguma coisa está acontecendo; isso só acontece após o colapso.

Áries é uma energia pioneira e impetuosa que luta por liderança e excitamento; essencialmente, o que ocorreu no Ocidente durante essa fase foi o enfraquecimento do sistema, do Estado, da Igreja e dos padrões tradicionais de pensamento. Dois desses importantes impulsos se originaram na pesquisa científica e espiritual.

O trabalho de Darwin sobre a evolução das espécies começou a destruir a confiança tradicional na exatidão da Bíblia e dos ensinamentos cristãos, estimulando um colapso no poder da Igreja sobre as pessoas; muitas já estavam prontas para voltar a pensar por si mesmas e modificar suas atitudes éticas e espirituais.

O nascimento do espiritualismo e dos contatos mediúnicos com o além atraiu muita gente e se fortaleceu ainda mais após o caso das irmãs Fox na América, ajudando a lançar a base para o nascimento de futuros grupos ocultistas, como a Sociedade Teosófica.

Um outro agente de dissolução foi a obra *O Capital* de Marx; suas teorias políticas e econômicas tornaram-se a base de um novo impulso do pensamento político mais moderno. Com isso, a ênfase no poder e no papel do proletariado indicava grandes mudanças no equilíbrio do poder nacional, uma vez que os trabalhadores passaram a exigir maior participação e recompensa pelo seu trabalho. Foram três tendências transformadoras e, atualmente, ainda sentimos suas repercussões. Mas só agora esses impulsos pioneiros e polêmicos estão amadurecidos para se desenvolver.

NETUNO EM TOURO 1874/5-1887/8

No mundo ocidental que, nessa época, era essencialmente materialista, voltado para a crescente industrialização e a nova demanda de consumidores urbanos, Netuno começou a resistir à tendência prevalecente. A intenção era impregnar a mente ocidental de um novo impulso espiritual. O império vitoriano estava em seu auge, influenciando e controlando muitas regiões do mundo; era inevitável uma mudança de idéias, o que começou a acontecer com a atração pelos encantos e mistérios do Oriente.

Numa sociedade que buscava segurança, estabilidade e devoção pelos antigos valores e crenças tradicionais, essas bases confiáveis estavam se dissolvendo sob seus pés. Blavatsky e a teosofia revelaram uma enorme quantidade de ensinamentos desconhecidos que confrontavam diretamente o pensamento cristão e científico. A Ordem Hermética da Aurora Dourada, surgida em 1887, atraiu muitos talentos artísticos e intelectuais. Esses grupos ocultos desempenham um estranho papel na sociedade, bem maior do que sua influência mais óbvia e limitada. Eles servem para abrir canais na mente coletiva, para que as impressões novas e diferentes possam penetrar a mente do homem; refletem mudanças evolucionárias eminentes, ao dar voz à necessidade humana de regeneração e mudança. Esses grupos, e muitos outros que se formaram na sua esteira, abriram as portas para uma revitalização da atitude espiritual da época, revelando o pensamento religioso mundial; o budismo, o hinduísmo, o zen e o taoísmo penetraram o pensamento e a imaginação ocidental. Nossa geração amadureceu com a ampliação do pensamento agora acessível e muitas vezes considerado como certo; mas há pouco mais de um século não era esse o caso. A restituição de antigos deuses, invocados pela Aurora Dourada é reminiscente da crença cristã de que no final dos tempos todos os mortos irão ressuscitar.

Essa fase foi um período muito importante para nosso mundo moderno. O desenvolvimento de recursos e a utilização do materialismo científico, na criação, por exemplo, da base de toda a tecnologia elétrica, a fertilização do pensamento religioso por outras culturas e a compreensão de que os mitos e ensinamentos do cristianismo tinham semelhanças com o modo de ser do Oriente e existiam outros Filhos de Deus em diferentes culturas, novamente abalou as certezas ocidentais. A absorção da espiritualidade Oriental precedeu a absorção das minorias raciais e étnicas através da imigração que, em si mesma, transformou e continua transformando nossa sociedade e nosso mundo numa mistura mais cosmopolita e representativa de toda a humanidade. É como se a idéia precisasse vir antes da realidade.

NETUNO EM GÊMEOS 1888/9-1901/2

Esse trânsito também coincide com o início do ciclo de 500 anos de Netuno-Plutão, a conjunção ocorrendo em 1888. Essa conjunção indica um momento decisivo nas sociedades e culturas mundiais, quando a morte de antigos conceitos inibidores dá início a uma seqüência de desintegração e conflito social progressivos. Em Gêmeos, o campo de batalha foi principalmente o nível mental, parcialmente conseqüência do estímulo da pesquisa científica das fases anteriores e da diminuição da influência religiosa sobre a mente coletiva.

Na verdade, o reino da ciência estava se tornando o novo sacerdócio, elevando a lógica e o pensamento racional objetivo como meta a ser atingida e o caminho a ser percorrido pela humanidade. A mente coletiva era bastante estimulada a buscar, explorar e compreender, e as áreas mais influentes de exploração relacionavam-se à natureza humana e ao universo. O intelecto tornou-se muito valorizado no mundo ocidental e houve um crescimento paralelo na consciência da importância da educação.

As principais influências sociais surgidas a partir dessa influência mental orientada por vôos de imaginação para descobrir novas direções incluíam a Teoria dos Quanta de Max Planck, o trabalho introdutório de Einstein sobre a Teoria da Relatividade, que destruiria os anteriores conceitos newtonianos sobre o universo mecânico, bem como lançaria as bases para a era atômica e o desenvolvimento da psicanálise e da pesquisa dos padrões fundamentais da natureza humana e da psicologia, por intermédio de Sigmund Freud. Esse foi o período mais importante para esses avanços, que surgiriam de modo mais completo durante o trânsito em Câncer e nas fases posteriores. O valor da mente e do intelecto brilhou intensamente, porém com uma qualidade enganosa, muitas vezes ignorando outros aspectos igualmente vitais da natureza humana, principalmente no que se refere à utilização desse conhecimento científico em desenvolvimento.

NETUNO EM CÂNCER 1901/2-1914/5

Parece haver um padrão visível mostrando que os principais passos do desenvolvimento e da transformação ocorrem durante os últimos anos da passagem de Netuno por um signo. É nessa época que o tempo é gasto na dissolução lenta dessas bases restritivas, antes do próximo passo que emerge no final do processo. Durante esse trânsito em Câncer, Netuno está destruindo a segurança física e emocional dos Estados ocidentais, cujo auge foi a Primeira Guerra Mundial.

É a destruição de todos os antigos dogmas da estrutura social anteriormente estabelecida e uma advertência de que não existe segurança verdadeira; se a natureza não oferecer lembretes ocasionais, a humanidade desperta, periodicamente, pelo sofrimento deliberadamente infligido. O poder do império vitoriano definhou, embora tenha criado um modelo a ser seguido e cobiçado por outras nações ambiciosas. Famílias, sociedades e nações vagavam como sonâmbulas rumo à cruel profanação de seus sonhos e ideais nas trincheiras da Europa, enquanto as nações se arrasavam mutuamente num paroxismo de ganância e loucura nacionalista. Netuno estava atuando e se apoderando da natureza emocional coletiva através de Câncer. Esse foi o primeiro resultado das mudanças exigidas por Netuno, onde sacrifício, vítimas e mártires coexistiam aos milhões em todo o Ocidente; foi uma purificação internacional redentora e o abandono da ordem social estabelecida, onde os valores tradicionais morreram com homens leais e as antigas soberanias e distinções de classes sociais dissolveram-se em mútua agonia.

Não havia nenhum lugar para se esconder; as mudanças não poderiam mais ser evitadas. Um importante resultado dessa influência no final do trânsito em Câncer e no início do trânsito em Leão foi a restituição de parte do poder social às mulheres e do reequilíbrio da influência social, uma fase que ainda continua, pois as atitudes arraigadas algumas vezes levam muito tempo para desaparecer.

NETUNO EM LEÃO 1914/5-1928/9

Quando os traumas dos anos de guerra já estavam superados, as nações ocidentais tentaram voltar às antigas estruturas com as quais estavam familiarizadas. Obviamente, diversas dessas estruturas sofreram golpes mortais, mas restava ainda alguma vida nos padrões de comportamento coletivo. Foi um período difícil, muitas vezes incerto quanto à direção a ser seguida, dependente ainda do antigo ímpeto para restaurar a estabilidade e identidade nacional. Mas o processo de dissolução não podia ser rejeitado e os padrões estabelecidos originados na fase vitoriana sucumbiram no meio da confusão.

O alívio coletivo e a ausência de clareza social levaram a um relaxamento de atitudes rígidas, e um clima mais de *laissez-faire* tornou-se popular nas tendências artísticas e culturais, enquanto uma relativa permissividade espalhava-se na sociedade. Leão, como o signo da individualidade, intensificou esse sentimento de prazer hedonístico que as pessoas procuravam, uma chance para voltar a brincar e se divertir depois das repressões da guerra. O escapismo e o prazer atraíam os jovens, que também responderam ao fascínio de um estilo de vida mais boêmio e ao idealismo romântico que estava de volta à vida. Um de seus focos foi a música, com o início da Era do Jazz, e nessa atmosfera de liberação floresceram importantes figuras ocultistas como Crowley, Gurdjieff, Steiner, Bailey e Fortune, atraindo os intelectuais e os que buscavam maior significado e propósito na vida, reconhecendo que a estrutura de valores estava morrendo e precisava encontrar um novo caminho. As expressões artísticas e culturais, a literatura e o teatro, foram beneficiadas pelo relaxamento social e houve progressos na liberação de antigas inibições, especialmente nas áreas da moralidade sexual e no desenvolvimento de um novo raciocínio político.

O equilíbrio social de poder estava se modificando, as mulheres adquiriram o direito de votar, graças aos movimentos em defesa dos seus direitos e de seu papel coletivo durante a guerra, quando trabalharam em áreas anteriormente restritas aos homens. Os soldados que retornaravam da Europa também tinham uma perspectiva diferente com relação à vida e à posição social que ocupavam. Estavam menos dispostos a se submeter às elites e através dos movimentos sindicais começaram a perceber a verdadeira força da união.

A guerra mundial destruíra as distinções de classe e quase arruinou as nações européias, seu poder e influência mundial. Isso permitiu que outras nações se tornassem mais assertivas e independentes, principalmente como potências econômicas; esse foi o caso dos Estados Unidos, que haviam ficado relativamente imunes à guerra na Europa. As antigas atitudes nacionalistas estavam mostrando sinais de mudança — ao menos por necessidade — com a reformulação da identidade nacional em vários países. Isso também estimulou o fortalecimento de novas idéias políticas como o socialismo, o comunismo e o fascismo, que se tornaram ideologias dominantes em países como a União Soviética e a Itália.

Pela absorção das teorias de Freud e das ramificações desenvolvidas por Adler e Jung, houve novos avanços na compreensão psicológica do homem.

Finalmente, a busca irracional de mudanças no coletivo social não integrado, que voava alto após as tensões da guerra, porém com pouco controle e direção, começou a desmoronar. O choque econômico no final da década de 20 e o colapso da Bolsa de Valores provocaram a grande Depressão, com perdas financeiras e desemprego. As mudanças de Netuno ainda continuavam, algumas vezes de forma silenciosa e sutil, mas com um efeito devastador.

NETUNO EM VIRGEM 1928/9-1942/3

Netuno encontra-se em detrimento em Virgem, uma fase difícil da fase de trânsito. É como um choque direto que tenta manter a ordem e o controle na sociedade, quando as ilusões desmoronam estrondosamente e lançam as sementes de seu declínio final. Foi um período de esperanças pouco convincentes diante das crescentes crescentes nuvens de tensão social e as subcorrentes de pressão, pronta para explodir.

Para as pessoas que viveram ou nasceram nessa época, a manifestação das qualidades netunianas mais elevadas foi inibida pelo clima social. A privação material era grande, as questões de sobrevivência eram os principais desafios e a capacidade de se entregar a vôos fantasiosos e imaginativos foi negada a muitos jovens. A Depressão, o desemprego e a oscilação econômica lançaram uma pesada sombra sobre as nações e pareciam ser uma outra gargalhada vingativa de um deus sombrio diante da aparente prosperidade do início da década de 20, enquanto as nações trabalhavam duro para renovar sua estrutura social.

Suspeitas internacionais mesclaram-se às esperanças idealistas, visionários sociais surgiam oferecendo suas panacéias para a transformação social, grupos de pressão politicamente ativos manobravam para ganhar posições enquanto cada nação passava por reações internas contra os desastres das fases anteriores. O fascismo e o nacional-socialismo ganharam poder na Itália e na Alemanha, e surgiram falsos argumentos científicos associados a conceitos de supremacia racial e virtudes nacionalistas. A pureza ariana tornou-se um programa político, para tentar erradicar as minorias desprezadas. O fanatismo aumentou, dominando o diálogo político em diversas nações, o uso dos meios de propaganda tornou-se hábil e eficiente, persuadindo as mentes a acreditar na adequação de seus argumentos condicionadores.

No choque entre Netuno e Virgem, a batalha entre Água e Terra lembra o borrifo lançado por uma cachoeira, distorcendo a percepção das mudanças súbitas que precipitaram a queda da Água. As lições ainda não tinham sido aprendidas. A mente coletiva separatista ainda dominava e negava-se a reconhecer o fato de que o antagonismo nacionalista era perigoso e fútil, e que somente através da colaboração internacional o progresso poderia ser realizado. As ditaduras na Itália e na Alemanha, e o sol nascente do Japão arrastariam o mundo à beira de outro precipício pela exaltação nacional e a busca de poder. As ilusões e seduções ainda eram fortes.

NETUNO EM LIBRA 1942/3-1956/7

Em grande parte do globo terrestre a Segunda Guerra Mundial foi ainda mais devastadora do que a anterior, pois estendeu-se por toda a Europa e muitos outros países, criando uma pausa essencial nas questões do século XX. Como o signo do equilíbrio, Libra indica uma mudança na função de Netuno. Quase oitenta anos de lenta erosão dos caminhos tradicionais da sociedade atingiam agora seu auge e se refletiam externamente nas batalhas da guerra. Nessa época, estava para emergir uma dimensão mais positiva de energia, mostrando o caminho daquilo que pode ser considerada a visão e a intenção subjacente de Netuno.

Embora a dissolução ainda fosse importante para a restauração de um novo equilíbrio, o aspecto criativo do sonho visionário de Netuno estava sendo revelando. Isso ocorreu na geração após-guerra, a que iria guiar a sociedade para o próximo milênio. É uma fase de transição, que reflete grande confusão, conflitos e incertezas sociais; as questões dos direitos e liberdades humanos passavam por uma reforma no final da guerra, que revelou o terrível poder destrutivo das bombas atômicas em Hiroxima e Nagasaki. Desde então, a ameaça do holocausto nuclear paira sobre o mundo, pois a tecnologia das armas proliferou e se desenvolveu em diversos países.

A visão de Netuno tem sido revelada na ênfase nos relacionamentos sociais, que é um tema de Libra. Embora haja alguma confusão associada a essa questão e uma mudança na compreensão dos relacionamentos interpessoais e internacionais, esse é o caminho a ser seguido. Durante essa fase, a tendência era criar coligações internacionais como a NATO, a SEATO, o Pacto de Varsóvia, o EEC, as Nações Unidas e as organizações subsidiárias como a Unesco e a OMS, visando a segurança e a proteção das nações, mercados econômicos ampliadas e a ajuda internacional às nações necessitadas. No nível indivídual, os direitos civis surgiram como uma questão social, com a criação de movimentos civis na América, buscando a igualdade para os grupos minoritários da sociedade.

Houve o nascimento de uma subcultura baseada na juventude, hedonística e idealista que floresceria durante o trânsito em Escorpião, como a geração *hippie*, centrada nos músicos que expressavam os ideais netunianos de amor; a criatividade pessoal fundiu-se à ação social coletiva, como os boicotes contra a Guerra do Vietnã. Era uma geração politizada, onde "o pessoal é o político". A cultura jovem nasceu na primeira fase do *rock and roll* e, atualmente, tornou-se um fato da vida moderna, renovado de tempos em tempos com um novo estilo de rebelião e atitudes. Contudo, a maior parte foi contaminada pelo abuso de drogas e do álcool, que é a face negativa de Netuno não integrado no coletivo e o sintoma da ausência de significado, direção e propósito.

A natureza dos relacionamentos foi questionada e a sociedade enfrenta a escalada da dissolução das estruturas tradicionais do casamento, com conseqüências para as famílias e os filhos. As pessoas são desafiadas a desenvolver sua própria compreensão e expressão das tradicionais formas sociais, pois a obediência cega às antigas formas cria atrito e dificuldade. Além disso, foi essa a geração que se transformou nos "buscadores narcisistas", perseguindo autocompreensão, o espelho de sua própria natureza, tentando determinar o que realmente existe lá dentro; despindo-se por camadas como se descascassem uma cebola. Essa é a geração da Nova Era que incorpora os sonhos otimistas para o futuro, muitas ilusões e seduções, tentando criar um mundo melhor pela atividade social e política de grupos de pressão.

A visão Netuno-Libra é a do relacionamento e responsabilidade globais, incorporada no símbolo das Nações Unidas, um grande ideal de unidade e propósito comum: uma visão que ainda estamos muito longe de manifestar. Entretanto, a idéia tem sempre que vir em primeiro lugar; na luta rumo à visão brilhante está o caminho da transformação, servindo de imagem global do futuro da humanidade, assim como o esclarecimento atrai o buscador individual.

NETUNO EM ESCORPIÃO 1956-7/1970/1

O trânsito de Netuno em Escorpião inaugurou uma fase pós-guerra nas sociedades ocidentais, onde muitas das antigas atitudes sociais foram desafiadas por uma nova geração, revitalizando o conceito de hiato entre gerações.

Grande parte dessa energia de confronto flui através da crescente cultura jovem agrupada na afinidade com a música do *rock and roll*. Os jovens tinham dinheiro porque as oportunidades de emprego aumentaram e passaram a consumir o amplo mercado que se dedicava a atender aos desejos de todos. Na Inglaterra, esses foram os anos Macmillan, cujo lema era "Nunca foi tão bom".

As esferas que iriam ser destruídas por Netuno eram as tradicionais associações de Escorpião. O moralismo sexual foi virado de cabeça para baixo com a promiscuidade social dos "embalos" dos anos 60; a pornografia começou a florescer e quase tornou-se respeitável como símbolo de liberação. O homossexualismo surgiu no cenário mundial de modo mais agressivo e aberto. Aumentaram os encantos da fama criados pelos meios de comunicação, à medida que a televisão se tornou cada vez mais influente na sociedade e os astros surgiram rapidamente em suas aparições na pequena tela.

As drogas espalharam-se pelo Ocidente, principalmente as psicodélicas, onde a mensagem de Leary, "Ligue-se, sintonize e viaje" revelava, para muitos, uma aparente sabedoria. O papel das drogas foi extremamente importante para muitas pessoas naquela época, abrindo as portas da percepção e do *insight* em níveis de realidade anteriormente desconhecidos. Os músicos assumiram o papel de porta-vozes da cultura jovem, agindo como modelos para toda uma geração. O atrito entre a juventude e o sistema intensificou-se na América, na Grã-Bretanha e em outros países da Europa, e a contracultura formada aos poucos por *hippies* e *yippies* partia em busca de apoio mútuo.

No autêntico estilo netuniano, as imagens simbólicas ajudaram a diferenciá-los dos pais e seus contemporâneos: a música, o cabelo, a moda, as atitudes e as drogas muitas vezes os mantiveram isolados. O sonho de "Paz e Amor" e a expansão da música eletrônica criou um novo agrupamento coletivo com figuras de heróis internacionalmente famosos, formado por músicos e líderes de movimentos. A geração das drogas — um fenômeno netuniano — permitiu que muitos experimentassem as realidades alternativas interiores, principalmente a união elevada com a vida, forçando artificialmente a abertura de canais psíquicos à percepção das vibrações sublimes do planeta exterior. Muitas pessoas experimentaram estados de percepção mística que modificaram e redirecionaram suas vidas, lançando as bases de grande parte da atenção moderna dedicada às técnicas de transformação, que são potencialmente menos prejudiciais à pessoa em desenvolvimento.

Houve um aprofundamento da consciência política, uma vez que a juventude era freqüentemente ameaçada como um grupo minoritário e discriminado por sua recusa a pensar, agir e vestir-se como os mais velhos. A juventude confirmava a vida, a exploração e o prazer, percebendo a sociedade como defensora de restrições e proibições saturninas. As manifestações de rua, as passeatas e os tumultos raciais explodiram; a sociedade atravessou um período de grande confusão, enquanto o antigo entrava em choque com o impulso da juventude. A liberdade tornou-se importante e os protestos contra o envolvimento norte-americano no Vietnã tornaram-se mais fortes. A morte como um meio para obter mudanças políticas foi novamente adotada durante os anos 60, com os assassinatos dos irmãos Kennedy e de Martin Luther King, abalando as estruturas e a estabilidade da sociedade.

Os perigos do confronto nuclear atingiram o auge no caso da Baía dos Porcos, em Cuba, e nas relações frias entre Kennedy e Kruchev. O terrorismo tornou-se popular, na tentativa de forçar mudanças sociais ou políticas internacionais através de violentas ameaças.

Foi uma fase bastante netuniana e escorpiana; o interesse pelo misticismo e pelos ensinamentos ocultos irrompeu na cultura jovem, quando Leary associou as experiências com drogas psicodélicas às experiências espirituais indianas e tibetanas. Foram iniciadas peregrinações em massa para a India à procura de gurus, e os mestres orientais firmaram suas bases nas terras mais lucrativas da América. O autoconhecimento virou moda e a juventude interessou-se mais pelos exóticos ensinamentos orientais do que pelos sérios ensinamentos cristãos, libertando-se de um condicionamento social anterior. Formaram-se grupos de contracultura que se tornaram influentes, onde reinava um espírito de que a mudança verdadeira e radical estava acontecendo; os sonhos cresciam à vontade, pois os entusiasmos ilusórios ignoravam a necessidade de um raciocínio prático em suas inspirações idealistas.

Esse foi um período poderosamente influente que mudou a vida de muitas pessoas que nasceram na geração pós-guerra, criando divisões sociais que ofereceram novas oportunidades e novos perigos que ainda iremos enfrentar. O nível atual de abuso de drogas é conseqüência dessa porta que foi aberta, principalmente porque hoje as drogas são muito mais prejudiciais para o corpo, pois viciam e aumentam o número de crimes nas ruas. Contudo, naquela época a necessidade de regeneração espiritual foi estimulada e, por mais distorcida que tenha sido, ainda está ativa e exigindo progresso. Netuno em Escorpião agitou as profundezas inconscientes e, como Pandora abrindo sua caixa proibida, desencadeou uma energia destruidora de transformação, cujas conseqüências ainda não avaliamos plenamente.

Mais tarde, isso iria criar as bases para a geração da Nova Era que, como um grupo minoritário, reage às vibrações dos planetas transpessoais, Urano, Netuno e Plutão. Esse grupo é identificado pelas qualidades associadas ao papel de ligação entre culturas e sociedades, entre nosso mundo contemporâneo e o mundo contemporâneo e o mundo que nos espera depois do ano 2000. Além disso, é composto na maioria pela geração após-guerra, que participou dos movimentos juvenis da contracultura do início dos anos 60. A influência de Urano, Netuno e Plutão é poderosa em seus mapas e eles servem de ponte planetária entre o antigo estado mental pisciano e a emergente visão aquariana.

199

Netuno em Sagitário 1970/1-1984/5

A energia quase primal irrompida durante o trânsito em Escorpião atingiu o auge no início dos anos 70. A bolha de idealismo estourou depois da fracassada revolta estudantil de 1968, para estimular uma revolução social total. Entretanto, nesse período de Sagitário começou um refinamento desse impulso. As mesmas tendências estavam presentes, mas eram como uma pausa para se reconsiderar, analisar e pensar de maneira mais cuidadosa e profunda na natureza das transformações sociais e no papel individual e coletivo agora exigido. Após a extrovertida paixão e a grande liberdade dos anos 60, era necessário um período de amadurecimento introvertido para houvesse assimilação.

O consumismo materialista ainda estava se expandindo e era estimulado como fonte de satisfação na vida; os recursos e o meio ambiente ainda eram considerados propícios para a exploração e ganância humanas. O progresso científico intensificou-se com o avanço tecnológico, o conhecimento e as informações começaram a explodir em todo o mundo, a pesquisa tornava-se mais eficiente com a ajuda de modernos instrumentos científicos e a mecânica dos quanta começou a emergir como força admirável na investigação contemporânea da natureza do universo. Novas ciências evoluíam, muitas vezes com a fusão sintética de disciplinas antes desiguais, as pesquisas sobre o genoma humano tornaram-se viáveis.

Foi uma fase de raciocínio sagitariano superior, quando a necessidade de uma sociedade mais espiritual, filosófica e consciente tornou-se evidente. A exploração da mente pelas pesquisas do cérebro e pela meditação ampliou-se, popularizando a psicanálise e a psicoterapia. À medida que as sociedades se tornavam mais cosmopolitas e enfrentavam os desafios da integração social, cresceram as viagens para o exterior e o fluxo de idéias interculturais. "A busca" tornou-se aceitável: do *self*, de um novo sistema social, de um equilíbrio ecológico e a responsabilidade de cuidar da Terra, todos tornaram-se padrões reconhecidos na vida humana. A oportunidade de experimentar pessoalmente a dimensão espiritual tornou-se acessível a todos que desejassem seguir caminhos e técnicas antigas; a necessidade de um sacerdócio mediador desapareceu. Isso também encontrou distorções nas necessidades básicas de um guia e um mestre, pois muitos se tornaram dependentes de gurus e cultos duvidosos.

Os ideais netunianos-sagitarianos infiltraram-se nos mais receptivos, revelando lentamente a visão global que oferecia a única solução viável para os problemas contemporâneos. Para muitos, a qualidade de vida tornou-se mais importante do que os bens materiais. Os conceitos de revolução começaram a desaparecer, substituídos por idéias de transformação da sociedade de dentro para fora, pelo ativismo social e envolvimento com grupos radicais, ou pelo trabalho espiritual interior por intermédio da meditação. Os sonhos utópicos começaram a ser reativados, embora seu grau de objetividade seja bastante questionável; mas se um dedo aponta o caminho, o caminho à frente pode ser determinado. Existe um fio dourado que une os níveis de confusão social e aponta em direção aos conceitos de unidade; aos poucos, cada vez mais pessoas estão se tornando conscientes dessa presença e tentando torná-la uma realidade na Terra.

NETUNO EM CAPRICÓRNIO 1984/5-1998/9

Capricórnio é um signo de Terra, e essa fase é visivelmente diferente dos trânsitos anteriores, que em Escorpião influenciaram a necessidade mais emocional de liberdade do coletivo e, em Sagitário, afetaram o nível mental.

É um período de decisões cruciais para a humanidade. As estruturas sociais estão regularmente se desintegrando em importantes aspectos, e estamos nos tornando cada vez mais conscientes do que fazemos ao planeta, diante de desastres ecológicos como a destruição da camada de ozônio, o desaparecimento das florestas, e uma economia mundial baseada na distribuição desigual de renda. Aos poucos revela-se inevitável uma mudança essencial também nos governos ocidentais mais resistentes, os quais, pela pressão social se vêem obrigados a reconhecer que os problemas como a poluição realmente existem, mesmo que ainda resistam a enfrentá-los com seriedade.

Como a possibilidade do caos parece intensificar-se, houve uma correspondente reação contra antigas formas de atitude e segurança social. As atitudes fundamentalistas ressurgiram estimuladas por tendências reacionárias. O fanatismo e o racismo agitam-se sob a superfície, e muitos dos aparentes avanços sociais realizados nos dois trânsitos anteriores estão ameaçados; por exemplo, o homossexualismo é novamente ameaçado pelas reações sociais contra os perigos da Aids. As atitudes autoritárias readquiriram um pouco de seu poder, pois acredita-se que, através de uma forte liderança ditatorial, a estabilidade e a segurança podem ser novamente restauradas, diante da permissividade que estimula mudanças desconfortáveis.

As questões ecológicas chegaram às manchetes dos jornais e, provavelmente, só o instinto de sobrevivência poderá estimular o público a cobrar de seus governos as providências para enfrentar os desafios internacionais. Mas ainda precisamos reconhecer o que isso significa em termos de políticas internacionais de colaboração. É preciso surgir uma forma prática de espiritualidade, não apenas a imagem fantasiosa e supérflua dos Mestres Secretos, mas algo que enfrente com seriedade os desafios da humanidade, inspirado por uma visão de unidade global. Netuno em Capricórnio irá novamente estimular esse conceito de governo mundial, revigorando o conceito de formação de novas políticas, como a política inspirada no espírito.

Existem sinais de que isso está acontecendo, e um exemplo foi o trabalho feito por Mikhail Gorbachev na União Soviética para tentar transformar uma nação estagnada e reprimida, formada por numerosos agrupamentos minoritários; e seus pronunciamentos públicos em favor do desarmamento e da maior colaboração internacional para resolver os problemas mundiais. É uma tarefa enorme, mas as mudanças são essenciais para evitar que nos precipitemos no abismo.

Assim como o indivíduo está preparado para fazer parte da consciência aquariana de grupo, o coletivo está pronto para desenvolver tipos mais universais de organização social. Essa tendência foi iniciada com os atuais ciclos de Plutão e Netuno e deve atingir o auge nos próximos setenta anos, quando Plutão e Netuno completarem seus ciclos. O tema oculto é a integração e fusão entre matéria e espírito, individual ou coletivamente, e na medida em que nos aproximamos do próximo milênio devemos maior ênfase ao tipo de mundo que desejamos criar e viver após o ano 2000. Cada um de nós pode ajudar a aproximar a visão ofuscante da consciência da humanidade.

NETUNO EM AQUÁRIO 1998/9-2011/12

No trânsito anterior de Netuno, o planeta foi descoberto ainda no signo de Aquário e, portanto, essa fase provavelmente terá uma importância considerável, assim como será o encontro de Netuno com Urano nesse signo, por volta de 1998/9. A entrada no novo milênio pode indicar a passagem para a Era de Aquário.

O idealismo e a atividade mental serão estimulados durante esse trânsito, quando a tendência coletiva de Netuno se unirá aos conceitos de fraternidade universal social refletida por Aquário. A consciência de grupo dominará o nível coletivo da mente, e a consciência mundial da necessidade de novas culturas e civilizações, de uma humanidade transformada, irá se intensificar. Isso envolverá mais uma volta da espiral ascendente que deu início ao desenvolvimento das antigas sociedades tribais, nas quais os pequenos grupos se uniam em busca de apoio e proteção para poder sobreviver. Essencialmente, enfrentamos o mesmo problema, mas a esfera que precisamos alcançar é da colaboração global. Mesmo que ocorram mudanças por razões puramente pragmáticas como a sobrevivência, a necessidade de um espírito humanitário mais altruísta se fará sentir. Os meios de comunicação não nos deixarão ignorar o sofrimento em outras partes do mundo; não teremos desculpas para fingir que isso não está acontecendo, refugiando-nos no conforto de nossos lares em busca de uma segurança ilusória.

Podem ocorrer descobertas científicas durante esse trânsito, ampliando o desenvolvimento das redes instantâneas de comunicação e provavelmente mostrando o potencial para novas formas de produção de energia ecologicamente menos perigosas. O poder solar e a fusão nuclear são áreas de futuro desenvolvimento. A tecnologia espacial ganhará mais importância. A ciência e a tecnologia, especialmente a medicina, se tornarão mais eficientes e serão feitas sérias tentativas para solucionar inúmeros problemas de saúde em países carentes, utilizando-se menos recursos financeiros em armamentos e aplicando-os em questões mais humanitárias.

NETUNO EM PEIXES 2011/12-2024/5

Essa é a fase final do atual ciclo de Netuno, e esperamos que ela veja o resultado das qualidades mais positivas da vibração netuniana. A fase da dissolução necessária foi alcançada através do ponto de mutação durante o trânsito em Libra, seguida pelas qualidades mais positivas e visionárias que tiveram impacto nas pessoas mais receptivas.

O final de cada ciclo é a época para semear o novo ciclo, e Netuno sente-se à vontade no signo de Peixes. É provável que essa fase tenha sua parcela de confusão e vacilação, pois o mundo ainda se encontra à espera de muitas mudanças radicais que ainda não ocorreram e há uma grande disparidade entre os países modernos e os que ainda têm um longo caminho a percorrer para atingir o progresso. Haverá tensões entre as nações economicamente poderosas e as regiões menos favorecidas, apesar de, lentamente, ocorrer uma distribuição menos exploradora e mais justa.

O reconhecimento do progresso do mundo desde a descoberta de Netuno ainda estará despertando, bem como a direção que a humanidade basicamente escolheu seguir. A consciência planetária e a responsabilidade ambiental serão desenvolvidas em muitas nações, e grandes esforços serão aplicados na preservação ecológica; a pressão mundial atingirá as nações que ainda insistem em danificar o meio ambiente, e a ênfase geral focalizará o valor da colaboração global e internacional na solução dos problemas, ao reconhecer que essa é uma tarefa muito grande para ser realizada pelas nações isoladamente.

Provavelmente, surgirão novas formas de criatividade, formas que possuam uma qualidade mais majestosa e elevada, destinadas a provocar sentimentos de união e cura do planeta. Os visionários fizeram isso até agora e terão sonhos ainda maiores para a humanidade; e os ideais utópicos brilharão ainda mais para atrair o coração da humanidade.

CAPÍTULO 7

O Netuno Esotérico

Ao explorarmos a natureza do Netuno astrológico, será esclarecedor considerar os ensinamentos esotéricos a ele associados, principalmente os que enfatizam a função transpessoal e o impacto das energias netunianas sobre o indivíduo e a sociedade.

O sistema de ensinamento oculto conhecido como "Os Sete Raios", é uma importante fonte de pesquisas adicionais. Os conceitos dos sete raios criativos de energia básicas da vida manifestada neste sistema solar, foram inicialmente indicados nos livros de Madame Blavatsky *Ísis Revelada* e *A Doutrina Secreta*, livros importantes para a formação da Sociedade Teosófica em 1875 e seu posterior desenvolvimento. Outras descrições sobre esses ensinamentos foram feitas por Alice Bailey, que, agindo como a amanuense do mestre tibetano D.K. da fraternidade oculta trans-himalaiana, tornou-se conhecidas através dos esforços dos grupos que ela iniciou, *Lucis Trust*, *Arcane School*, *World Goodwill* e *Triangles*. O legado das obras de Bailey é considerável e bastante influente nessa fase de ancoramento da nova visão aquariana; são, entretanto, mais adequadas ao alunos avançados de ocultismo ou astrologia. Contudo, a familiaridade com esses ensinamentos pode ser bastante proveitosa. Contatar *Lucis Trust*, conhecer suas circulares e seus panfletos pode ser uma introdução mais fácil para quem estiver interessado nessa abordagem da sabedoria eterna.

O 6º RAIO

No sistema dos "Sete Raios", Netuno está associado ao 6º Raio do Idealismo e da Devoção. Esotericamente, esse raio governa o plano astral e assim as imagens relacionadas são Netuno como o "Deus das Águas", o "Oceano da Vida" e as "Águas da Substância". Nesse contexto, as "águas" estão associadas à sabedoria esotérica e, como logo iremos observar, relacionadas ao efeito purificador da água, como na experiência do batismo espiritual na 2ª Iniciação.

Muitas vezes, o plano astral é visualizado como um reino aquático em que a matéria é menos sólida e mais maleável, sujeita às influências do desejo e do pensamento. Como a água, esse plano é fluido, sujeito a tempestades e reflete todas as impressões em sua superfície; reagir a essas impressões pode estimular o fenômeno de névoas e neblinas (seduções e ilusões). Esse é o mundo dos sonhos, das visões, dos desejos e das poderosas emoções, com freqüência o campo oculto das lutas da humanidade. Como todos devem saber, o poder das emoções é hoje mais direto e imediato que o pensamento ou a complexidade intelectual; grande parte da humanidade é controlada pela reação emocional às experiências e circunstâncias e raramente por uma reação verdadeiramente inteligente à vida real. Na palavra "emoções" há uma indicação implícita de movimento, de ser movimentado; conhecemos bem a experiência de nos sentir invadidos por uma reação emocional, por uma gama de emoções prazerosas e dolorosas. O desejo desencadeia uma emoção, o movimento para possuir ou experimentar o objeto de nosso desejo, e oferece o impulso motivador que dirige nossa atenção para o mundo exterior, aparentemente a fonte de toda a satisfação.

Para uma humanidade fortemente concentrada na natureza emocional, os efeitos do 6º Raio são extremamente fortes, intensificados pelo reconhecimento consciente dos planetas exteriores, primeiro com a descoberta de Urano e depois Netuno, em 1846. As indicações disso incluem desde a transformação provocada pela Revolução Industrial — a construção de fábricas de produtos socialmente aceitos e estimulados como necessários à satisfação e realização individual (fossem eles realmente necessários ou não ao bem-estar) —, até a formulação de ideologias políticas mundiais, como o comunismo marxista.

Sob diversos aspectos, houve uma revitalização da influência desse 6º Raio na humanidade desde a descoberta de Netuno. Em geral, o 6º Raio está mais sintonizado com a Era Pisciana, em que as grandes religiões do mundo, como o cristianismo e o islamismo, expandiram-se e influenciaram muitas culturas e sociedades. Foi durante a Era Pisciana que muitas pessoas perceberam que "os homens são como peixes, imersos no mar das emoções", uma frase que evoca a antiga imagem de Cristo, o "pescador de homens" (ou o Rei Pescador das lendas do Graal) e dos primeiros cristãos. Nessa fase de transição da Era Pisciana para a de Aquário, houve uma fusão das energias, agindo quase como uma ponte rumo à visão global de Aquário e sua ênfase nas virtudes da consciência grupal. É estimulante perceber que, apesar de Peixes estar associado a imagens mentais de água, Aquário também é um símbolo que envolve o mesmo elemento, que representa a consciência do Cristo portando e vertendo a água de uma ânfora: "Eu sou as Águas da Vida despejadas aos homens sedentos".

Nos os últimos 150 anos, vimos o surgimento de poderosas ideologias que tentam unir a mente e as emoções visando a ressonância total no indivíduo. Elas se fundem nos fortes grupos de trabalhadores e pensadores idealistas empenhados na transformação da "antiga ordem" que se movem para além das divisões sociais negativas. Os principais exemplos são o comunismo, o socialismo, o humanitarismo, o sindicalismo, o movimento feminista, as liberdades civis, o movimento Baha'i, a emergente política da Nova Era e a boa vontade coletiva do homem comum pela divisão altruísta.

Como o 6º Raio é o raio do idealismo e da devoção, essas causas geraram grande lealdade em seus adeptos e foram o poderoso motivo de mudanças sociais rumo ao nascimento da visão global. O responsável por isso foi a atuação da tendência netuniana à persistência idealista através do 6º Raio revitalizado, transformando a devoção a um objetivo numa luz orientadora para muitas pessoas. Essas tendências ideológicas latentes da humanidade surgiram no mundo através da descoberta do intelecto do homem, o que forçou o desejo de mudanças sociais a criar conceitos coletivos para melhorar a sociedade.

Para a pessoa, ou buscador espiritual, as características do 6º Raio estão próximas às de Netuno. As positivas incluem: a devoção, o idealismo espiritual e os instintos religiosos, a prece, o misticismo visionário, os sentimentos de unidade e da imanência da divindade na vida, a reverência, a lealdade, a aspiração, a sensibilidade benéfica e a compaixão afetuosa. As características ambivalentes incluem: a persistência, os sentimentos e as emoções pessoais extremamente sensíveis, as tendências à renúncia. As características mais negativas, motivadas pela incompreensão, pela má utilização e pelas expressões individuais separatistas incluem: o amor ciumento, a parcialidade, o sectarismo e as tendências prejudiciais, o auto-engano, a dedicação fanática, a devoção mal orientada, a incerteza, a hipersensibilidade a influências externas, as fantasias emocionais, o escapismo, o psiquismo mediúnico em níveis inferiores ilusórios, o amor possessivo e dependente.

A dificuldade enfrentada pelo indivíduo sintonizado com o 6º Raio é expressar as qualidades mais elevadas de forma consistente, sem se perder no turbilhão miasmático do plano astral e em suas próprias reações emocionais. A persistente devoção visionária e a aspiração impetuosa, voltadas à obtenção desse ideal, são importantes características do 6º Raio. Netuno ajuda o indivíduo a unir-se à visão idealista e sincera, absorvendo seu enfoque mental no objetivo dominante e depois ativa Marte e Júpiter como energias necessárias para perseguir essa ambição e torná-la real na Terra.

Na verdade, existem dois planetas associados a esse 6º Raio, Netuno e Marte, envolvendo especialmente os signos de Virgem, Sagitário e Peixes. A mistura de Netuno e Marte está revelada nas resultantes tendências do 6º Raio e dependem do planeta que for mais dominante no mapa astrológico da pessoa. Nos menos evoluídos predomina a energia de Marte, afetando a qualidade mediadora do raio e tornando a expressão mais agressiva, extremista, direta e combativa; as tendências agressivas no cristianismo e no islamismo são uma evidência disso, como as Guerras Santas em Jerusalém e nas Terras Sagradas, bem como na Inquisição, no catolicismo europeu. O aspecto mais elevado envolve a energia netuniana, que é essencialmente o aspecto mais pacífico dessas religiões, a atitude cristã de "oferecer a outra face" o serviço comunitário, o amor ao próximo uma sensível visão universal que ainda estamos tentando incorporar.

Responder à influência desse 6º Raio/Netuno, estimula o aspirante a dedicar-se aos valores espiritualizados mais elevados e ao bem-estar da humanidade. Isso pode assumir a forma de aceitação de um plano ou de um propósito espiritual, exigindo características pessoais de lealdade e dedicação, provavelmente também de serviço altruísta e sacrifício pessoal. A dimensão mística de Netuno sempre estimula a sensibilidade e a intuição de uma realidade ideal que é mantida como potencial da matéria e da forma, à espera do momento adequado para se manifestar. Esse compromisso de concretizar o ideal com freqüência assume a forma de "minha verdade, minha paz, meu sonho, minha visão de realidade, meu ideal limitado, meus pensamentos finitos de Deus — por eles eu brigo, luto e morro".* Um dos perigos inerentes, é uma devoção indiscriminada a um ideal ou uma pessoa, estimulada pelo Estado, pela religião ou criada por nós mesmos e auto-impostas. No passado, viam-se crescer as tendências extremistas em que a consciência dualista e as fortes emoções pessoais resultaram na divisão dos povos e das nações. Atitudes como "nós somos dignos e justos, Deus está do nosso lado, eles são maus e pertencem ao diabo", ou "nós somos moralistas e virtuosos, eles são imorais e devem ser penalizados", bem como disputas ideológicas e religiosas são a conseqüência inevitável de reações separatistas diante dessa energia.

A maioria das pessoas não tem consciência das ilusões controladoras que distorcem a percepção, principalmente quando a controvérsia envolve diferenças teológicas ou espirituais; as razões dessas desavenças ainda estão associadas ao aspecto negativo da Era Pisciana. O 6º Raio foi chamado de "o raio do comportamento cego; o indivíduo foi cegado pelos fragmentos do todo acreditou ser total e exclusivo".*

Responder à vibração netuniana pode deixar a pessoa mais introspectiva, tolerante e provavelmente hipersensível, especialmente propensa a uma empatia com os sentimentos e emoções de outras pessoas, como o tradicional conceito da sensibilidade psíquica pisciana. Se essa vibração não for corretamente utilizada, em função de uma simpatia sentimental excessiva, o indivíduo pode perder-se nos problemas do outro pela identificação insensata com sua situação difícil; o resultado é uma incapacidade para servir e ajudar. Geralmente é exigida uma "compaixão inflexível" e não uma "compaixão sentimental"; a compaixão inflexível da alma é considerada apenas dentro do princípio do bem maior para o maior número de pessoas e adota uma visão muito mais ampla com repercussões e efeitos duradouros. Algumas vezes as lições aprendidas no nível da alma são dolorosas, mas esta, ou o amor espiritual, procura evocar a vida espiritual no indivíduo e na sociedade, em vez de agradar e apoiar personalidades isoladas.

O 6º Raio reflete o eterno conflito entre o eu inferior e o superior, entre o eu separado, corpo-emoções-mente, e o eu inclusivo, alma e espírito; o campo de batalha da realização é a natureza emocional e o plano astral. Em *Esoteric Astrology* Bailey sugere que, na mente coletiva, Netuno está oculto por Câncer e pela Lua, quando os véus impedem o indivíduo de registrar os impactos e as influências superiores a que o "verdadeiro homem" é sensível. A libertação das repressões da existência coletiva canceriana e do passado pessoal instintivo da Lua permite o alinhamento com Netuno. Revela-se, então, uma consciência mais mística, um coração sensível que carrega a experiência emocional da visão superior, na qual há o reconhecimento do inter-relacionamento subjacente do processo mundial de dualidade manifestada. Assim, o papel individual é ser um mediador para a expressão e revelação desse mundo. Em termos esotéricos, isso foi descrito como obliteração do poder das influências da Lua, de Câncer e Netuno pelo poder e pela luz do controle da alma. "O iniciado não é mais controlado pela Mãe das Formas ou pelo Deus das Águas; quando as águas irrompem e são afastadas, a Mãe dá à luz o Filho e a entidade espiritual individual torna-se livre".*

O efeito do 6º Raio no agitado plano astral (criado pelos desejos, emoções e sonhos da humanidade) é estimular um vórtice de força que evoca magneticamente a descida da energia mental mais elevada. Isso é válido para a sociedade e para o aspirante individual, e o impacto da energia mental mais refinada tende a provocar a experiência de ideologias e sonhos coletivos conflitantes. Neste século, vimos essas conseqüências precipitadas no plano físico através das tensões e as crises de duas guerras mundiais e em determinadas regiões de tensões e conflitos. Os efeitos do 6º Raio no nível mental tendem a cristalizar o pensamento, criando uma devoção fanática a um ideal coletivo obsessivo, tornando-o aprisionado pela ideologia dominante até impossibilitar o pensamento livre e fechando a mente a outras percepções e interpretações alternativas.

A 2ª Iniciação: O Batismo

No sistema dos Sete Raios, Netuno está associado à 2ª Iniciação, conhecida como Batismo e demonstrada na história bíblica de Jesus recebendo o Cristo ao ser imergido no rio Jordão por João Batista. Isso representa um estágio posterior na transformação da consciência coletiva para a consciência da sensibilidade inclusiva do "discípulo" ou iniciado espiritual.

Nos conceitos da astrologia esotérica, o Logos Solar, incorporado no Sol, focaliza a energia superior e influencia por intermédio dos planetas transpessoais Netuno e Urano, utilizando-os como transmissores e lentes focalizadoras para entrar na Terra e afetar todas as formas de vida. Netuno foi descrito como "coração do Sol"; quando em atividade, despeja energias espirituais sobre a humanidade por intermédio de Netuno. Essa atividade pretende transformar a emoção-desejo em amor-aspiração, dedicado à alma interior. Quando a natureza sentimental-emocional do aspirante responde à natureza das energias que emanam do "coração do Sol", há a indicação de que o buscador está pronto a continuar a 2ª Iniciação, que envolve a sublimação das influências da Lua e de Câncer. O 6º Raio vem de Netuno e age através dele que, juntamente com Júpiter, é o co-regente de Peixes. Júpiter também está associado ao canal do 6º Raio e também rege Sagitário, e tende a expressar esse raio de energia com um estilo mais ativo e dinâmico do que Netuno, que é mais contemplativo. Netuno e Júpiter estão exaltados em Câncer, que é o signo da encarnação coletiva, onde o desejo pela encarnação finalmente é realizado e liberado. Em *Esoteric Astrology*, Bailey sugere que os relacionamentos astrológicos comuns ao homem são Câncer, regido pela Lua, o 4º Raio; e Peixes, regido por Júpiter, o 2º Raio. Nas atribuições não ortodoxas e, particularmente, para os discípulos e iniciados, Câncer é regido por Netuno, o 6º Raio, e Peixes por Plutão, o 1º Raio.

A influência de Netuno é criar indivíduos verdadeiros a partir da humanidade coletiva e permitir que assumam seu lugar dentro da consciência coletiva aquariana, que lentamente está surgindo. Esse é o conceito dos servidores do mundo, que agem como um grupo mediador entre a visão espiritual interior e as necessidades e exigências da humanidade como um todo. Os "discípulos" são aquelas pessoas inspiradas por um ideal coletivo progressivo e humanitário que estão aprendendo a incorporar, transmitir e manifestar esse ideal, iluminando o caminho para os outros. Geralmente, esses grupos trabalham sob a proteção iniciatória e a organização do "*ashram* de um Mestre", em total afinidade com seu objetivo individual e coletivo.

Durante essa fase de transição na evolução mundial, particularmente o mundo ocidental, Netuno é esotericamente conhecido como o Iniciador. "Alguns preceitos antigos referem-se a Cristo, o grande Mestre do Ocidente e atual Iniciador do Mundo, tal como Netuno, aquele que rege os oceanos e cujo tridente e símbolo astrológico significam a Trindade em manifestação e aquele que é o regente da Era Pisciana".*

Na época da 1ª Iniciação, o Cristo interior (a alma ou vida espiritual) nasce dentro do indivíduo; isso foi discutido em *Fênix Ascendente: Explorando o Plutão Astrológico*. A 2ª Iniciação é o momento de crise, quando nos tornamos capazes de controlar a natureza do desejo-astral-emocional.

Como conseqüência da 1ª Iniciação/Nascimento, houve uma reorientação da vida pessoal em direção ao espírito e às idéias de aspiração. Esse segundo estágio é alcançado pela intensificação da energia da aspiração e dos sonhos humanitários. O buscador muitas vezes é seduzido por sua própria devoção poderosa e quase fanática a seus ideais e àquilo que percebe como "bom". Ele deseja servir. Seu ideal é transformar o mundo. Mas, ao seguir por esse caminho, fica chocado e horrorizado ao se conscientizar de sua própria natureza astral e da complexidade do nível astral do mundo.

Ele vê que o plano astral está perpetuamente agitado por constantes desejos separatistas, que as tempestades assolam as águas pelo choque de desejos e sonhos conflitantes, que as formas enganosas de pensamento estão refletidas na mente dos homens e que a maleável matéria astral reage a cada impulso, a cada desejo e atração magnética de fontes boas ou más, de visões de união e de separação. Raramente persiste a tranqüilidade; a natureza do nível astral é a instabilidade, as águas movimentadas pelas correntes ocultas e pela força do vento. Ele vê que essas energias são fluidas, oscilantes, muitas vezes indefinidas, e que a água é o símbolo mais próximo e adequado para o plano físico.

Ele percebe também que contribui para esse reino caótico com suas reações emocionais e desejos descontrolados e não integrados; que ele também é vítima de suas próprias seduções e ilusões. Começa a se dar conta de sua responsabilidade, de que também precisa conhecer sua natureza com as reações emocionais excessivas e inconscientes. Ele compreende que contribui para as "tempestades provocadas por sua natureza emocional, as nuvens escuras e as névoas, nas quais constantemente caminha"*. O buscador está enfrentando uma compreensão salutar e sensata. As seduções místicas foram consideradas no Capítulo 3, mas é nesse ponto do processo da 2ª Iniciação que ele se vê frente a frente com a barreira formada pela energia elétrica da soma total de suas seduções, que agora estão se tornando mais fortes e intensas e serão refletidas de volta para ele pela vida. Sua percepção e clareza estão obscurecidas e distorcidas por essas formas de energia enganosas e ilusórias que agem como um obstáculo e impedem o progresso. Essencialmente, ele tende a criar suas próprias trilhas, desviando-se por caminhos traçados pelos velhos hábitos, muitas vezes expressando-se de modo a inibir a direção desejada e prejudicando seus objetivos.

Ele percebe a necessidade de sacrificar suas próprias necessidades e desejos separatistas e transferir seu foco, para enfatizar apenas o que há de bom no todo. Lentamente, através de uma grande luta pessoal entre seu eu superior e inferior, como na batalha travada entre Arjuna e Krishna em Kurushektra, no *Bhagavad Gita*, ele começa a compreender, integrar e reorientar sua natureza emocional. É preciso demonstrar algum nível de ajustamento e controle emocional e saber utilizar as energias espirituais para dissolver essas seduções. Ele precisa passar pela tran-

210

sição, saindo da posição de aspiração emocional para a da inteligência aplicada, baseada na clareza de percepção. Antigos desejos, hábitos e padrões de reações automáticas perdem o poder de dominá-lo, e ele aprende a se tornar cada vez mais receptivo às exigências da alma. Ao utilizar a iluminação mental concentrada na natureza astral-emocional mais inativa como um transmissor da luz da alma, ele vê que pode dispersar as seduções e que, "após a primeira iniciação, a humanidade terá que lutar para iluminar a atmosfera do mundo".*

Quando a batalha interior pela supremacia for vencida pela natureza espiritual, as águas das emoções e da natureza astral pessoal se acalmam, refletindo de modo mais preciso os impulsos mais elevados e a visão universal. As emoções são purificadas pelo fogo da resistência e do sofrimento autocriados e a natureza separada inferior submete-se ao eu superior.

Liberto das seduções, abre-se a porta para um *insight* maior. A capacidade para servir aumenta, a influência interior como um canal transpessoal intensifica-se e as energias mais poderosas jorram dele constantemente enquanto sua vida torna-se sacrifical. É revelado um maior *insight* do plano evolucionário, e as necessidades do mundo são vivenciadas de modo mais aguçado. Cada vez mais, ele vai sacrificar seus desejos pessoais em favor dos outros; o serviço será sua luz orientadora em todas as formas que puder ser transmitida. Ele se torna um iniciado *kamamanasic*, que possui intensa percepção do inter-relacionamento, da unidade com a Vida Una que será expressada no mundo. A Humanidade, ou a consciência do grupo, tornam-se fundamentais, e ele está imbuído de uma intensa visão criativa e de seu papel ao iniciar uma fase de serviço ao mundo. Enquanto se movimenta dentro da clareza maior do nível mental, percebe que uma tarefa constante é a reorganização da vida astral-psíquica-emocional da humanidade, para que esse nível possa ser purificado e permitir que a luz espiritual brilhe mais facilmente, para que a energia da boa vontade seja liberada e alcance propósitos ligados aos relacionamentos humanos corretos.

Essa fase da 2ª Iniciação está sob a influência esotérica de Vulcano, Netuno e Júpiter, e envolve diretamente a energia dos chacras do plexo solar, do coração e da garganta, no corpo etérico. Envolve uma purificação singular pelo "fogo", que é liberado pela luz que penetra o plano astral através do nível mental, a aplicação oculta de "fogo para água". A água transforma-se em vapor e o candidato à iniciação "imerge nas brumas e miasmas, nas seduções e névoas".*

Isso é chamado de "Batismo"; a descrição bíblica do banho e da purificação pela água aparentemente reflete uma antiga tradição da Atlântida no processo de iniciação, quando ocorre um imersão na água e, juntamente com uma palavra de poder oculto, o candidato renasce. Uma ligação budista com esse estágio é conhecida como "entrar na corrente". Ingressar nas águas batismais é uma purificação intensa, pois, ocultamente, "permite que ele saia para sempre das águas e não corra mais o perigo de se afogar ou afundar; agora, ele pode 'caminhar sobre a superfície do mar' e seguir com segurança rumo ao seu objetivo".* Isso foi simbolicamente demonstrado por Cristo a seus discípulos; caminhando sobre as águas e acalmando as águas tempestuosas, e era o soberano dos oceanos da vida e a manifestação mais elevada do ideal de Netuno.

ATLÂNTIDA

A obra de Madame Blavatsky, *A Doutrina Secreta*, considera nitidamente Netuno-Posêidon como um poderoso símbolo da magia da Atlântida. Posêidon era considerado a personificação do Espírito e Raça da Atlântida, as tendências positivas e negativas. A moderna imagem da Atlântida é uma grande ilha ou um continente, cercada pelo oceano, e que, acredita-se, tenha submergido devido a uma grande enchente ou terremotos; a atividade vulcânica finalmente a dividiu. Tradicionalmente, os continentes "perecem" pelo fogo ou pela água, com enchentes, inundações, terremotos ou vulcões, que modificam o contorno da terra pelas pressões dos deslocamentos nas profundezas.

Existem importantes conhecimentos ocultos e teorias sobre a Atlântida e, muitas vezes, ela é considerada como a fonte da sabedoria arcaica e do ensinamento esotérico. A Atlântida é percebida como um ideal, onde há uma "era dourada" de magia, harmonia e mistério. Supunha-se que o antigo Egito fosse um dos receptáculos do conhecimento atlante, conservando-o após o desaparecimento da ilha; há indicações persistentes de que grande parte da antiga tradição mágica ocidental tenha suas raízes nas primeiras migrações dos atlantes. Dion Fortune e seu grupo muitas vezes tentaram explorar essas ligações em seu trabalho de reformulação da tradição ocidental.

Entre os símbolos atlantes de poder mágico e autoridade havia o "Dragão", associado à "Serpente", que reaparece em muitas religiões antigas. Posêidon era reconhecido como um Dragão e foi adotado como divindade protetora da cidade de Poseidônia, na Atlântida. Na verdade, Platão começa a história da Atlântida com a divisão do continente por Posêidon, neto de Urano. Os "Iniciadores" receberam a condição de Dragão-Serpente, o que nos lembra a função de Cristo mencionada pelo Tibetano.

Os conceitos da sabedoria do dragão e da serpente são encontrados em todo o mundo, nas religiões mais antigas, e trata-se ou de um padrão

---

* Citações autorizadas de Alice A. Bailey de *A Teatrise on the Seven Rays*, Vol. III, *Esoteric Astrology* e *A Teatrise on the Seven Rays*, Vol. V, *The Rays and The Initiations* (Lucis Trust).

arquetípico ativo, época em que foi registrado independentemente em todo o mundo, ou então os símbolos e ensinamentos realmente emanavam de uma única fonte. Os hierofantes babilônicos e egípcios eram conhecidos como os "Filhos da Serpente", "Filhos do Dragão", e os druidas ocidentais também reclamavam um título semelhante: "Eu sou uma Serpente, Eu sou um Druída". No México, continuando as tradições astecas, o símbolo da divindade nacional é Quetzalcoatl, a serpente voadora emplumada, que é um deus reconhecido como o civilizador da humanidade que compartilha seu conhecimento para elevar o nível da antiga humanidade. Os símbolos da serpente e do dragão sempre estiveram associados aos ensinamentos dos mistérios e da imortalidade, elevando o homem à natureza divina de Deus, e não tinham nenhuma ligação com o demônio, segundo nossa herança cristã. No Antigo Testamento, o Livro do Gênesis menciona a Árvore do Conhecimento: a serpente é o disfarce usado pelo Demônio-Satã, que engana Eva, levando-a a convencer Adão a provar o fruto proibido, o que provoca a expulsão de ambos do Jardim do Éden. A serpente desempenha novamente o papel de Iniciador, auxiliando a descobrir a sabedoria que está sempre presente no autoconhecimento. Infelizmente, grande parte dos ensinamentos e atos cristãos posteriores tendem a proibir a busca da gnose pessoal e, geralmente, não estimula a realização pessoal além dos limites da teologia cristã.

CABALA E ALQUIMIA

No sistema esotérico cabalístico, Netuno está muitas vezes associado à Sephirah superior, Kether, conhecida como "Coroa da Criação" e localizada no Pilar do Equilíbrio central da Árvore da Vida cabalística. Embora Kether tenha um contexto essencialmente espiritual, existem paralelos com a teoria da vida que emerge dos mares da Terra. É a Fonte da Criação, o ponto onde a vida nasce das profundezas do caos original, imaterial e não manifestado. Na mitologia, Kether está alinhado aos criadores primais que passam a existir a partir dos aparentes abismos de águas ou espaço e, nesse sentido, relaciona-se ao papel de Posêidon. Uma imagem cabalística relacionada a Kether e a Posêidon é "Semblante Imenso", uma grande cabeça que emerge das profundezas de um oceano calmo, abrangendo totalmente o espaço além do horizonte com sua imagem refletida na superfície do mar. Para o buscador individual, Kether é um ponto em que a união com a natureza divina de Deus é alcançada e a coroa da sagração é recebida. Como Kether é essencialmente sem forma, entrar em contato com essa energia conduz a uma dissolução gradativa da separação, enquanto realiza-se a fusão com a centelha interior de divindade.

É esse aspecto de dissolução que une Netuno, Kether e a dimensão espiritual da busca alquímica, através do conceito do "solvente universal''. Isso envolve a retirada de todos os véus, de todas as camadas de manifestação em matéria densa, até que a essência seja revelada. A Pedra Filosofal é a meta de muitos alquimistas e o símbolo de um mistério que só pode ser descoberto na psique do homem, embora com freqüência esteja oculta na utilização de representações ligadas à transformação de metais em ouro. Essa Pedra não pode ser perdida ou destruída e, portanto, é imune ao impacto de Kether ou de Netuno. O processo inclui a redução da forma separada em "matéria primal", indivisível e completa em sua própria natureza. Os limites de tempo são rompidos e o possuidor da Pedra ingressa na eternidade. Para os alquimistas que buscam os segredos espirituais, essa imagem inclui a experiência mística do encontro com Deus dentro da própria alma, o resultado árduas tentativas para destruir todos os véus inibidores, as seduções e as ilusões da identidade separada dentro de cada um. Quando isso era alcançado, a Pedra brilhava intensamente e o metal transformava-se em ouro. No processo, o alquimista também se dissolvia, fundindo-se numa natureza mais fluida enquanto as barreiras eram destruídas sob o intenso calor de seu cadinho espiritual.

CAPÍTULO 8

Netuno e o Despertar do Coração da Humanidade

Desde a descoberta de Netuno em 1846, houve uma notável mudança na consciência humana e no desenvolvimento social humanitário, acompanhada pelo lento despertar da consciência da unidade planetária da humanidade. Se Urano precedeu à era do desenvolvimento intelectual e mental, Netuno estimulou o nascimento do coração receptivo e compassivo, procurando garantir a aplicação sensata e a direção do conhecimento da humanidade. Ainda estamos trilhando encruzilhadas culturais, onde as lideranças nacionais enfrentam a necessidade de adotar políticas mais abrangentes e internacionalmente colaboracionistas e benéficas, diferentes dos antigos padrões estabelecidos que favoreciam as poderosas elites políticas e sociais, promovendo partidos e políticas internacionais separativistas.

Netuno foi considerado a oitava de vibração mais alta da energia incorporada no planeta Vênus e representa a vibração do amor mais universalizado que, compassivamente, abraça o mundo e a humanidade — um desenvolvimento mais inclusivo de Vênus, que está mais limitado ao amor por um parceiro ou pela família. Netuno é o amor que rompe as barreiras entre o individual e o coletivo; no sentido social é uma energia abrangente, pois procura unir e integrar através da transformação das fronteiras ilusórias e das atitudes separatistas. Netuno simboliza uma possível consumação que se estende como um objetivo para a humanidade, a busca da fraternidade humana e do relacionamento sincero.

Embora se possa considerar Urano associado ao Graal Iluminado da Mente, Netuno é o Coração Inspirado do Graal. Ambos precisam trabalhar em harmonia e sincronia para possibilitar a ressurreição e o renascimento da Fênix simbolizados por Plutão. Netuno é a apoteose da visão do Coração Universal.

Por volta da metade do século XIX, surgiram sinais de mudanças na consciência social. A classe média da sociedade vitoriana passou a ver de modo mais compassivo os menos afortunados e começou a desenvolver projetos humanitários e filantrópicos na tentativa de melhorar o padrão de vida dos pobres. O trabalho de Charles Dickens teve seu papel nesse lento despertar; seus romances abordavam temas sociais e causaram um notável impacto nos leitores da época. Através de sua ficção, Dickens foi um comentarista social que influenciou pessoas com seus *insights* perspicazes e sensíveis sobre o clima reinante na época, revelando a hipocrisia de grande parte da sociedade e o impacto da pobreza e da alienação social nas almas menos favorecidas. Muitas pessoas criativas adotaram as questões sociais como idéias básicas de sua expressão social, tentando atrair a atenção da sociedade para os cantos mais escuros da vida e despertar a consciência cristã. Já discutimos a intenção do movimento artístico pré-rafaelita durante essa fase. A partir daí, a expressão criativa e da sociedade interpenetram-se e refletem uma reação sensível e emocional nos níveis da assistência social, da consciência da disparidade da distribuição de renda, e a aparente crença na sorte, no que diz respeito ao local em que se nasce e a quem se é.

O espírito filantrópico criou fortes raízes nesse período e fixou no coração e na mente da humanidade a idéia de que a fraternidade responsável era o caminho para o progresso. A Cruz Vermelha Internacional foi criada em 1864 na Convenção de Genebra; é uma organização internacional destinada a cuidar dos doentes e dos feridos nas guerras, composta por enfermeiros e médicos e tem suas próprias ambulâncias. Outra ordem social é a St John's Ambulance Association, formada em 1877 para prestar primeiros socorros e serviços de enfermagem e bem-estar social. Muitos industriais mostraram-se preocupados com seus empregados, uma atitude que, se comparada com a época atual, era relativamente tímida e visava possivelmente interesses próprios, embora seu efeito fosse melhorar o padrão do trabalho e da vida dos operários. Alguns, como Robert Owen, foram ainda mais longe e desenvolveram comunidades utópicas, o que influenciou enormemente os movimentos socialistas e cooperativos posteriores. O ponto-chave desses desenvolvimentos é a crescente consciência do outro, a dissolução dos interesses e das percepções autocentrados e uma resposta sensível associada ao desejo de aliviar um pouco o sofrimento das pessoas.

Na política internacional, Abraham Lincoln e os estados do Norte lutaram contra a Confederação Sulista pela libertação dos escravos negros, conflito que finalmente provocou mudanças radicais no papel e na posição de um grupo minoritário na América; a luta continuou no Movimento dos Direitos Civis, na visão de Martin Luther King: "Eu tenho um sonho..." Na Rússia, ocorreria uma mudança social correspondente, com os esforços do czar Alexandre II para emancipar os servos. Pelas tentativas de libertar os socialmente oprimidos e por responderem aos seus próprios sentimentos sobre o que era certo e errado, tanto Lincoln quanto Alexandre foram assassinados. Dois movimentos internacionais políticos e econômicos também nasceram na última metade do século XIX, ambos evocativos de uma reação intelectual à compaixão social: o marxismo e o socialismo; apesar de o ímpeto inicial ter sido deturpado, as bases originais eram visionárias e associadas à ressonância netuniana do coletivo.

No nosso século vimos o constante desenvolvimento de movimentos internacionais, todos com uma visão essencial da humanidade. Um dos principais exemplos são as Nações Unidas, que surgiram em 1945-46. Sua concepção inicial foi a manutenção da paz e segurança internacionais; depois esse conceito se ampliou e incluiu a Declaração Universal dos Direitos Humanos, que define os direitos naturais inerentes à condição humana, independente de raça, credo, nacionalidade, sexo ou idade, e que defende a liberdade econômica e religiosa, bem como os direitos das mulheres e crianças. Essa é uma visão a ser seguida como um modelo pela humanidade e um lembrete da meta que deveríamos perseguir. As Nações Unidas também tiveram importante influência no auxílio internacional, tentando socorrer nações necessitadas e melhorar o padrão de vida de milhões de pessoas no mundo, através da Organização Mundial de Saúde e dos programas educacionais realizados pela Unesco.

Esses exemplos tiveram um profundo efeito sobre os indivíduos socialmente conscientes no mundo todo. Houve um rápido desenvolvimento dos movimentos políticos populares, dedicados a influenciar a sociedade e pressionar os governos. Isso reflete o desenvolvimento de uma opinião pública esclarecida, importante para a revelação da visão aquariana: o futuro da humanidade é vital demais para ficar apenas nas mãos dos políticos.

Exemplos recentes incluem a contribuição caridosa do poder da cultura e da música jovens. Os concertos Band Aid, Live Aid e Comic Relief romperam barreiras e deram uma amostra do que a reação pública é capaz em termos de fundos e apoio, quando o coração é tocado. A organização Save the Children recebeu milhões para financiar seus programas de assistência, e os meios de comunicação tornaram-se os transmissores de um olho global para o despertar de uma resposta sensível ao sofrimento. Grupos como o Oxfam, War on Want e Hunger Project dedicam-se a enfrentar a ameaça da fome nas nações do Terceiro Mundo. A Anistia Internacional atende a prisioneiros encarcerados injustamente e defende os direitos humanos internacionais. A CND e END trabalham no sentido de esclarecer a opinião pública contra as ameaças de uma guerra nuclear, além dos inúmeros grupos antinucleares em todos os países. Os Friends of the Earth, Greenpeace e o Worldwide Fund for Nature dedicam-se à recuperação e proteção do meio ambiente e à preservação das espécies animais e vegetais ameaçadas. Atualmente, os grupos ecológicos, antes ridicularizados, são respeitados e socialmente aceitos, e são amplamente consultados pelos meios de comunicação — suas palavras de advertência estão se revelando profeticamente corretas. Existem muitos outros grupos que todos realizam um trabalho corajoso e crucial para o mundo.

Todos esses grupos trabalham com o coração e compartilham a visão dos planetas transpessoais na construção de uma nova ordem mundial, uma nova atitude da cultura e da civilização com relação à vida na Terra. O papel de Netuno é estimular o coração da humanidade, transformando o nível de amor que existe como compulsão inconsciente, um instinto biológico, uma paixão física e psicológica, num tipo de consciência socializada e dedicada ao serviço espiritual do todo. É um impulso para a transcendência, para se dar as mãos em mútua celebração e unidade consciente. O amor é a energia condicionadora emergente que está exigindo da humanidade o reconhecimento da inter-relação essencial da vida e as providências para se alcançar a boa vontade e a harmonia mundial. Esse pode ser um sonho, uma visão impossível, mas o esforço para alcançá-lo basta para provocar uma mudança construtiva e positiva em nosso despertar, aproximando-nos mais de sua realização.

O amor compartilha da natureza do fogo — como bem sabem os que sofreram por amor —, e Deus foi descrito como o "fogo consumidor". Os limites são consumidos, as barreiras e as fronteiras são derrubadas, enquanto o amor enxerga além das aparências superficiais e relaciona-se com o centro oculto e secreto do coração, onde o amor maior da alma espiritual é libertado. No século XX, libertamos o fogo atômico através da ciência; agora, precisamos libertar o fogo espiritual do amor transformador, para que seu calor transfigure o individual e o coletivo. O ideal cristão do ágape precisa ser revitalizado; o objetivo é o amor incondicional; o eu limitado expande-se para servir e beneficiar os outros; e pelo apoio mútuo, a colaboração e a confiança, os sonhos de potencial são encorajados, permitindo que todos compartilhem as visões elevadas que dissolvem o ego separatista.

O coração dá sua resposta sensível e emocional ao mundo; o coração aberto é o ponto de alinhamento em que o poder de integração unificadora flui para fora como um ato compassivo de amor impessoal pela humanidade, sintetizando a multiplicidade e a diversidade numa união realizada. Os planetas transpessoais abrem o indivíduo para o espírito, que permeia a vida pessoal com propósito e força interior. Um coração brilhante pode erguer pontes entre as divisões raciais, políticas, religiosas, culturais, ideológicas e psicológicas.

...e Visões

O que inspira as pessoas a agir, a verter sua energia vital para conseguir alguma coisa que as motive? Talvez o desejo de fama ou riqueza, talvez as necessidades mais comuns e mundanas, mas a energia vitalizadora que inspira qualquer esforço surge dos sonhos e das visões pessoais. São eles que movem o mundo, a fonte do desenvolvimento evolucionário individual e coletivo.

Netuno é o planeta dos sonhos e das visões, e pode haver uma estreita linha divisória separando a natureza dessas imagens interiores; entre os reinos das ilusões e da iluminação, muitos aspirantes à espiritualidade desaparecem sob o solvente universal só para ressurgir com um *insight* visionário da realidade universal subjacente.

Todos têm sonhos pessoais de realização, necessidades e desejos que, idealmente serão satisfeitos; eles incluem a busca do emprego e da posição perfeitos, que sejam interessantes e bem remunerados; da casa, da família ou do parceiro mais belos; da totalidade física e espiritual; da necessidade de reconhecimento público e da fama. Os sonhos relacionados aos desejos são incontáveis, e muitos dedicam a vida a realizá-los, na esperança de que, ao conseguirem, possam relaxar e se aquecer no brilho de sua concretização.

As pessoas podem ter inúmeros sonhos e visões pessoais. Muitas ficarão frustradas com o impasse criado pela realidade da vida; talvez o compromisso pessoal de realizá-los não seja suficiente para superar os obstáculos inevitáveis que encontram pelo caminho; talvez sua intenção não esteja claramente definida; talvez as características e os talentos pessoais sejam inadequados para realizar um sonho pouco prático. Contudo, grande parte da energia humana é despendida na perseguição desses sonhos, algumas vezes com sucesso; mas é mais freqüente que o sonho dissipe-se e as ambições morram antes mesmo de nascer.

Os sonhos servem para forçar a ação do indivíduo. Eles são o impulso e o ímpeto para dirigir a atenção do *self* para a realização de um sonho específico; inicialmente, o sonho pode parecer impossível de ser realizado, mas sempre existe a chance de ele se tornar real através da escolha pessoal, do compromisso e da dedicação. O sonho é o "talvez eu possa..." que ativa o Sol, Mercúrio, Vênus e Marte num foco concentrado, pois a imaginação estimula a convicção de que um desejo pode ser satisfeito. Esse passa a ser o caminho para a criação de uma nova realidade na vida pessoal, revelando oportunidades e horizontes a serem explorados e a esperança de que a vida pode ser recriada dentro de um estilo ideal, há muito tempo sonhado. É um reconhecimento da importância da escolha na vida; as portas só estão fechadas porque você decidiu não abri-las e não porque elas não possam ser abertas. A vida oferece uma multiplicidade de opções e caminhos; somos responsáveis por nossas limitações, por nos recusarmos a sonhar e a ter visões — é preciso fé para torná-las reais. Através da escolha, decidimos o que fazer, escolhemos com quem viver, decidimos como iremos nos sentir com relação à vida, determinamos aonde viver; se nossa vida é insatisfatória, temos a liberdade de modificá-la, mas só se for pelo caminho transformador.

O ato de assumir a responsabilidade pela própria vida é crucial. Ao utilizar as criaturas técnicas de visualização construtiva podemos remodelar o prazer e intensificar o significado, o propósito e a direção da vida. Alguns tipos de visualização positiva são desenvolvidos a partir da qualidade netuniana de imaginação e ressonância emocional, e são focalizados pela qualidade mental mais elevada de Urano.

Embora o toque de Netuno estimule os sonhos, a verdadeira intenção é ajudar a transformá-los numa visão mais positiva e construtiva, especialmente para intensificar a qualidade de vida da raça humana, do coletivo e dos reinos da natureza na Terra.

Os sonhos se transformam numa abordagem visionária, onde a visão é percebida como o primeiro passo para a construção de um *padrão de pré-realidade* que, no devido tempo, se manifestará. As pessoas receptivas a essa vibração positiva de Netuno a verão como bênçãos para o mundo, a contribuição que podem dar para a qualidade da vida, sua inspiração e mensagem, independente do canal específico pelo qual atuam. A visão inspiradora sempre antecede o ato da criação e sua manifestação nos níveis físicos.

Netuno nos conduz por paisagens interiores de sonhos, um caminho mágico em direção à jornada visionária. Ele inspira a necessidade humana de querer, imaginar, sentir e desejar essas dimensões de vida que proporcionam vida abundante, criando percepções, valores, formas, estruturas e potenciais que nos ajudam a expandir os limites auto-impostos, colocando-nos em sintonia com a visão holística. A aspiração intensifica-se, a vida é enriquecida e vitalizada, o potencial criativo é liberado e o caminho a seguir torna-se nítido, como uma tocha acesa. A clareza individual e a força de propósito ampliam-se e a convicção da opção de mudança positiva inspira a vontade de seguir confiante até o sucesso final. As visões oferecem o poder da esperança; mesmo na escuridão, uma pequena chama de luz ainda brilha, como uma convicção inspiradora de que há uma saída, um caminho à frente, que confirmará a necessidade do sofrimento transformador.

Netuno pode oferecer uma visão social, a visão do mundo que poderia ser e que está esperando por nossa contribuição e escolha para torná-lo real, um padrão pré-formado de realidade de um mundo futuro de unidade potencial. Mas para dar esse passo, o indivíduo deve ultrapassar os limites da imagem e do pensamento separativista e ser uma consciência mais abrangente. Algumas figuras políticas mundialmente famosas expressaram esse tema e são historicamente famosas: John F. Kennedy, Gandhi e Martin Luther King são três exemplos recentes. O discurso de King, "Eu tenho um sonho...", é um clássico de sua espécie e um chamado de união para as minorias oprimidas e carentes. Mikhail Gorbachev também comunicou sua visão de dissolução da Guerra Fria e dos estoques de ogivas nucleares; prevê uma Europa mais unida e o menor controle da URSS sobre os satélites; ele é um pisciano regido por Netuno.

A visão de Netuno é sincera, dedicada ao serviço coletivo visando o benefício de todos, constantemente expansiva, enriquecedora, abrangente e inspiradora, e tenta permitir que todos fiquem sob sua magia e sejam uma jornada visionária própria.

Qual o ensinamento mais elevado de Netuno para a humanidade? É a visão de um grande sonho, onde todos aprendem a viver em paz e em harmonia com os reinos da vida e cuja luz orientadora é o amor universal compassivo. É um grande sonho e uma grande visão. Nós decidimos se vamos ou não torná-los reais.

E, se decidirmos compartilhar sua visão, como podemos colaborar com Netuno?

Há uma resposta simples que nos foi dada pelo exemplo vivo de Gandhi:

"Eu sou... um sonhador prático. Eu quero converter meus sonhos em realidade".

Leia também do mesmo autor:

RAINHA DA NOITE
Explorando a Lua astrológica

Desde os mais remotos tempos, a Lua tem sido símbolo celestial da Grande Mãe Universal, o símbolo feminino da divindade e fertilidade da Natureza. Este livro explora o mistério profundo contido na Lua astrológica, conhecida como o "Porteiro da Mente Inconsciente".

SENHOR DA LUZ
Explorando o Sol astrológico

O Sol foi considerado durante muito tempo o símbolo celestial do Pai Universal e o princípio masculino da divindade. Como a fonte da vida de nosso mundo ele tornou-se o todo-poderoso deus-Sol de muitas das antigas religiões. Este livro explora o Sol astrológico e considera como os padrões solares do mapa astral podem revelar a jornada heróica que nos torna iluminados.

FÊNIX ASCENDENTE
Explorando o Plutão astrológico

O conhecimento da existência de Plutão, a partir de 1930, indica que é tempo de explorar outra dimensão de vida, já que começamos a sofrer o impacto direto de uma nova e potente energia. Plutão resume os desafios a serem enfrentados pelo mundo durante e além do século XX e atua como diretriz nesta passagem do final da Era de Peixes para o início da Era de Aquário.

ESPÍRITO REVOLUCIONÁRIO
Explorando o Urano astrológico

Descoberto em 1791, Urano tem exercido uma influência radical sobre o homem e a sociedade. No segundo livro da trilogia dos planetas, o autor analisa a influência de Urano no mundo atual e futuro sob uma perspectiva humanista e transpessoal. Haydn analisa os principais aspectos planetários, as posições na casa natal e os trânsitos.

Impresso na

**press grafic
editora e gráfica ltda.**
Rua Barra do Tibagi, 444 - Bom Retiro
Cep 01128 - Telefone: 221-8317